张家界市群艺民俗文化研究院项目阶段成果

本书封面用图由张家界老道湾旅游休闲发展有限公司提供

ZHANGJIAJIE FANGYAN

U0731983

张家界方言
——向张家界市建市30周年献礼

主编　熊雁鸣

郑州大学出版社

郑州

图书在版编目（CIP）数据

张家界方言/熊雁鸣主编. —郑州：郑州大学出版社，
2018.12

ISBN 978-7-5645-4592-5

Ⅰ．①张… Ⅱ．①熊… ②苗… Ⅲ．①西南官话—张家界 Ⅳ．①H172.3

中国版本图书馆 CIP 数据核字 (2018) 第 271374 号

郑州大学出版社出版发行

郑州市大学路 40 号   邮政编码：450052

出版人：张功员   发行电话：0371-66966070

全国新华书店经销

河南龙华印务有限公司印制

开本：710mm×1010mm 1/16

印张：17.25

字数：359 千字

版次：2018 年 12 月第 1 版   印次：2018 年 12 月第 1 次印刷

书号：ISBN 978-7-5645-4592-5   定价：158.00 元

本书编委会

编写说明

　　1.本书的编写,以弘扬优秀传统文化为传播力、引导力、影响力、公信力,激发张家界文化创新活力,将张家界民俗方言文化转化为旅游景区、景点服务人文交流的软实力,展现张家界方言文化的精深、精湛。实施文化惠民尽我们微薄创作编纂之力。

　　2.因为张家界方言是相互传播的,两区两县的大部分方言习俗基本上融合在一起了,很难区分方言地域。所以,方言主体内容按汉语拼音顺序编排,有些方言虽然那样排序,但不那样读,也就是方言读音音调不一样,这里作一下说明。

　　3.谜语、歌谣方言,我们只编辑收录了有关词语方言,待整理民俗文化时再作具体研究编纂。

　　4.条目编排时以汉语拼音方案为基本主线,注释释义以张家界人能懂实际意思为标的,有些方言重复,但含义多、差别大的又重新单独注释,有些熟语也在方言中有所注释。注释文和例句中被释义的词语用浪线"~"表示,方言研究注音和读音声调按1999年版的《湖南省志 方言志》和高等教育出版社出版的《湖南普通话训练与测试》进行分类标注的。

　　5.歇后语、谚语、俗语的注释有双关意义的分别说明字面的意义和运用的意义。

序　言

　　这些天,我认真阅读了由张家界市群艺民俗文化研究院等单位编辑的《张家界方言》书稿。实话说,书稿唤醒了我对家乡那一方山、水、人、事的记忆。儿时随父母在县服装厂做小工,做裁缝的大人们,手脚不空,嘴巴是得闲的。诸如:娃们要通脾(识理),不要让人前指胸、后指背等一些朴素的做人道理,几乎都从方言里学来。将近两年的知青生活,在广阔天地里,和贫下中农"三同",耳闻目染他们"有理三扁担、无理扁担三"的处理难事的农民智慧。诸多的生产、生活常识也是从方言里学来。至今还十分清晰的记得听村支书管教村里的小年轻,说他是"茅厕坑里的搞屎棍——闻(文)又闻不得,舞(武)又舞不得"。这乡音和乡情,这情景和画面,这些人和事,都由这本《张家界方言》书稿悠然引出。我理解,这就是张家界乡间俚语的独特魅力。

　　我们国家人口众多,地域辽阔,按照现代通俗的分法,现代汉语方言分为七大方言区(即北方方言、吴方言、湘方言、客家方言、闽方言、粤方言、赣方言)。也有学者将说"四川话"的川方言区列入第八大方言区。张家界方言显然不是这个层级的,最多算是"方言小片",语言学意义上叫做地方方言。张家界辖区 9633.77 平方公里,总人口 172 万,33 个少数民族占总人口的 75.28%,以土家族、白族、苗族为主。相传 20 万年前就有祖先在这里居住。一代代张家界人在漫长的历史长河中繁衍生息, 在与大自然的相生相伴和多族群的融通融合中积淀孕育出极具地方农耕文化特色的地方方言。它是活化石,是地方文化的有机组成部分。它融进了每一个张家界人和在张家界生活过的人的血脉和基因。著名作家王蒙曾说到"一种语言并不仅仅是一种工具,而且是一种文化,是一个活生生的人群,是一种生活的韵味,是一种奇妙的风光,是自然风光也是人文景观。"张家界 1988 年因旅游而建市,30 年走来,善良勤劳的家乡人民不仅向世界奉献最美的自然风光亮丽的名片,而且正在将这一方山水独特的丰厚的文化底蕴奉送给世人。《张家界方言》编辑委员会的同志们和大力支持他们工作的张家界市委市政府及各相关部门就在实实在在的做这项了不起的工作。我以为,这是对这一方深厚的民间文化的土壤生长出来文化形态和文化载体的道义尊重;这是当今弱势的地方语言面临着强势语言、全球化、互联网等的冲击,又要"保护传承方言文化",真正留住文化发展的脉络的理性选择;这是儿女对先辈的最好孝敬!

　　2017 年元月,中共中央办公厅、国务院办公厅印发了的《关于实施中华优秀传统文化传承发展工程的意见》。新中国建立以来,以中央文件形式专题阐述中华

1

优秀传统文化传承发展工作,这还是第一次。这是以习近平同志为核心的党中央高度重视弘扬中华优秀传统文化的重大举措,是在新时代建设社会主义文化强国的重大战略任务。张家界市委市政府牢固树立"四个意识",扎实贯彻落实中央决策部署的主动作为和勇于担当,令人感佩。《张家界方言》是2017年张家界市哲学与社会科学一般立项课题,《张家界方言》展示了张家界地方文化,就像一部方言词典,收集内容广泛,注释较为准确,为张家界人留下了根,留下了听得见的乡愁,也为中外游人来张家界旅行游览随乡入俗提供了领略地方独特文化的向导。真心期待能够有一个传承发展张家界市优秀传统文化的系统工程,整体推动家乡的优秀传统文化的传承和发展。

感谢《张家界方言》编辑委员会给我系统品味家乡方言的机会,让我得以肆意畅想少时时光,忘情吮吸故乡山水文化的丰富营养。《张家界方言》让我们知来处,它会一直滋养我们随同中华民族的伟大复兴奔向美好的未来!

是为序!

2018 年 11 月 15 日

汤浊 湖南张家界市慈利县人。女,土家族,大学文化,中国民主同盟盟员;中国民主同盟湖南省委员会专职副主委;中国民主同盟中央委员会第九届、第十届、第十一届中央委员;湖南省政协第九届常务委员会委员兼职副秘书长、湖南省政协第十一届常务委员会委员专职副秘书长、湖南省政协第十二届常务委员会委员、办公厅巡视员。

前　言

　　在张家界，与本地人交流，一般使用方言，我们称之为张家界话。各区县、乡镇、街道、山里山外又各有所别，一般全靠口语传承，科技飞奔的今天，普通话虽是社会发展的主流，但不管在哪里，只要一听到乡音，就感到格外亲切，现实证明，方言与普通话在不断融合中发展，历史的车轮、地理的印记都留驻着灿烂的方言文化，所以，方言是张家界文化风俗的主要载体，张家界——湖南省对外旅游的窗口，展示的方言文化让游人拍手称赞。如《魅力湘西》的演艺、土司城的讲解，方言走到哪，讲到哪，唱到哪。为此，方言已成了张家界文化的重要组成部分；也成了张家界美好生活的精神食粮。

　　方言系一方水土的文化资源，提倡保护和传承是社会的责任，也是对非物质文化遗产的维系重视。口口相传，流传千古承载浓厚的方言，我们要在享用的同时，让它生生不息，挖掘并系统梳理剖析方言元素的历史轨迹，找出人生的感悟，丰富方言的内涵，体现方言生动有趣、回味无穷的韵味和娱乐快感。让外人感知方言的力量，不会被强势取代或失传。整理、收集、研究张家界方言是我们这代人义不容辞的责任和担当。

　　唐朝诗人贺知章的"少小离家老大回，乡音无改鬓毛衰。儿童相见不相识，笑问客从何处来？"精妙诗句让乡音结下了情结，相随相伴。桑植的"一个钉子一个眼""跟起好人学好人，跟起狐狸学妖精""打话平伙""豆腐掉进灰堆里——吹不得拍不得""叫化子走夜路——假忙""志大养千口，力大养一人"。永定的"意见尽你提，碾子归二队"，慈利的"跟起好人学好人，跟到老司扎鬼神"，"十月雨绵绵，高山也是田""豆芽菜炒虾米——死了？"等这些谚语、歇后语、俗语，有着深厚的哲理，既言简，又幽默，并说明了事实，谜语、歌谣都丰富了张家界方言文化，也有助于中外商人、游客来张家界观光、考察、投资、交流，更有利于与在外的张家界人联系与交流，增强凝聚力和家乡情缘，还能提高人文素质，加强中小学教学水准，发展潜能，适应社会需要。

　　方言的特色，表现在语言、词汇和语法等各方面，如"滚子"（指车轮),开山子指斧头或三斤半;月头(指上旬);赶山(指打猎);开水不响,响水不开等谚语;心急吃不了热豆腐等俗语,寓意深刻,形象生动。方言文化也是历史的一部分,值得读和研。

本书力求反映张家界方言的风趣与实效,以传播正能量引领社会产生共鸣。在方言中启迪智慧,在歌谣、谜语、船工号子中,体味张家界风土人情,在鉴赏方言中懂得人生哲理,以提升我们文化底蕴,获得生活充实感,精神振奋感,这就是我们编辑《张家界方言》的期盼。

《张家界方言》编辑委员会
2018 年 9 月

目 录

第一部分 张家界方言

A ………………………………………………… 2

B ………………………………………………… 3

C ………………………………………………… 16

D ………………………………………………… 28

E ………………………………………………… 46

F ………………………………………………… 48

G ………………………………………………… 53

H ………………………………………………… 66

J ………………………………………………… 76

K ………………………………………………… 88

L ………………………………………………… 93

M ………………………………………………… 104

N ………………………………………………… 111

O ………………………………………………… 115

P ………………………………………………… 116

Q ………………………………………………… 121

R ………………………………………………… 128

S ………………………………………………… 131

T ………………………………………………… 147

W ………………………………………………… 156

X ………………………………………………… 160

Y ………………………………………………… 169

Z ………………………………………………… 184

第二部分　张家界方言的特色

一、概况 ·············· 200

二、语音 ·············· 200

三、文字、词汇 ·············· 204

四、张家界方言语音分析 ·············· 217

五、方言语法分析 ·············· 221

六、方言语音研究分析 ·············· 223

七、张家界方言的造词根据 ·············· 227

八、方言特点分析 ·············· 230

九、方言的词语源流 ·············· 231

附一　张家界谚语 ·············· 233

附二　张家界歇后语 ·············· 251

参考文献 ·············· 263

后记 ·············· 264

第一部分　方言

A

阿:(缀)用在某些亲属名称的前面。如:~哥、~妹等。

阿弥陀佛:佛教用语,比喻糊涂人。

阿呜:指老虎,或指可怕的东西。

哎(āi):语气词。①相当于咦,如:~,这里有。②念 ái,相当于疑问。如:~,这么么搞?③念 ǎi,答应别人,如:~,我在这。④念 ài,打招呼,相当于"喂"。如:~,我们一起玩去。

挨(ngǎi):①多待。②不灵活,呆板。

挨:靠近,接触。

挨边边:才挨到边上,未进入核心,靠近边沿。

挨不到边:完全没有关系。

挨到:两者间挨得近,也说……连……,或……挨……如:田挨田、山连山。

挨干:袖手旁观、不出力。

挨家伙:被(挨)打的意思。

挨拢来:靠(挨)近。

挨事:①(动)碰到倒霉事,出事。②影响别人。

挨头子:①挨骂。②用教训的语气打断别人的话头。

捱:拖长时间。

矮磴:溪中连续摆放的仅仅高出水面的岩石,方便行人从其上面过溪。

矮砣砣儿:形容人身材很矮。

矮骡子:也叫麻佬儿、区佬。

碍面子:碍于情面,怕影响关系。

碍索:妨碍。

安顿:(动)准备、打算。

安憨:不调皮,老实,也写作"安函"。如:李四是个~人。

安觅:水口处安竹撇,鱼随水上撇。

安眠:中年以上的人过世。也称长逝、辞世、过世、命归黄泉、驾鹤西去。

安山:坟成后道士做法事使死者安居睦邻。

安心:①(动)存心、下决心。②准备。如:我~带你的,你又不来。

安逸:(形)舒服、舒畅。

俺:①我。②我们。

按倒:冲着,向着。如:你只要莫~我来。

按合:①恰巧。②合适。③刚好。④合得来。⑤恰当。

按将:刚好。

案板:①做面食、切菜的大木板。②裁衣的大木板。③卖肉时放肉的长条桌。

案宗:案卷。

暗疾辛陷:①性病。②齳(duǒ)肛。③气卵胕等。

暗料:颜料,染料。

昂:抬头。

昂起脑壳讲天话,脸色一点都不红:抬头朝天讲大话,信口开河。

昂天神:不脚踏实地干事的人。

敖:喜欢。如:他~看图书。

敖是:喜欢。如:你~玩,但也要做作业。

熬:长时间用水将食物煮烂。

熬缸:熬菜或热菜的大口陶缸。

熬拐棍:喻喜欢唱反调的人。

熬:坚持。

熬炼:(柴火、煤炭)耐烧的性质。

熬药:将中药熬成汁。

挨挨擦擦:故意慢吞吞地。

挨到:靠。

熬拐棍:脾气很犟的人。

熬利施:替别人办事想多得点报酬。

熬肉:炖肉。

傲傲舍儿:骄傲。

挨河不可浪费水,坐山不可枉烧柴:有什么都不能浪费。

矮子矮,一肚子拐:身材不高的人,主意多。

矮子身上好打捶:弱者受歧视。

B

八方:(副)到处,各方(四面八方的省文)。如:他正在~联系,以便办好这事。

八方瓜:瓜表有棱。如:~的横断面呈八方形,皮黄肉绿。

八九成:百分之八十到九十。

八九个:八个或九个,概数。

八月瓜(夌 zhā):一种野果,因果实是八月成熟而得名。

八月楂:秋天的一种野果,形似香蕉,可食。

八字沟:屋面相接处的大瓦沟。

八字没得一撇:要办的事情还没有开始。

巴(粑):①(动)张贴。如:去,你把这张广告纸~到那里。②(手)搭在……上:他~着玻璃往外看。③顺着:~倒这条路走就到。~倒小路走。④跟……亲近。⑤巴结:他爱~倒县领导。

把:给,补贴:你~点给老二。

巴:①热。②烫。③靠近。④贴上。

齿得:①正在(慈利流行)。②不理:懒~他。

歹饭:吃饭(注:歹,是一个动词)。

巴……手:靠……手:巴右手、巴左手。

巴巴(ba)(把八):①(名)指小儿大便、粪便(儿童语)。如:妈妈,弟弟要屙~。②由"粪便"义引申指脏东西(儿童语)。如:你手上有~,洗手去。③指见不得人的事。

巴背心:马甲形状的薄上衣。

巴到:挨着。

巴儿笋:附着物。

巴骨瘤瘫:骨髓炎。形容一个人缠人不放手,甩不脱。

把脉:是指说话贴近客观事实,但语音稍轻:他说的太不~。

巴片儿亲:(名)间接的亲戚关系或认的关系。如:我们总算也是~。

巴人:烫人。

巴肉:①(形)(衣服)贴身。如:这上衣大了,穿到身上不~。②亲热、贴心。

巴手货:脱不了手,无法推销的差货。

巴水痴得尬:开水正在烧……

巴铁:磁铁。

巴幸不得:巴不得或巴安不得。如:我们同情他,~他几天工夫就好。

巴药:敷药。

巴衣儿:无袖无领的上衣。

巴掌:手掌,也叫耳巴、手掌、手板。

巴子:给人起的小名,如贵巴子、向巴子等,"巴子"二字喜欢添加在名字最后一个字后面,无实际意义。

巴到起:扶着。

巴鼻子:鼻尖很平。

巴不到毛:不是对手。

巴到:紧接着,靠近。

巴耳洞:耳廓不向外张开。

巴脉:有点沾边。

巴肉:贴心贴肠,十分亲切。

巴手:烫手,比喻事情不好收场。

巴斯:紧接着。

巴衣儿:背心。

疤子:伤疤。

扒兜(麦子割扒兜哒):接近底部。

扒:张贴。

叭叭车:手扶拖拉机。

笆笆:片状器物用竹片或树枝条编成。

笆篓:(名)装鱼的小竹篓,葫芦状。薄篾片织成的方柱形的有盖的装物竹器。

粑粑:(名)饼类食物,或蒸或煎而成。如:包谷~,灰面~。

粑粑坳(ào):打粑粑的岩坳。

粑粑鬏(jiu)儿:女人梳在脑后的,形似粑粑的发髻。

粑粑盔(凹):舂糍粑的石质容器。

粑粑印印儿:给粑粑印花的木模。

拔水:又叫拖水,正屋后沿屋面向后拖延伸下去的屋。多儿根檩子就叫拔儿步水。

把把儿:器物的柄。

把本:证件、凭证、证据。

把稳:①(形)稳当。如:你做事~些。②谨慎。如:你~点儿,不要把事情搞歪了。
③(形)掌握住。如:你在树上~些。

把细:①仔细。如:你做事~一点。②当心、谨慎。如:天黑了,你要~点!

把信:送信,传递信息。

把子:以为。

霸不住:使劲站着却站不稳。

霸起:占有。如:怎么~东西不吃?

白:无代价。如:~搞。

白斥拉嘎:面色苍白。如:你的脸色怎么看起来~的?

白大汉:低能儿。

白大泡:体大的低能儿,也叫白大戆(gang)。

白搞:空做了,空操心了。或指不起作用,没有成绩。

白搞:做事毫无效果。

白果树:银杏树。

白虎:白虎神为土家族部落图腾,相传土家族祖先巴人酉长廪君死而化白虎。坐堂
白虎降福,行堂白虎降灾,土家人敬前驱后。

白话佬儿:爱说话的人。

白鱼娘:①口大身小的野鱼。②比喻说空话、大话的人、好说话的人。

白泡娘:雌性南方马口鱼。

白糖:米糖。以米稀掺麦芽水发酵后熬成的糖稀冷却后,再加热,用手拉成条状的白色糖,故叫~,不是市面上呈颗粒状的白砂糖。

白玉兰:玉兰树。

百货中百客:客人所需货物各不同。

百无一有:什么都没有。

柏枝树:柏树。

排(捭 pai):两臂平伸的长度。如:一~将近六尺,方言量词。

摆格儿:摆神气。

摆脑壳虫:孒孒(jié jué)。形容人头摆不停。如:你像个~。

摆平:(动)把某一问题处理好,没有遗留问题。如:这事不就~了。

摆手舞:土家族的传统舞蹈。

摆摊子:①造成令人难堪、不好收拾的局面。如:你更不能~。②外面摆摊卖货。

摆条:(动)闲谈。如:我们坐下来~一下。

摆尾子:鱼的代称。

摆子:(名)疟疾。如:打~。

败家子:败坏家业的人。

败弄:①用不切实际的话语伤害人。②戏耍。

拜寄:旧时认为小儿命贵必~别人(神、物、人),方能顺利成长,大节日小儿应向~对象拜节。

拜年拜节:男女订婚后两家来往经常化,每年三大节(春节、端午、中秋)男方必携重礼拜准岳父母,女方以鞋子等打发男方。

拜生:(动)向长辈或同辈亲友祝贺生日。如:后天给舅舅~去。

拜寿:晚辈在长辈生日时磕头祝贺,也叫拜生。

拜堂:旧时拜堂仪式为新姑娘由伴娘牵出大轿,进门跨过筛子装着的七星灯,进入堂屋与新郎拜天地、拜父母、互拜。古称合卺(jǐn)。

拜望:拜访。

稗子:稻田害草,其形似稻。

扳(bān):①摔倒,跌。~跟头。②使植物颗粒从母体上脱离。如:今天,你在田里~谷子,我怎么没看到?

扳本:(~儿)翻本,赚回本钱。

扳墩儿:扳俏,假装不干。

扳舵:掌握船舵以控制船的行进方向。

扳手劲:两人在桌上相互扳手,手不动者为胜的游戏。

扳咂筒儿:拔火罐。

班辈:家族成员按辈份排列的顺序。

般配:(形)结亲的双方相称,对得上,郎才女貌。如:你俩很~。

斑鸡:斑鸠。

斑蝥:身有黄黑纹的毒虫。

搬茶鞋:结婚时新姑娘在开拜时献给长辈的鞋。均由新姑娘婚前亲手所做,以受赠者穿是否合脚、检验新姑娘的手艺。

搬家:新屋建成后选好移居的日子,到时凌晨开始搬进新屋,取从黑处到亮处之意。亲友放鞭炮,送人情祝贺,主人设宴。

搬牙巴劲:争辩、争吵。如:你劝他两个莫~了。

板倒哒:摔跟头了

板凳:又叫板凳儿,腿子短的小凳。厚木板上安有四条腿的凳子。有高~、长~、短~、小~。

板栗:栗子。

版子(板子):①(名)上面有文字和图形的可供印刷的底子。如:你和他写的字像一个~印出来的。②模子。如:你和他写的字就像一个~出来的。

版子:布的厚度。

办招待:(惯)宴请,做好吃的。

半边风:半身不遂症。如:他得了~,床上躺了两年了。

半罐子:比喻骄傲自满的人。

半价:货价的一半,也叫对折。

半截:(量)段、截部分。如:他每次讲~,就不讲了。

半天:①一天的一半;②半空中。

半新衣:半新半旧的衣服。

半夜三更:深夜,23 时~2 时。

半夜中间:深夜。

半子:①故意。②专门。

伴伴儿:朋友。

拌跟头(ban gen dou):跌跤。

拌蛮(ban man):①(动)要横。②用蛮法子、用笨办法。

拌子:专门、故意。

扮谷:将谷铺抱至扮桶(扳斗)边脱粒。

扮斗:早年人工脱粒的大木桶,正方形,人拉桶耳可移动。

扮心:故意,有意。

扮自:特地,专程。如:~看你来的。

帮不上手:无法帮助。

帮腔:帮着说,也叫敲边鼓。

梆:~硬的。

梆梆枪:(名)盒子枪。如:他就给你当个下手算了,算个~,左右照顾一下,不做使力的事。

梆梆硬:形容物体很硬。

绑条:已分成条的东西重新合在一起仍成原样。

蚌壳:蚌。

蚌壳精:女扮~,男扮渔夫互斗的表演。

蚌壳油:防皮肤皲裂的油脂,盛于蚌壳中,故名。

棒槌:洗衣棒

傍堆:在一起。

塝(bàng)田:梯田。

包包:①(名)装东西的口袋。②(~儿)衣裤口袋。③花苞、芽苞。④身体或物体上鼓起的疙瘩。

包单:被里,被套。

包定:(副)必定。如:要是你没技术,~做不好这事。

包袱:包东西的方块布。

包脚袱儿:包脚的布。

包落落儿:现货全买,价格稍低。

包园:保证把事做好。

包谷粑粑:用嫩玉米磨成浆做成的粑粑。

包谷杆:玉米秸。

包谷胡子:玉米棒子上面的须状物。

包谷佬:对住在山上的人的蔑称。

包谷面糊:用玉米粉加水煮成的粥。

包谷鸟:大杜鹃。

包谷糖:用玉米熬成的糖。

包谷芯:玉米芯。

苞谷:包谷、玉米、玉蜀黍。有早~、晚~;粘~、糯~;甜~、黄~、白~、叫花子~等。

苞谷泡儿:(名)用玉米粒直接膨化而成的食品。如:爆~即爆米花。

胞衣:胎盘。又叫衣子或衣胞,旧时用陶罐深埋。

龅牙齿:凸出的牙齿。

薄刀:菜刀。

宝贝纸:①土纸。②好纸。

宝儿:对儿女的爱称。面称时加名字的最后一个字。如:大~、三~。

宝里宝气:傻里傻气。

宝笼:陈列货物的设备。

宝器:①(形)形容像活宝的样子。②(名)像活宝一样的傻瓜。

宝石(bao/四声/shi/轻声/):傻子

宝实坨:蠢笨弱智的人。

宝子:电珠。

保本:按进价出售。

保人:担保人。

报厅:连接正堂屋与二堂屋的厅堂。古时为家中有人中举后,报子向主人报喜之厅,故名。

报喜:旧时妻分娩后丈夫抱鸡(生男抱公鸡,生女抱母鸡)到岳父家~。岳父家见鸡即知所生婴儿的性别。岳父家用不同性别的鸡及营养品作回礼,暗示其对下一胎生育的希望,并约定整粥米酒的日子。

报销:东西坏了,不见了。

抱大:两手围住的长度。

抱耳风:腮腺炎。

抱壶:陶瓷茶壶。

抱阔娘:孵窝的母鸡

抱卵哭黄瓜:事情没做好,后悔。

抱石磙:抱起石磙,且坚持时间长者获胜的比赛。

菢壳娘:有孵蛋表现的母鸡。

揹傢伙:挨打

北瓜:南瓜

背榜:①名字写大榜的末尾,即考试得了最后一名,叫背榜。因最后是校长署名,所以又叫和校长在一起,叫坐红板凳。②后台硬。

背背裤:(名)有背带的裤子。

背搭书:将以前背过的书和新要求背诵的内容一同背。

背襶(dài)儿:马甲。

背篼:(名)用来背东西的一种大而长的筐子,用竹子编成。如:他背起~,割草去了。

背父生:遗腹子。

背花:背上长的恶疽。

背豁皮:喜欢别人不实的夸奖。

背家伙:挨打

背架:(背夹)山里人用来背东西的一种工具,山里人用~背着旅行包。

背襟骨:脊骨。

背静:僻静处。

背卯不转肩(死不转肩):形容死板硬套。

背卯时:捣霉蛋。形容不走运。

背时:(形)倒霉。生活或工作不顺利,不行运。走厄运,背大时,倒大霉。

背时话:不吉利的话。

背手:手放在背后。

背心:①汗背心。②人的背部。

背阴:阳光照射不到阴凉之处。

背冤枉:被冤屈。

背帐:欠账。

背时鬼:①倒霉的人。②骂人的话。

背不住:受不了。

背壶:用来背水、背酒的大陶壶。

背结骨:脊柱。

背水鸡:红腹角雉。

本地话:本地口音,家乡话。

本分:老实,也说忠实,老实巴交。

本分人:循规蹈矩的人。

本章经:理论、逻辑、文法。

笨里笨拙:(形)形容很笨的样子。

崩病:妇女白带。

绷索:拉绳子。

绷椅:布椅子,也叫睡椅。

甮:(方言读 be,那笔钱甮还得)不用。

鼻眼(掩):鼻孔。

鼻键(卷)儿:穿在牛的两鼻孔之间的竹木栓,牵牛用的。

鼻屎痂:鼻垢。

鼻夵:鼻涕,也叫蜂子儿,绿~。

鼻子杵(处)眼睛:形容距离很近。

鼻子尖:鼻尖。比喻嗅觉灵敏。

比狠:比本事。

比势:和别人比高下。如:两个人~一下。

笔墨铺:文具店。

鄙儿:钱。

痞话:不文明的话。

闭殓:盖紧棺材,以生漆或桐油石灰糊住了口(棺材盖与棺材间的缝)。

闭气:憋气,透气不良,呼吸不通畅。

滗(bì):放过液体,滤出固体。过滤,~点米汤,好吃。

篦虱:用篦子篦出头发里的虱。

壁灯:安装在墙壁上的灯。

壁儿端直:非常直,没有弯曲。

避鼠:(形)(猫)善逮老鼠。如:家猫~不咬鸡,野猫咬鸡不~。

臂膀子:(名)本指"胳膊"。比喻依靠的力量、后台,也说"背膀"。

边边:(名)边缘、边儿。马路~、田坎~、桌子~。

边头边垴:各个边角、到处。

边鱼:团头鲂。

扁担花:老虎。

变天:①天气变坏;②朝代更替。

便车:顺路车。

便桥:临时性的桥。

揙(pián):①薄薄地削切成片。②不注意看。

揙(piàn):铲、锄。揙锄是专门用来锄草的锄头。

标达笔直:很直。

飙(biao):①(动)液体喷射或迅猛地流。如:把杀猪刀一抽血就往外~出来了。②没有中的。如:唉,这次又~了。③飞跑。

飙:①跑得快,疾速前进。②禾出穗。如:你看,他家的稻谷穗子~得齐。

表汗:用药让汗从身体里逼出来。

别个:①(代)指别人或他人。②指"我"(含亲热、俏皮意味)。如:~把饭搞好了,你又还不吃。

别人家:自己以外的人。

瘪:凹陷。如:嘎嘎嘴巴老的~起了。

饼饼:(名)(~儿)饼子、糕点。

病好脱体哒:病痊愈。

病壳壳:(名)指多病的人。

病壳了:常生病的人,也称药罐罐儿。

波儿或冒儿:野生草梅。

钵:陶质圆形容器,有大~、二号~、擂~、椒~等。

剥焦:锅巴。

剥桐子:用桐籽刀儿从桐壳中挖出桐米。

剥桐籽刀儿:从桐籽包中剥出桐米的小刀。

伯乐树:钟萼木。

伯妈:夫之嫂。伯母、伯娘,也称麻麻。

跛子:腿脚不便,走路不像平常的人。

簸箕:取手端着簸出糠或杂物的圆形浅框大竹器。

簸箩货:剩下的次货、差货,无用的东西。如:只剩下这几个~了,便宜些卖了吧!

补秤:补足称量所缺重量。

补锅匠:专业修补锅和陶瓷用品的工匠。

补火:返工。

不打作:①不正经,不逗人喜欢,令人讨厌。②不合常规。

不得扯:没时间。

不得吃:不能吃到。

不犯着:①用不着。②不方便。

不工惯:①不习惯。②不舒服。

不关风:门齿脱落,说话不清楚。如:你看他那~的嘴又出错了。

不关事:不要紧、没关系。

不光只:不仅仅。

不过活:不舒服。

不过意:不好意思。

不好:生病,不舒服。如:好久不见了,听说你这一向~或我今天~,全身没劲。

不见其:不见得。

不进油盐:①豆类菜吸收油盐的能力低。"盐"谐"言",②指听不进别人的劝告。

不亮索:有男女关系,也称越轨。

不皮活:①心里不舒服。②身体有毛病。

不皮火:不舒服、烦躁。

不砌:没有时间。

不赢:忙不过来。忙~,吃~,赶~。

不送哒:客答谢主人相送的客气话。

不索利:不干净,秽气。

不胎孩:没出息。

不通屁臭:不懂礼节,不按章办事。

不突泰:①生小病,也称有毛窍。②不如法、吃亏、不好。③有事放在心里。

不限定:不一定。

不雅像:不雅观。

不要死脸:骂别人不要脸。

不张:不答应。

不张你:不理你。

不敖史:不喜欢。

不耳史:不理采。

不住挠:手不停地动。

不住嘴:话极多。

布壳子:衣拆成布片后糊成硬片作鞋圈子的内衬,也称圈壳子。

步(bu):①悄悄看,偷窥。②等待。

八儿:男性生殖器。

八儿脑壳:龟头(骂人的话)。

八月瓜:三叶木通。

扒楼:发情。

叭叭饭:即"叭饭"。

叭佬儿:中间前台鳅。

芭茅鼠:中华竹鼠。

疤骨瘤痰:骨结核,比喻老大难问题。

疤子:疤痕。

笆篓:像箩筐状的、篾织的、有盖的挑具。

粑粑架架儿:在火塘里烤粑粑的铁架。

粑粑撇:蒸粑粑的小用具。

粑粑岩:打糍粑用的石盘。

粑粑抓:打糍粑的木杵。

把本:原始依据,把柄。

把蛮:能刻苦耐劳,忍受痛苦。

把门官:守门者。

把子:以为。

霸蛮:能刻苦耐劳,忍受痛苦。

吧吧:屎,儿童语言。

白爱子:果子狸。

白儿:果子狸。

白果儿:银杏果质球。

白果树:银杏。

白果籽:银杏种仁。

白花儿白净:皮肤白皙。

白面:果子狸。

白娘子:南方马口鱼(雌体)。

白日里:白天。

白鱼娘:南方马口鱼(雌体)。

摆格:故意显示自己有钱有地位。

摆子:跛子。

斑鸡:班鸠。

搬恩:男方请求岳父母家里同意嫁女。

板到哒:摔倒。

板凳儿:小木凳。

板门:木门的一种,直接用木板拼成的。

板油:贴近猪肋骨的两块脂肪。

半边人:鳏夫或寡妇。

伴伴儿:伙伴。

邦硬:很硬。

蚌壳:蚌。

棒棒队:①过去指小股土匪。②现在指带头的一帮人。

棒佬儿:栉虾虎。

薄刀:菜刀,因刀片薄而得名。

饱嗝:吃东西后,骨气上逆现象。

抱鸡儿:刚出卵的小鸡(鸡雏)。

抱壳娘:正在孵卵的母鸡。

北瓜:南瓜。

被卧:被子。

被卧面子:被面。

奔命:正在生小孩。

鼻卷儿:穿在牛鼻孔的小木栓。

鼻梁杆:鼻梁。

鼻子眼:鼻孔。

边巴耳洞:偏听偏信的人。

边边儿:物体的边沿。

辫辫儿:辫子。

彪哒:暗中溜走。

瘪壶:军用水壶。

瘪老壳:后脑勺是扁平的。

钵焦:锅巴。

伯侄:伯父和侄子的合称。

簸簸儿:小簸箕。

补锅匠:补锅的手艺人。

不逗人作:不识抬举。

不胎亥:不争气。

百人百性,百人百心:比喻群体中人的性格各有不同,难以同心。

搬起簸箕比不得天,背起煤炭比不得锅巴盐:比喻要看到事物的差别。

搬起岩头砸自己的脚:搬岩头是想砸别人,却砸了自己,比喻害人终害己。

半斤对八两:旧制一斤等于十六两,半斤就是八两。比喻两者是相当的,没有任何强弱。

包你娶媳妇哒,还包你得儿:人家帮了你一次忙,不可能帮你所有的忙。比喻别人给予帮助是有限度的。

饱人不知饿人饥:条件好的人难以体会条件差的人的感受。

逼到黄牯下儿:黄牯是公牛,而被逼到"黄牯下儿"。比喻被逼得走投无路。

比到嘴巴切肉:比喻主观地处理两事物间的关系,效果并不理想。

钵钵里转到碗碗里:努力改变现状。

不懂装懂,一世饭桶:不学习又装懂,就没有进步,甚至会终身愚蠢。

不管三七二十一:形容不管后果地蛮干。

不是俺夸女,俺的伢儿硬是长得乖:父母对自己儿女满意,是因儿女各方面都好。

不听老人言,必有稀饭干(吃的意思):比喻不听从大人的话,今后是要吃亏的。

不通屁臭:比喻不懂理的人犹如不知屁臭一样,不知好歹。

不图今世图来世:做好事不是想现在得到好报,而是想将来得到报答。

不晓得锅儿是铁打的:比喻不理解事物而干了蠢事。

不做亏心事,半夜敲门心不惊:做了亏心事的人最怕半夜有人敲门找他。比喻为人不做恶事,什么都不用怕。

bāi 子:(名)跛子。

bu(ber):(小)凹痕。

bu:①(形容词)凹进去的样子。如:他嘴巴都~了。②(名词)中间凹进去。③隐蔽,私占。

C

擦擦话:①挨边、涉及的话。②反话。

擦黑:傍晚。

猜谜子:猜谜语。

齿得:正在。

才咯儿:现在;当今。

才将:①(副)刚才。如:~有人都叫你。②现在。

财不露白:钱财不露在外面让人看见。

财喜:(名)意外的钱财,收入。

裁缝:缝纫工。

采办:买东西。

踩高脚:双脚绑十字形高脚后行走的运动。

踩雄:鸡交配。

踩虚脚:踏虚脚,踏虚了。

菜板儿:(名)砧板。

菜饭:饭菜。

菜瓜:瓜名。如:~可以生吃或腌作酱菜。

菜籽:油菜籽。

参师:拜师学习。

餐:量词,顿。一~,二~。

仓屋:粮仓屋,装粮食用的小屋。

操体面:同绷面子。如:老三之所以要操这个体面,一来是显示富,二来是弥补家人那得罪人的事。

糙虫:蛔虫。

糙喀哒:粗糙已极。如:米粉子~。

糙米石:用来做磨子、磨刀岩的硬石材。

曹:人的复数,相当于些。如:那~家伙,没一个是好东西!

嘈:①闹嚷,静的反义词。②心里发慌。如:好久没吃肉了,我心里~得很。

槽槽:(名)两边高起,中间凹下的物体,凹下的部分叫~。如:莫让东西掉进~里去了。

槽门:大门,堂屋外的大门。

蜡虫:(名)蛔虫。

草把:草缠成的把子。

草把子:(名)稻草挽成的把儿,农村用作烧柴,也说"草把儿"。

草包:粗鲁的人。

草凳:用稻草编成的坐凳。

草狗子:产了小狗的母狗。

草皮:牛身上的寄生虫,虫体为黑色椭圆形。

草窝:稻草编成的坐桶。

草鞋:用稻草编的鞋,走湿路不滑。

草鞋板:体小多足的昆虫。

草烟:①晒干的烟叶,又叫叶子烟。②自己种植的土烟。

草药郎中:用草药治病的医生。

草猪(狗):下崽的雌猪(狗)。

册、蹭:逄歇。

撑格(儿):农家厨房用于支撑铁锅的三脚架。

层皮猪:喂养时不肯长肉,杀了又不好退毛的猪。比喻懒惰而行动慢的人。

蹭:按、压。

叉:①快走。②到,去。如:你叉~哪里去。

叉叉裤:(名)开裤裆(小儿穿的)。

叉棍:衣叉,举衣挂高处的叉子。

叉口:①口袋。②包、袋子。有大叉口、小叉口。③儿化,念成叉口儿,指小口袋。④白布斜缝的长口袋,两只为一担,可装谷五十公斤左右,今已被编织袋代替。

插标标儿:插在死刑犯背上的木牌,牌上写有罪名及姓名。如:杀人犯×××。

插草人:竖草人于地边驱鸟。

插花酒:嫁女时办的酒,又叫出堂酒。

插李儿树:木槿。

插漏:在屋漏处插补上瓦使之不漏。

插嘴:在别人说话时插话。

茶:①泡了茶叶的水,叫茶水。②开水。③蛋。遇喜会(结婚、生日、满月酒)筛的喜蛋。④结婚前,男方送往女方的礼茶,肉叫茶肉,鱼叫茶鱼。

茶食:点心的总称。

茶亭子:旧时大路边供过路人歇脚、吃茶的小亭。

茶叶子树:春摘~嫩芽经炒、揉后烘干成细茶;夏秋摘老叶晒干为粗茶。

查鱼:暑天晚上举火捉乘凉的泥鳅、黄鳝。

岔子:麻烦。你不要找我的岔子。

刹果:①结果。②结束。

刹急:着急。

差(chai)狗子:走狗,骂过去衙门里当差的人。

差火:差劲,不太好。

差一颗米:差一点儿。一颗米,极言其少。如:好危险!只~就出事了!

柴垛:柴堆。如:将柴块码成空心~,使湿柴更易干。

柴夹子:厚篾片熨成的挑柴工具。

柴马儿:湘西地区用以单肩背柴火或其他成捆、包物品的木制器具。

柴码:两木杈向上固定在一小扁担上,先靠稳放入较长的物件后用肩运物的农具。

柴屋:放柴草的屋。

豺狗:狼。

豺鱼:斑鳢的别称。

掺:拌入。

缠脚草:影响别人的人,多指小孩缠大人。

产难:难产而死。

铲铲儿:小铁铲。

昌盛:(形)成器、有出息等意思(多用于否定)。如:他们屋里的人,个个都很~,老五哩,又不~,还把毒瘾惹上了。

常常:经常。

场:(量词)出。如:一~戏。

场合(场伙):(名)①场所。②气派。

敞:心里装不住话,肯说。

敞口:(形)形容不分场合,不看对象什么都说。如:"话不要太~了!"张二警告老三说。

敞口包:犬嘴小野鱼。

唱白脸:(惯)白脸是戏曲中的正面人物,比喻在一定场合下扮演正派的角色。

唱花脸:花脸是戏曲中性格刚烈或粗暴的人物,比喻在一定场合下扮演蛮横无理的角色。如:明天开会,张三来唱白脸,你~。

抄把:满满一把。

绰绰儿:帽前沿突出部分。

焯:把作料放入菜中。

焯茶叶子:在开水中放入茶叶。

焯米:米下锅。

朝门儿:指院子大门(有门楼者),也指院子。如:李二吵出~,喊他妈妈。

朝年报日:结婚的当年春节,男方要备厚礼给女方拜年,必须用带有猪尾巴的猪圆膀向女方传递要求结婚的信息。女方无异议则会与男方商定婚期;有异议,则回猪尾巴以表示。

吵结蓬哒:吵成一团糟。

炒熟的:将玉米、黄豆、蚕豆、瓜籽等加粗沙粒炒成熟食,谓~,即炒货。

炒现饭:①反复说同样的话,做同样的事。②炒剩下的饭。③指学生读书留级。

车谷:将晒干后的谷用风车车出瘪谷。

车钱:车费。

扯抱壳娘:菱形薄木片中穿线,拉动出如鸡母娘叫声的游戏。

扯布:买布料。

扯常:经常。

扯常么儿:经常。

扯抻:把布扯平。

扯寸寸谎:形容肯撒谎的人一个连一个地不断撒谎。

扯二钹:围鼓中有两副钹,二钹是接着头钹打的。扯二钹,指给人家帮腔说下句。

扯二睃(suō):抛媚眼,男女传情、用眼神示意。

扯枋:连接排栅的枋。

扯风蓬:升帆。

扯根菜:菠菜

扯沟:在挖松的土地上,按相同宽度用齿夹扯出排水沟。

扯呵欠:打哈欠。

扯呵闲:打呵欠。

扯慌:撒谎,说假话骗人。

扯谎尿皮:撒谎骗人,又指说话做事不靠谱。

扯谎三:肯撒谎,靠不住的人。

扯谎调皮:撒谎、不老实。

扯谎子:扯谎。如:他知道他们在~,可是也没法。

扯挥霍:对不属于自己个人的钱和物,能挪即挪,不计后果。

扯混迷儿:做梦。

扯火:(名)搭档、朋友。

扯伙:合伙、合作。

扯筋:痉挛。

扯夸:讲浮话空话,吹牛。

扯腊蛋:多事,瞎掺和。

扯懒谈:①聊天闲谈;②撒谎。

扯麻纱、葛索、扯皮:故意纠缠。

扯猫齁(hou):像猫得了哮喘一样,上气不接下气,形容累极了。

扯内窝子皮:闹内部矛盾。

扯皮绊:扯皮,相互之间闹矛盾。

扯平头:①攀比;②搞平均主义。

扯劝:扯开打架的双方或劝架。

扯闪:自然界的一种放电现象,放电时发生强光,闪电。

扯谈:①(动)说话,聊天,讲白话。如:几个人都在那里~。②算不得数的话。

扯田草:在水稻田里中耕除草。俗话说:"田里要脚板,地里要铁板(用薅锄锄草)。"

扯雄:鸡交配。

扯秧:用手扯起秧洗去泥再扎成把。

抻(chen)透:五官位置恰当,身材合乎比例。如:他长得很~。

抻腰:清楚、得出结果。如:这事还没扯~。

抻直:伸直。

陈话:旧话。

趁常:经常,也说"扯常""一路来"。如:我~去桑植。

撑撑儿:支撑物体用的棍儿。如:这根小树快要倒了,快拿根~撑起!

撑船:用撑竿驶船。

撑梗儿:圆形三脚铁架。

成器:成功。

秤钩:秤上挂物的钩子。秤上装物的盘叫秤盘。

秤砣:秤的砝码。

秤砣生:独生子,也叫独骨龙。

秤系:提起秤的绳子。

吃(qi)酒:参加红白喜事或庆典活动而坐席吃饭。

吃白食:白吃别人的。也说嘴巴上抹(捺 chi)石灰。

吃茶:喝茶。

吃哒屙血:骂偷吃的人无好结果。

吃吊讲卵话:讲话无道理。

吃峰子菜:喜欢受人吹捧。

吃光饭:吃没有菜的饭。

吃花酒:不正经的男女一起饮酒作乐。

吃会酒:旧时清明、冬至,同族人在祠堂集合祭祖、议事、会餐,女人不参加。俗话说:"男不吃粥米,女不吃会酒。"此俗今已废除,女人也可~。

吃货:好吃的人。

吃酒:喝酒。

吃娘娘:小孩子吃饭。

吃私娃儿不吐骨头:形容心狠手毒的人。

吃死鸡巴亏:吃了大亏。

吃烟:吸烟。

吃油货食儿的:好吃懒做的人。

吃早饭时:农村吃早(中、夜)饭时一般为七、八点(十三、四点,十九、二十点),指时间。

吃长饭:指孩子在生长发育期间吃饭。如:~的孩儿,当然逮得!

吃转转饭:指父母受子女轮流供养。

吃扁担,横心肠;吃秤砣,铁心肠:比喻铁心做某事情。

吃不穷,穿不穷,算计不到一世穷:比喻没有计划。

吃哒口软,用哒手软:白吃白拿别人的东西,就会受制于人,最终毁灭自己。

吃了桐油呕生漆:桐油不能吃,吃了便呕。比喻得不义之财,后患无穷。

吃新鲜饭:想做新鲜事,与新鲜人相处的夸张说法。也指夫妇一方另有所爱。

吃鱼防刺:比喻人应有危机意识,要学会防患于未然。

哧:湿物挨身。

哧浆:去掉大部分水分的米浆。如:~米、~豆腐、~粑粑。

摛(chī)手:①伸出手。②动手打你人。

痴壳虫:痴人,被骗却不明白的人。

痴聋不痴式:痴傻的样子。

尺祸:招惹,惹事。

齿:①理。~都不~,即理都不理。②擦。如:~点清凉油就好了。

齿齿儿:(名)物体上齿状部分。如:锯子~、梳子~。

齿夹:扯畦间沟的农具。

齿、涂抹:理会。如:我不~你。

斥(chì)起:①伸出来。如:你把指头~起,我看下。②指使。如:你~起他出头,行吗?

斥斥戳戳:乱动手,互相扰人。

赤脚片:光脚。

扶(chì)药:搽药、擦药。

翅膀骨硬了:委婉的骂人话。

冲:①刺激。如:这气味~鼻子。②怂恿。如:别人一~,他就会干坏事。

冲壳子:①(惯)聊天。如:饭后张三陪着李四品茶~。②说大话,吹牛皮。如:他~说见了你。

冲天辫:朝天独辫。

冲天炮:(名)(贬)本指一种焰火。比喻说话毫不顾忌的人。如:他是个~,什么话都说。

充狠:(动)显示自己能干(含不满意味)。

舂臼儿:圆形铚筒,将药置其中后以铚棒舂碎的用具。

宠:①用手向上托,或向前推。②推举。③提拔。

铳药:脾气火爆的人。

抽(cher):蚯蚓。

抽条:①(动)孩子在生长发育期间个儿变瘦。如:他那时正在~。②(形)指人的身材细长。

抽条:小孩身体减肥向上长高。

臭手:①水平不高的人。②运气不太好。如:你真是个~,又输了。

出榜:旧时考试后公布学生是否被录取的告示。学生名字后有校长签名及时间,并写有大的"榜"字,在日期上盖学校公章,以示其权威性。

出菢:小鸡离开鸡窝活动。

出仓:由仓中装出粮食。

出秤:比原称的重量多。

区区儿:哑炮。

出肤子:患麻疹,出痘。

出伏:伏天结束。

出格:做出不合常理让人耻笑的事。

出憨钱:出不应该出的钱。

出行:(动)到外边去了。

出怀:女人怀孕,腹部大得已可见了。

出祸:出现灾难,也说出事。

出价:卖货的价。

出蛟:迷信说法。旧时认为发生泥石流是爬虫类的神物修炼成功后从山中出来到大海皈依龙王,其实是泥石流。

出客:见得客人。

出口伤人:出言伤及他人。

出栏:肥猪出卖。

出麻条:打出石条。

出麻子:出天花,也叫出痘儿,患麻诊。

出马映:出彩虹,雨后天上现出彩虹。

出脓:流出脓液。

出气筒:比喻无故受气的人。

出世:出生。

出世穿的:外出穿的衣服。

出水:①流出水来了;②新屋盖好了瓦。

出天行:旧俗,阴历正月初一子时按当年历书指示的喜神方向,烧香磕头祈福,拜罢天地之后,前往出行。

出窝:孵出的小鸡鸭离窝独立活动。

出血:破费,花点钱。

出洋相:出丑。

出窑:把在窑中烧好的东西拿出来。

出月:产妇满月后,由娘家人接女儿和小外孙去住一段时间,或者说:小孩出生一个月后,母子去外婆家里住一段时间叫出月。

出众:大方。

初伙:①怂恿。②恭维。③让。如:村委会选举,不要~他干,会坏事的。

初儿:每月的上旬。

除灵:人亡一年或三年后做法事,烧灵牌。

杵:①(动)顶撞。如:你怎么~妈妈?②(动)接近。鼻子~鼻子。如:你那么~拢搞什么的?

杵:用话刺激人。

础础儿:蚯蚓。

处:……的地方。高~、低~、矮~。

触脑:有角动物用角互相攻击。

触人:有角动物用角攻击人。

触一鼻子灰:碰一鼻子灰。

欻(chuā):乱写。

踹:①蹲。②住。

穿埯油糍:将糍粑原料包绿豆沙做成饼油炸称油糍,油糍中有穿埯的叫~。

穿帮:漏底,搞炸了。

穿连档裤:比喻言语行为高度一致。

穿牛鼻:比喻发蒙。给牛穿鼻,是对牛的约束。孩子发蒙上学,像牛穿上了鼻子一样。

穿疱:指事情暴露出来。如:~了,怎么办?

穿山甲:鲮鲤。

穿头:尽头,到底,走到尽头。

穿夜:(名)通宵。

传观:公布优秀作业或试卷,并让学生轮流观看。

传塘:鱼虾在塘中自然繁殖。

传瓦:人站成排后用手递瓦上屋顶。

船木匠:专造船的木工。

船钱:乘船的费用。

椽檩:房顶用于放瓦的木条

椽角:钉在檩子上搁瓦的木条。

疮:皮肤上红肿溃烂。如:有脓灌~、天泡~、坐板~、蛇盘~、漆~等。

床板:床上垫铺草的木板。

闯到:有时。如:我~看见他。

吹吹儿:哨子。

吹吹儿棒:短旱烟袋。

吹火筒:吹气使火燃起来的小竹筒,打通竹节做成,用嘴吹风入灶。

吹哨子:口吹树叶、禾杆发美声。

捶背:用拳头轻捶背部。

捶枯:将枯饼捶碎成粉末。

锤锤儿:(名)钉锤

锤头:拳头。

锤子:①(名)本指钉锤。②(形)作骂人语表示强烈否定和不满。如:~事,红白不说,拿到就走了。

春上:春天里。

春头上:春天开始时。

蠢棒:蠢人,也叫蠢宝、面糊桶。

戳:用棍棒顶下挂着的东西。

戳背脊骨:(惯)指着别人的后背议论,比喻在背后指点别人。

戳祸:惹祸。

戳客(夺客):(名)指挑拨离间者。

戳皮打拐:指胡搞乱来。

戳事拱事:挑拨离间,制造矛盾。

戳天花板:摘坏事。

茨:荆棘。

辞路:旧时传人死后必到生前所到之处,走以前所走过的路,含有辞别之意。也叫收脚板皮。

慈姑儿:(名)荸荠。

糍粑:糯米蒸熟后打烂做成的粑粑。

刺笆笼:(名)荆棘丛。如:在山里走进了~,真倒霉。

刺刺补补:东西表面粗糙不平。

刺猪子:豪猪、刺猬。

枞(cōng)枝:松枝。

枞毛儿:落地的松针。

枞树(枝):松树(枝),马尾松。

楤(cōng)担:两端有铁尖,插入茨捆中的挑物农具。

余汤:(名)本指把食物放到沸水里稍微一煮,引申指不纯熟、不地道的(话)。

催锅:易使锅变热。

催壶:烧水用的水壶

催老:显老。

催芽:将浸泡过的谷种打包,使保温促使谷芽快长。

催秧:秧青田后施速效肥使其快长。

撮:①用畚箕装物。②极少的东西。

撮撮:即撮箕。

撮箕:撮东西的用具。

撮卵:不管,不闻不问。

撮瓢:①(名)农村专门撮粮食的木瓢,短柄长身。②广口的撮物木瓢。

错口:不吻合,对不上榫

错以:因为。如:莫吵,~他大些,选他。

擦话子:影射别人的话。

擦子:切萝卜丝的小用具。

踩生:碰上别人家小孩出生。

菜豆腐:豆浆加菜叶,放进酸水,做成的菜。

菜花蛇:黑眉锦蛇。

槽门:院子的大门。

草凳:用稻草编成的坐凳。

草嘎树:草垛,这是围着一株树堆起来的草垛,故名~。

草狗儿:小母狗。

草含:草鱼。

草口:专指喜欢讲粗话的女人,指乱伦的恶人。

草鞋棒:打草鞋时捶草的粗木棒。

草鞋棒:尖吻蝮。

草猪儿:小母猪。

草子:紫云英。

叉叉儿裤:小孩儿穿的,裤裆前面开口的裤子。

叉口:装粮食的口袋,袋口成"叉"形,便于挽结。

叉口儿:衣服、裤子的口袋。

插香:男女订婚时在堂屋里燃香点蜡烛,禀告先祖。

茶:定亲男方给岳父家及女方亲属送的聘礼肉、面条、糖果等,合起来称作"茶"。

茶包:生长于茶树上的桃型果,形似桃子,可以吃。

茶盘儿:给客人上茶用的木盘。

茶盘爪:屋檐的两只角不向上翘起的一种木屋样式。

茶肉:农村人拜年、认亲时送礼用的猪腰条肉,最少在一斤二两肉以上。

茶树:油茶树。

茶瓦罐:在火塘里煨茶的瓦罐。

茶叶子树:山茶树(采叶食茶)。

柴方水便:农家居住环境好,柴水方便。

柴码儿:背柴的工具。

柴屋儿:堆放柴草的简易棚子。

豺狗儿:豺。

铲巴老壳:后脑勺是扁平的。

铲亢:打别人财物的主意;打秋风。

敞阳:宽敞,视野开阔。

朝杠:石匠用的撬岩用的木杠。

朝天坡:又陡又长的山坡。

朝天神:说话天一句地一句,毫无拘束的人。

吵吵儿:唷吵唷闹的人。

炒现饭:指学生留级。

扯策:出现裂缝。

扯扯儿眼睛:上眼皮上有疤痕。

扯飞货:在交易中明知无偿还能力,还要赊借、占用别人的财物。

扯根菜:菠菜。

扯寡鸡蛋:管闲事。

扯伙:合作。

扯盘:二人合力将田塍边的稀泥堆在田塍内的有柄、有拉绳的木板。

扯闪:闪电。

抻抻突突:衣服笔挺合身;身材标致。

抻突:衣服笔挺合身上;身材标致。

押一哈拢一哈:首鼠两端、犹豫不决。

撑卡:放在火塘里煮饭、炒菜、烧水用的铁三脚架。

哧西:用暗示语气说别人的坏话。

痴婆娘:笨女人。

赤膊儿:不穿上衣的人。

赤浆粑粑:把糯米浆用布包好再用草木炭吸干水分(称作"赤干"),包上黄豆粉、芝麻馅做成的粑粑。

充杆子:冒充自己有一定的地位和权力。

虫起:唆使。

宠瞌睡:打瞌睡。

丑塞哒:难看。

出气筒:别人发泄怒火的对象。

畜牲:牲口。

揣包皮:猪肚皮那一块的肉,比喻脸皮厚的人。

吹火筒:将火吹旺的小竹筒。

捶头:拳头。

椿巅儿:香椿。

椿巅儿盐菜:用椿树嫩芽腌制成的。

蠢包儿:大人对自己孩子的爱称。

蠢起个尸:蠢里蠢气。

戳戳儿帽儿:有帽檐的帽子。

戳事攻事:无事生非。

瓷瓦子:碎瓷片。

刺包笼:荆棘丛。

刺笼冈:荆棘丛。

刺猪子:豪猪。

枞毛儿:松针。

枞树:马尾松。

丛冈:松树含油很重可用来照明的部分,也叫油油柴。

粗壳:谷壳。

催壶:烧水用的铜壶。

撮:不是圆形的,有开口的指纹,也叫"勺"。

撮饭:吃饭。

撮箕口:桑植白族典型的民居式样,正屋两端有横屋,也叫"双手推车"。

撮一餐:①吃一顿;②批评一顿。

岑话:脏话。

叉口:包。

撤祸:惹麻烦。

称:伸。

齿:理睬。

草棵里饿不死蛇:蛇在草丛中总能找到食物,而生存下去。比喻人在具备生存的条件中。

草纸包盐,久后湿(识)穿:比喻事物总是要搞清真相的,现在不知道,以后会知道的。

柴米的夫妻,酒肉的朋友:夫妻关系由家庭生活维持,朋友关系靠吃吃喝喝维持。

铲起锅巴凑饭多:比喻只求数量不讲质量。

扯到葫芦根也动:比喻事物之间是有联系的。

抻手放火,缩手不认:刚做坏事,马上就不承认,也说:动手打人,缩手不认。喻挑起是非却不承担责任。

秤砣虽小,能压千斤:比喻事物所起的作用不是由事物的大小决定的。

痴婆娘等野老公:比喻对人死心踏地的信任。

丑媳妇怕不得见公婆:样子再差也要见人。比喻该公开的事情迟早要公之于众。

出得你的门,进得我的屋,出了桐油黑处站:旧时用桐油点灯,出了桐油本可点灯,享受光明,却仍在黑暗中。比喻付出得不到回报。

出门要个权,进门要个钩:比喻人的行动迟缓。

除死无大祸,讨米再无穷:比喻决心之大。

穿了绿布衫,忘记了槐花树:古传槐花可把布染成绿色,这才有绿布衫。比喻得了好处不要忘本。

穿衣不提领,只怕有些蠢:做事要善于抓住关键。

捶头向外打,指梗朝里抠(kou):喻要搞好内部团结,一致对外。

chai:挣扎。

chi:用刀剖开。

chua(chuang):①淋。②冲洗

chua:骂人。如:你当心他~你一餐(骂你一顿)。

chuai(第三声):遮掩,藏。

chuai(第四声):赖着不走。如:你不要在这里~,到别的地方去。

揣chuai:用坚硬或较重的物体砸。如:我要~核桃吃。

搏cuǎn:偏斜。如:这屋~好远了,要修整。

欻(chuā)子:手残。

D

搭(板)斗:大型方斗。

搭白:接着别人的话说;插话。

搭帮手:做帮手。

搭车:乘车。

搭到:①顺带。②趁着。

搭得到信:能带得到信。顺便帮忙捎信的意思。

搭火:①引火。②两根电线接到一起也叫~。

搭肌刀:砍肉的刀。

搭褡:搭在肩上两头有长袋的布袋,旧时生意人出门必备,今已少见。

搭:摔。如:我用劲~它一下。

搭条:木工的工作台。也叫马板。

搭歇:①找别人搭睡。②借宿。

搭早些:趁早。

答白:①接腔。②认可。③承担责任。

答野白:回答与己无关的事。

打夹叉:打扰。

打和声:促成事情办好。

打喏:舌在口中打旋,吞吐不定,含糊其词。

打 pa si:①考试时的舞弊行为,暗示或写有答案的纸条。②传球。

打白工:①为人做事,只吃饭不收工钱。农村有什么需要人帮忙的事,如修屋、办红白喜事、农忙抢收抢插,请人帮忙,以集中劳力及时把事办好,便采用喊打白工的办法。这是互助的一种形式。②没得到好处,白做了。

打摆子:疟疾。

打班班:小儿双手伸开拍打时唱儿歌的游戏。

打帮帮腔:不是保持中立,而是单帮一方讲话。

打帮锤:帮一方讲话或吵架。

打帮手:搭帮手。

打饱嗝:饭吃饱后嗝气。

打碑:①约定规则后,用小石头击石碑,击倒石碑,照约执行的游戏;②后人为祖人~作纪念。坟前立石碑,述死者生平、列孝名。坟周砌罗围。有令牌碑(一块石板)、五镶碑(碑面、两框、碑帽、碑底)、七镶碑、七镶挂耳。更有在墓前竖牌坊、放赑屃(bixi)(传说中的神物,像龟)、立石人、竖桅杆的。

打背功:帮倒忙。

打被窝:睡着之后不自觉地蹬开了被子。

打标枪:①泻肚时,大便像水一样喷射出来。②泻肚子(骂人话)。

打波儿:(动)接吻。如:他看见张三和美女在~。

打捕:埋伏起来适时击鸟。

打敞穿:穿在外面的罩衣。

打彻:①吊儿郎当。②转移目标。

打虫:服药驱除体内的寄生虫。

打杵:(名)杵杖,形状像 T,在农村用来背东西歇用的工具。肩负重物时撑物以便休息的丁字形用具。或一种支撑背笼让人歇肩的工具。

打粗穿的:平时做工时穿的衣服。

打单身:当单身男女,指没结婚的人。

打倒:(动)车辆掉头时使车向后退。

打得粗:能吃苦,不好的饭菜也吃得惯。能过比较艰苦的生活,能适应比较恶劣的环境。~的孩子长得好,很少有毛病。

打洞来,打浪去:从这么来,往那里去。

打抖:(动)发抖。如:天冷得很,身上也有点~。

打肚皮官司:有意见口头不说,在心里嘀咕。

打顿:①停顿(常用否定式)。如:他读报不~,一溜就读下去了。②同打嗯顿。

打屙屎注意:①出馊注意。②不想做的事想方设法溜走。

打恶人头:做得罪人的事。

打嗯顿(打咽吞):嗯,象声词,表示沉吟时发出的声音。嗯顿,因沉吟时发出的声音,意为短暂的迟疑、犹豫。说话短暂停顿或迟疑,想说又不敢说,想推辞。

打发:①给予(有施舍义)。②嫁出。③女儿出嫁时送予财物。

打发钱:主人给送礼之人的小孩、挑夫、服务人员的钱(小费)。

打蕃薯洞:在高处横向或在屋地面上垂直打洞、安洞框,以储存蕃薯过冬。

打方向:指辨认方向,引申指辨认形势。

打飞:瞄准飞鸟开枪射击。

打飞棒:娘棒挑儿棒、手击、地击,得尺多者为胜的游戏。

打粪凼:在田中打凼以沤肥。

打干和声:光口头附和,并无实质性的参与或帮忙。

打干亲家:结成干亲家。如:两方同时生男或女时,那就~。

打搞:①混。②打交道。

打个开台:本意是唱戏之前一阵锣鼓,引申为首先发言或开场白。

打跟头:翻筋斗。

打沟:谷粒快成熟时在田间开排水沟。

打鼓不瞒腔:不装腔作势。

打官腔:学当官的人的腔调。

打呵喝:人拖长声音喊,驱鸟兽或招呼别人。

打(合)伙:复婚或姘居。

打和声:随声附和,支持、帮腔、呼应。

打话中伙:同样出钱同样吃叫打中伙,只说不见行动叫~。

打晃晃:(人或物)左右摇晃站立不稳。

打会:原来指成立经济互助组织,轮流使用会费。现同"得会",是那样的,表疑问。

打鸡公战:两人单腿冲击的一种游戏,稳者胜。

打家事:锣鼓队奏乐,土家族人叫打围鼓。乐器为头钹、二钹、包锣、大锣等再加鼓和唢呐。曲牌上百,比如《八哥儿洗澡》:咣叭令咚咣,咣叭令咚咣,罗哆咣儿当,一哒一咚咣,叭哒咣,以浪以浪以。

打夹(ga)闹:从中挑唆。

打毽儿:踢毽子。

打绞木:犁的配件,一种牵引工具。~的两端套连接斗上的缆索,~中间的拖圈套于犁嘴上,在牛力的作用下,拉动犁运行。

打井:打墓坑,也叫挖埯。如:~由亡者的儿子先挖三锄。

打九子鞭:女子持装有铜钱的木棍触地发出声响,并边唱边舞的表演。

打蹶(jue)子:牛马奔跑得蹄子翻了过来。解放军只几排枪,那些土匪吓得打起蹶子就跑。

打空手:空着手。如:今天来你家做客~来的,不好意思。

打快:精神不振。

打雷:雷击。有闷雷、炸雷之分。

打流:(动)生活无着,到处流浪谋生,在外胡混。

打卵西瓜叉:乱插话。

打毛毛旋:不知如何是好,来回不停走动。

打闷棒:①指暗中打人。②比喻背地里整人。

打谜子:①猜谜底。②给谜面。③比喻说隐晦的话。

打脑壳:①(惯)令人头晕。②使人伤脑筋。

打喷嚏:因鼻黏膜受刺激而引起的猛烈带声的喷气现象,多为感冒症状。

打棚鸡:猎人以媒子(经驯化的野鸟)吸引同类野鸟到猎人的猎棚前开枪击毙现已禁止。

打漂漂(打飘飘):①同打水漂。②漂流、流浪。如:你跟我回去,莫到外边~了。③当成儿戏。

打漂漂儿:用力平摔出薄石片、瓦片等,让其在水面上漂飞,远者为胜的游戏。

打平伙:①(打拼伙)大家凑钱吃喝,饭钱平摊。合伙出钱吃喝,类似于现在的 AA 制。②一起吃个饭。

打破:从中破坏、拆台。

打铺盖:睡着时把被子掀在一旁。如:半夜~。

打启发(打起发):①发财了,发意外财,意外收获,得到了物质或金钱。②(惯)旧指军队对百姓的劫掠。③泛指敲诈抢劫。④指得到好处。

打青:割嫩草嫩叶等作绿肥的农活。

打秋风:向人乞求财物,占小便宜。

打秋千:①荡秋千或手抓悬空的藤子摆动的游戏。②庆祝生日。

打人头:恶人。

打塞牙儿:规律性嗳气。

打霜:结霜,空中的水蒸气遇冷凝结成微细冰粒粘附在地面的现象。

打水漂:①斜着掷扁平的石块、瓦片儿于水面,使它弹跳前进,打出水花。②也形容东西(钱或米)花了没收回。③没收回本钱。

打水枪:将水吸入竹筒,再用力推射出水的游戏。

打私臭嗝:嗳气有馊味。

打算盘:①珠算。2013年联合国确定中国珠算为世界非物质文化遗产予以保护。②心中打主意。

打汤:烧汤。

打条卡:裸身

打桐子:用竹竿打下桐果。

打头:带头,走第一个。

打头场:栽秧快手栽头一行,以带动其他栽秧的人快速栽秧。栽得最快的,为~。

打头阵:带头、领先。

打土拳:土家拳术共54套,39门,兵器36种。会而强者胜的比赛。

打拖皮长陷:拖着事长期不办。

打脱出来:逃离困境。

打坨:行贿。

打哇哇:原是幼儿的一种游戏动作,用手掌轻轻打张开的嘴,同时发出"哇哇哇哇"的声音。比喻不加考虑而顺口答应、附和。

打味:撒香饵于水中诱鱼食以便网捕。

打窝子:在厢上挖小坑以备下种或移入幼苗的农活。又指钓鱼时撒诱蚀。

打乌廊子:黄昏。

打下 lia 下(da ha lia ha):做事不鼓劲,不认真,歇歇停停的。

打响指:食、拇指快速摩擦发出声响的技巧。

打信:寄信。如:他得到家里打来的信后就去了。

打牙祭、打中伙:①合伙吃鱼肉或吃好的东西。②(古)祭祀后分祭肉吃。今指吃肉,也说油肠子,解馋。③原为古时军营中的一种制度,每月初二、十六杀牲以祭牙旗,而后食之。以后每逢月初、月中食肉一次,称作打牙祭。现在泛指吃肉或一同会餐。

打眼:(形)惹人注意。

打秧把子:将秧把子撒入备插田中。

打快:精神不振。如:这个孩子今天有点~。

打样:做样品。

打窑窑儿:打洞为灶,学大人做饭的小儿游戏。

打野食:①指婚外恋情。②在外找相好的。③指在正常范围外找到的食物。

打野食子:①家禽、家畜在野外找野食。②同"打野",利用业余时间挣外快。 ③有外遇。

打野眼:做事不专心。

打一把松一把:管理上紧一下松一下,不是一抓到底。

打一板,喊十声:轻狂的样子。

打颖:用竹扫帚的尖轻轻扫去所毛颖子中的谷颖等杂物。

打油:①多人抬一人前后移动,像油匠打撞杆的一种好玩游戏。②另指打吃的油。将油料作物的籽炒熟粉碎入榨榨油,其渣为枯,可作肥料。如:你背油菜籽到榨坊~去。

打鱼:撒网捕鱼。

打醮:道家活动。如:传说~可求雨、消灾、祈福。

打整:①收拾、整理。②对付、整治。

打拄(杆):一种支住背笼让人歇肩的工具。

打转工:换工。

打转身:①转动身体。如:我~飞快的。②回来。

打转转:①就地旋转。②转念头、盘算。

打总:(副)总起来、合起来。

打总成:算总账。

打赤宝儿:脱光上衣。

打糍粑粑:糯米蒸熟、打烂、压扁做成的粑粑。

打得螺儿:即打陀螺,一种儿童游戏。

打二钹:打围鼓时,有两个打钹的人,按鼓点节奏一个先打,一个后打,后打的叫打二钹,引申为当配角、协助。

打粪桶儿:从粪坑里舀粪用的工具。

打嘎查:别人正在说话或做事时从中打扰。

打牯皮:包裹牛肉的一层软组织。

打牯子:本指好斗的公牛,比喻爱惹是生非的男孩。

打急榨油:急于求成。

打脚木:耕田地时,将缆索和犁连接的横木。

打连枷:用连枷打麦子、打黄豆。

打尿卡:把脚从别人头上跨过。

打屁虫:蝽科动物。

打撇脚:趔趄,出现闪失。

打平伙:大家凑钱、物会餐;合伙办事互不亏欠。

打启发:发了财;捞得了好处。

打三棋:农民在田间地头休息时常玩的一种民间棋类,近似围棋。棋盘在地上画成,棋子是随手拣来的小木棍、小石子等,方便且有趣。

打山势:远望山势判断方向。

打油匠:指身上很脏的人。

打狗欺主:打狗是欺侮狗主人。比喻对物主应尊重。

打开窗户说亮话:不隐瞒什么,把该说的都说了。比喻把事情原委说得清清楚楚。

打磉磴,惊柱头:间接影响起作用。

打蛇要打七寸:蛇的"七寸"为致命处,比喻做事要抓住关键。

大半天:比一个上(下)午短的时间。

大棒头:两个成见很深的人。如:你看,他两个就是个~,天天在一起有架吵。

大大:比父亲年长的姑母。

大皮人:①不大计较得失;②马大哈式的人。

大婆婆:爷爷的嫂嫂。

大师傅:厨师。

大叔儿:大叔父。

大幺:比父亲年纪小的大姑母。

大爷爷:爷爷的大哥。

大(dai):形容形态很大。

大、二、三神:为后河人的祖先。相传是为女娲炼石补天烧炉的三弟兄,因炼石补天被烟熏火烤脸变了色,大神为红脸,二神黑脸,三神白脸。他们专为人做好事,后人得以繁衍。后河的喻家凸、九龙山、石碑寺、龙窝泉分别有其庙,名大老爷、二老爷、三老爷。四季祭祀。

大大:土家人对姑妈的称呼。父之姐,大幺。父之妹为小幺。

大蔸菜:莱菔、凤尾菜。

大凡小事:大事小事。泛指所有的事。

大方人:不吝啬财物的人。

大胳子:大脖子病,因缺碘引起。

大鸡儿:成年鸡。

大家:在座或在听的群体,也称侃俺

大襟:右侧钉扣的衣、衫。

大襟衣:右边开襟的上衣。

大块:(形)①块头大。②形容傲慢的样子。

大妈:对父亲的大哥之妻的称呼。

大米筛:筛米用的工具。

大年:农历一年的最后一天,即除夕。

大娘:兄弟妻子间按其丈夫出生顺序的互称,最长者,叫大娘,又如二娘、三娘。

大气:(形)气量大,能容忍。如:这个人很~,不计较小事。

大日头:阳光强烈。

大声垮气:形容声音大而难听。

大使:大家,大伙儿。如:这件事怎么分,~看,~想办法。

大势:形容大模大样的样子。

大手巾:头巾、澡巾,澡巾。擦鼻涕的手巾叫小手巾。

大叔佬儿:夫之弟,也有降格随子女喊叔叔的。

大团结:(名)指拾圆面额的人民币,由上有工农商学兵大团结的图像得名。如:有几张"大团结"?

大豌 der:蚕豆。

大鞋:男鞋。

大样:形容有气派。

大爷:有权势的人及其儿子。今指老子的人。如,二爷、三爷。

大椅子:宽大而较高的椅子。

大桌子:方桌。桌子还有火桌、饭桌、书桌、条桌(条案)、圆桌、月桌(半圆形)等。

歹到:①假如。如:~涨水了,怎办? ②捉到。

逮:①拿。②抓、拽。③吃。(万能动词)吃、喝……等

逮到:捉住。

逮饭、逮事、逮功夫:吃饭、喝酒、做事、干功夫。其"逮"字作动词,在张家界方言中有"万能"词之称。

逮泥鳅:以饵诱泥鳅入鱼篓。

逮澡:洗澡、游泳。

带村:指口语带痞话,脏话。如:张三这个人说话总是~。

带齐:①(副)一齐、一起。②(动)连累。如:你倒霉了,莫把他们也~了。

带帐(贷帐):(动) 负债。

待诏(带照):(名)理发师的旧称,理发师。

戴高帽子:①说讨好的话。②示众。

戴笼子:受货主指使对顾客进行欺骗。

戴绿帽子:妻有外遇。

丹池:天井。如:房子为了采光和通光,房屋中间留个~亮些。

单俺(dan ngan):他们。

单刀:大刀,又叫马页子。

单另:另外,单里、脱里。

单门:一扇门块的门为~,两扇门板的门为双门。

单手:一只手。

单鞋:圈子只一层的鞋。

单衣:单层布的衣服。

氾(dàn):将生食物或青菜放在烫热水中稍作浸泡。

弹匠:将棉花加工成棉絮的工匠。

弹匠锤:弹棉花时用于击弦线的木捶。

弹皮:做事慢吞吞地。

弹枪:弹弓。

蛋炒饭:蛋与饭混在一起炒。

蛋鸡:生蛋的母鸡。

当:随手擦、涂。如:菜刀不锋利了,在磨石上~几下。

当打脱裤:勇于担当。发现自己做错了事,主动接受惩罚。

当大事:旧时家里送老(死老人)后门楣上贴蓝纸写的"~"三字,宣告"正办丧事,不得干扰。"

当道:(形)指地处过往行人多的地方。如:这家店子很~,生意好。

当地:(名)原地。

当东晒:太阳刚升起时照射到的地方。

当赖:推脱责任。如:这事你不能~,谁负责就负责。

当门:对着。田~。

当铺:寄卖财物的铺子。

当西晒:太阳下山时照射到的地方叫当西晒。

当阳:阳光直射时间长的地方。

挡火板:挡煤灶进煤口的铁板。

档档儿:(名)盆状或桶状的、有长柄的舀液体的工具。

档头:(名)田地、房屋及长方形大物件的尽头。

氹:水坑。

凼凼:(名)坑。水~。

垱坝:溪中提高水位的石坝。

荡:漫走,闲步,没有目的地走。如:在街上~一~。

荡皮:牛脖子下的软皮。

刀刀:刀豆。

刀头:(名)做祭祀品的整块的熟猪肉。

倒春寒:(名)春季里出现像冬天一样的寒冷天气叫~。

倒饭:①(动)呕吐,令人作呕。②(形)形容(人)差劲。

倒拐子:(名)胳膊肘。

倒话:反面意思的话。

倒起:与倒的用法大体相同,更加强调动态的结果,特别引起听话人注意。

到:次。如:一~又一~。

到边:到达目的地。

到堂:技艺熟到极点,达到目的。

到只:到底,到兜。

盗汗:睡眠时出汗。

道士:道教活动主持人,主要是超度亡人、祭神、驱鬼。

道艺:道法、本事、能耐。

稻苞虫:卷叶虫。

稻草纸:以稻草为原料做成的纸。

得:相当于"子",作词尾(名词)。

得彻:得空,有空闲。

得个:这个。

得会:未必。真的(表疑问)。

得力:①有钱有势。②能够帮忙。如:这个小孩~了。

得路:得到了方法、途径或好处。

得圈:老师在大字作业上给写得好的字用红笔画 1~3 个圈,写错了的字旁打"|"或"×"。

得味:有味,有意思。如:这个人说话好~。

得心汗:生大病。

得幸:幸亏,幸好。也说"喜到或幸喜或幸得"。

得罪:得到怪罪的自责略语。如:被尊重坐上席时,在坐前要向同席人致歉,说时站正,双手抱拳,打拱三次连说"~"。

德性(德行):(名)性格,脾气。

的个卵廊场:这个鬼地方,其中卵字有不屑之意。

的确卡:机织的斜纹厚布。

灯草:一种草的白色芯。

灯草绒:布面有灯草状的绒布。

灯盏:①(名)泛指旧时的灯。②放煤油灯、亮灯的用具。

灯罩子:煤油灯上的玻璃罩。

蹬:①竖。如:把这木头~起来。②摞、叠。③挂。如:把招牌~到这位置。

蹬筒:对安排的事不会做,呆呆的。

蹬羊庄:摔倒跟头,倒立。

戥子:称贵重物品的小秤。

凳:竖立。

凳筒:罚站。

磴磴(墩墩):①(名)鞋跟儿。②用来加高的较厚的整块石头或木头。如:跟我找个石~,站起来看一看。

嘀格儿(丁点儿):(量)表示极小或极少。

滴滴儿:点点,极少一点儿。

滴水:屋檐水所滴的地方。

抵抵儿:顶针,圆形小铁环,上面有很多小孔(不穿透),戴在手指上。

抵劲:二人用手分别顶住扁担一端相向使力,抵动对方者胜的游戏。

地脚枋:房屋柱间相联挨地的枋。

地米儿:地衣。

地枇杷:藤类植物,秋结实如枇杷,个小,特香。如:果熟时,一处有~,四处香气扑鼻。

地团鱼:土鳖虫。

地阵板:(名)指木板铺的地板。

帝个杂种:①用于骂人,这家伙。②称赞、夸奖,这个人。③语气助词,这下子,哎呀。

帝一坨:这一块,这个地方。

哆:撒娇。如:小孩一见妈就声~丫气。

哆哆:最小的叔父,也称幺叔、幺爹。

掂手:手里拿物,感到轻重。

颠颠倒倒:(形)颠三倒四。

颠过来:反过来、相反。

颠点儿:(名)尖儿,也说"颠颠儿"。

癫:疯。

癫哒:疯了。

癫狗:疯狗。

癫弄狂式:好像疯似的。

点波儿、点迹:地点,地方。

点点水、点点浆,下下滴到现廊场:屋檐水滴现坑,指因果报应。

点书:旧时私塾老师逐个领学生读生书(未读过的书),在一天必须读熟处打上红点,故名。

点水:泄密、告密。

点种(撒种):将种子直接入土的播种方法。

点子:①主意,办法。②暗号。③关键处。说话要说到~上,不能乱说。

电棒:手电筒。

电灯儿泡:(名)指男女约会时陪在一旁的人。如:我才不当~呢!

电油:电池。

垫背:(动)作铺垫、当陪衬,替人受罪。

垫垫儿:垫在鞋底的吸湿的布垫。

垫子:垫在床上的草垫、竹垫等。

刁:①撬开。②挑剔。

雕雕儿:刻字的小刀。

雕匠:在木料、石头上雕刻人物花卉、刻字等的工匠。

鲷子鱼:一种野鱼,身体细长。

吊 dier:春天的一种小野果,形似枸杞,可食。

吊边:衣服边缘向内侧折叠的部分。

吊脚楼:①(名)用支柱掌在水面上的或地面上的房屋。如:这座楼房很有少数民族的风味,人们称它为~。②在前低后高的屋基上立木排栅建屋,又名楼屋。楼上住人,楼下养牲口、堆杂物,为土家族式的住房。

吊起:用绳子挂着。

吊起嘴巴:比喻不择场合,不顾影响随便张嘴说话。如:看你还~讲话,去挖苦人不。

吊筛:悬于屋梁下或其他高脚支架下的大筛子。

吊扇:旧时将安有长绳的长方形厚布套上木杆挂于大厅中,人力拉动生风的用具、悬吊式电风扇。

吊水:输液。

吊鸭儿浮水:旧时的一种酷刑。把人的手和脚用绳子反绑在一起,人悬吊在空中。

钓团鱼:饵挂岸下待团鱼(甲鱼)伸颈取饵时钩住。

掉:遗失。如:~东西。

掉牙齿:脱牙。

爹爹:祖父、爷爷(慈利多用)。

爹喀儿:将泡胀的蚕豆大头剪成十字口,用油炸至十字口张开的食品。

跌膘:猪从肥变瘦。

碟碟儿:小盘子。

丁帮:很,非常。如:~硬,~紧。

丁点儿:指什么很小。

叮叮咚咚:形容很响的脚步声、敲击声。

盯对:有毅力,办事又细心又快。

虹虹:蜻蜓。

顶:①量词,用于某些有顶的东西。如:二~帽子。②最高的,最上的及最高最上的部分。如:头~,山~。

顶绷:①(动)争执。两人吵口,彼此~了一阵。②绷子的高端叫顶绷。

顶顶:(名)人体或物体上最高的部分。

顶杠子:抬杠。如:我听他们讲话有时相互~。

顶胳马儿:让小孩骑坐在大人的脖子上。

顶眉心:眉头。

顶头:①尽头。②最上边。

鼎锅:(顶锅)用来炖煮东西的炊具,瓦或铁制,罐状,两耳,无脚。如:~里的水开了。

钉梆镣:①硬。②比喻生意做得硬。

钉锤锤儿:铁锤、锤子。

钉扣子:将扣子钉在衣服上。

钉耙:碎肥料等的铁耙。

铤长:杀猪时,待猪断气后在猪皮下打通进气通道的长铁杆。

铤子:纺车上绕纱的细铁杆。

丢脸:丢人现眼(比单说"丢人"的语义重)。

丢信:留话。

丢籽:将种子丢入土窝中。

东西:用具的总称。

冬九九:从冬至起的81天逐渐变冷到最冷,然后气温逐渐回升的自然规律。

冬里:冬季。

冬青:常绿乔木。

冬笋:冬日由地下挖出的嫩笋。

冬苋菜(冬寒菜):(名)冬葵。

动象:(名)活动的迹象。

动钻:木工钻埝的钻子。

冻枞树:高大的茨树。

冻疱:冻疮。

洞洞:(名)窟窿。如:娃娃鱼不知钻到哪~里去了。

洞皮头:洞顶上。

洞鱼:地下河中视觉退化了的小鱼。

兜:①被。②惹。

兜兜:(名)衣裤上的口袋儿。如:东西放在~里头的。

兜其儿:肚脐眼。

蔸:底部。

蔸脑壳:树蔸。

抖色:抖气派,显摆。

抖榫(sǔn):把榫头打进榫眼。如:看,木匠在~。

陡病:急病、急症。

斗:圆柱形中空的木质量具,10升为1~。

斗把:①给刀、锄等铁器装上木把。②比喻给事件加上一个使人发火或不好的结尾。③故意挑拨。又叫斗六合连、逗祸。挑起矛盾,挑拨是非。

斗簟(diàn):铺在地上晒物的竹席。

斗反脑壳:拨弄是非。

斗笠(篷):大雨帽。小雨帽名笠子壳。

斗碗:小碗。

豆梗儿:长豆角。

豆酱籽儿:煮熟的黄豆沤成的豆酱粒。

豆丝糖:将已融的糖稀放入黄豆粉中反复扯成圆圈,不断重合成细糖丝,再切成10公分长的段,存放于黄豆粉中,类似龙须糖。

豆渣:滤出豆浆的渣子。

逗啵:接吻,也叫亲嘴。

逗虫虫飞:一种逗幼儿玩的方式。把着幼儿两手,用食指和食指相碰又分开,嘴里说"虫虫虫虫——飞!"桑植叫逗虫虫飞。

痘郎中:专门治青春痘的医生。也叫放痘儿的郎中。

嘟瞌睡:打瞌睡,设法让人入睡。

独骨龙:独儿,也叫独卵子。

独门子生意:垄断性行业,附近无其他相同经营范围的店铺。

独苗苗:指独生子女。

读白眼字:读错字音。

读天书:天书,凡人看不懂。比喻根本读不懂。

笃笃粑粑:在圆形小铁笃中放米浆、蕃薯丁、葱花、辣椒末油炸的粑粑。

赌宝:赌博、赌钱。

赌博佬:赌徒。

赌咒发愿:发誓(多用于贬意)。

肚囊皮:(名)腹部的皮肉(多指猪)。

肚心:心脏。

肚子:①胃,也指腹部。②指心里。如:一~气。

肚子不过和:肚子疼,不舒服。如:我今天不知吃了什么,~。

度不到离:连接不起来,差得远。

渡口上:上下渡船的地方。

端板板儿:与夹板功能相同,但只需一人即可做田塍的农具。

端桶:沥入米汤的浅木盆。

端阳:端午节。五月初五、初十、十五分别为头~、二~、三~。

短车:拦车。

短到(赌到):拦住,赌住。

短命鬼:年轻死去的人(骂人语言)。

断公道:对纠纷作公平的判断,裁决纠纷。

断头话:(名)有关死亡的不吉祥的话。如:你莫说这些不好听的~。

断纤:①(动)断开。②间断(多用否定式)。

断掌:手心有横向肤纹。

断子绝孙:咒人绝代。

锻腰:向后弯腰的运动。

堆罗汉:人肩上站人,多达五层的运动项目。

对掺粑粑:粘糯米各半为原料磨浆做成的粑粑。

对穿对过:穿透(物体)。如:他一枪打的~。

对花儿:眼珠对视。

对口疱:后颈上对口处长的疱。

对门:相对的地方。如:院子~。

对时:时间经过 24 小时。如:甜酒要一~才好。

对头:①产生矛盾的双方,也叫火眼睛、冤家。②正确、正常。如:他说的这个~。

对媳妇:为儿子订亲。

对质:双方对证。

对子碗:同一桌上左右两碗相同的菜,一般为肉类。

碓码(蹾马):春米器具。古老的稻谷等加工工具。由上大下小的圆碓凹、碓杆组成,碓杆前装有可伸入碓的碓嘴,踩动碓杆,碓嘴入碓凹春谷成米。

碓马屋:装石碓的屋。

炖钵:一种既可盛菜,也可炖菜的陶钵。

炖钵子:火锅。

顿:竖立。如:把椅子~好。

多半年:①大半年。②许久。

多脚多手:多管闲事。如:哪个要你在这儿~的?

多久:许多,有好长时间。

多是:早已,也说"多时"。

多住几天:主人留客的客气话。

多嘴:多话、泄密。

垛子:搁檩子的墙。

躲恰没儿:捉迷藏。

剁蕃薯米:将鲜红薯剁碎成米状。

搭到:就别人的方便干某件事。

歹:多用作动词,做、搞、干、吃等。

歹抱腰儿:摔跤。

歹场合:做爱。

歹吃:吃饭。

歹功夫:做功夫。

歹酒:喝酒。

歹名堂:做小动作。

歹起哒:吃完了;做完了。

歹事:工作;做爱。

歹烟:抽烟。

歹澡:洗澡。

歹周哒:吃完了;做完了。

带哨子:出口有脏字。

待款:招待。

当夫子:在红白喜事中帮助别人搬运嫁妆、抬东西的人。

当门:对面。

当门牙:门牙。

垱坝:引水灌田的河坝。

垱沟:引水沟(水渠)。

垱头:房屋两头的地方。

刀卡子:农民系在腰间插柴刀用的木卡。

刀头:主人家给道士、匠人的一块猪肉。

倒拐子:手肘。

得喜:幸好。

得邪:自以为了不起。

灯盏:过去点铜油灯用的小铁碗。

凳阳桩:栽跟头。

滴水床:有一进或几进木雕滴水纹饰床檐的床。

抵抵儿:顶针。

地脚枋:横向连接柱子的支撑地板的木枋。

地木儿:地衣。

癫狗:疯狗。

点儿:小孩阳物。

点迹:地点,地方。

点水:暗中提供线索。

点子低:运气不好。

电油:电池。

垫子:席子。

叼嘴:吃东西偏食。

雕匠:从事家具雕刻的手艺人。

吊裆裤:传统的有裤腰的大脚裤。

吊葫芦儿:滑轮。

吊谎日懒:说话不可靠。

吊匠鬼:骂不成才的年轻人的话。

吊死鬼:骂不成才的年轻人的话。

吊线:①工匠用悬垂的直线去测量物体的垂直程度;②跟踪。

爹:父亲。

爹爹:父亲。

丁丁:蜻蜓。

丁丁鸟儿:白鹡鸰。

丁些儿:小柿子果。

顶椽枋:纵向连接柱子、棋筒最上面的短木枋。

顶命心:囟门。

顶棚:天花板。

鼎罐:用生铁铸成的煮饭的铁罐,又称"森鼎罐"。

钉拴儿:一寸见方的硬木钉。

定子坨:拳头。

冬笋:茭白。

董烂眼药:故意使坏。

董天神:行为莽撞的人。

兜檐水:肯惹祸的人。

蔸巴:树墩;物体的根基部分。

蔸巴裤:短裤。

蔸老壳:树墩。

抖格:故意显示自己有钱有地位。

斗枋:横向连接排扇的木枋。

斗祸:挑拨是非。

豆根儿:豇豆。

豆渣末儿:豆渣晒干后的细粉。

逗辛憾:生病。

独儿:独子。

独牯龙:独生子。

独牯子:独生子。

肚梁皮:肚皮。

肚心:心脏。

肚心窝:胸窝。

肚子:胃。

端尿:抱小孩尿尿。

端盘儿:一人上掩塍用的,将田塍边的稀泥堆在田塍内的有柄的木板。

短板凳:腿短的小圆凳或者方凳。

断掌:手掌心有条横纹路的。

对角手巾儿:小方帕。

对子:对联。

对子眼:两个黑眼球向鼻梁靠近。

碓码:碓。

炖钵儿:可以放在炉子上炖菜的小陶钵。

多半天:比一个上(下)午长的时间。

躲巴:肉疙瘩;树瘤。

大的不做个大的,小的不做个小的:做事从不考虑自己的身份和地位。

大哥莫笑二哥,螺蛳莫笑蚌壳:比喻人相互之间不应嘲笑,要互相尊重。

大路朝天,各走一边:比喻自己应管好自己,莫管别人的闲事。

大树脚下好歇荫:形容有依靠才过得舒服。

嗲声丫气:拖长声音,妖里妖气。

颠三倒四:处事毫无顺序。

踮起脚来做人:比喻给人的好处超过自己的经济承受能力。

丁是丁,卯是卯:比喻办事认真。

丢三拉四:做事常有遗漏。

斗米望天干:奢望自己有限的东西会因条件变化而无限得利。

读得书多,作得怪多:读书多的人才有创新能力。

肚子里行文章:比喻脑子里办法多。

端起肚心干:用尽心机害别人,比喻用心不良。

炖钵大的字认不得一箩筐:认识的字极少。比喻文化程度很低。

多衣多寒冷:穿很多衣的人反而感到冷。比喻条件越好越不满足。

Diadia:祖父。

diao 嘴:挑食。

E

屙不出屎:便秘。

屙毒病:痢疾、屙红的、屙血。

屙尿:排出小便。

屙尿不等卵干:形容做事心急,是个急性子。

屙屎:排泄大便。

屙通肠:吃饭、吃东西(骂人的话)。

屙稀:腹泻。

莪眉豆:莪米角儿,扁豆。

鹅儿肠:猪草名,繁缕的别称,可养猪。

鹅卵骨:鹅卵石,也叫钢岩骨。

蛾子:蝴蝶,包括飞蛾。

额外:重新,另外。

额骨:额头。

厄牯鱼:黄鸭叫、黄牯鱼。

轭(è)斗:牛轭,套在牛肩上拉犁的木质弓形农具,也称枷担。

恶到:强行强给。如:姐~我吃饭。

恶风暴雨:风雨交加,也叫流天剐雨。

恶人:烫人。如:这水有点~。

恶造:厉害、凶狠。如:这家伙有点~。

饿不得哒:饿到极点了。

饿痨:(形)形容很馋,极想吃到东西。

饿蚂蝗(蟥):①难缠的人。②(名)一种灌木,即小槐花,又叫草鞋板。比喻到一个地方不愿走的人。

恩特儿树:樱桃。

摁到猫儿吃醋:强迫别人做事。

嗯吞:犹豫。

儿肠:子宫。

二回:以后,下次。如:我~还再来?

儿马:小马。

儿子嘎、后生嘎:男人(男孩儿)。

而今的现在:眼前,当今。

耳巴:耳刮子,耳光,巴掌。

耳报神:爱传播小道消息的人。

耳洞:耳道。

耳都不耳你:理都不理你。

耳朵背:听觉差。

耳锅:(名)带耳朵的炒锅。

耳门:①(名)外耳道开口处。②屋旁的门。

耳矢:(名)耳光。如:给他一~,教训教训。

耳屎:耳垢。

耳罩:套在耳朵上御寒的小布罩。

耳子:①(名)草鞋的鞋底与鞋鼻相连接的部分。②也指某工具的耳子,如锅耳子。③(名)黑木耳。

二八辣嘎:喝酒半醉。

二八囵吞:圆圈吞枣。

二把手:旧时,抬拱杆轿的轿夫。分一把手、二把手、三把手等。当一把手抬轿时,二、三把手跟在轿后,以备随时换班。现指位居第二的负责人。

二百五:①傻子。②不着调。

二辈子:(名)来时,下辈子。如:我~都不忘你啊!

二不囵吞:做事不利索。

二不能吞:①事情进行到中间,欲罢不能的情况。②派不上用场的,加工未成器、不合格的产品。

二杆子:(名)粗野、莽撞的人。

二加皮:①指食物炒和煮都无法弄得好吃,比喻夹生货。②也指卖弄学问、不懂装懂,其实懂不了什么的人。

二夹二:阳阴怪气,态度不认真。

二郎腿:坐时一条腿放在另一条腿上,随意而无礼貌的样子。又叫搁二马腿。

二流子:不劳动、好吃懒做、游手好闲的人。

二马裾:衣服前后不一样长,显得不合身,中长衫。

二面嘴:两面讨好的人,含贬意。

日弄人:骗人。

二十四个秋老虎:立秋后最热的24天,用老虎的凶猛比喻这段时期天气极炎热。

二四八月:不冷不热的春秋季节。农历二月、四月、八月气温一般在10℃~20℃,使人感觉舒服。俗说:"~乱穿衣。"

二天:(名)今后,以后哪一天。如:你~还认得到我?

二屋:正屋两侧第一间屋。

屙尿不朝这一方:比喻对这一方的人仇恨极深。

恶人自有恶人磨:做了坏事的恶人自然会受到应得的惩罚。

儿好不如媳好,女好不如女婿好:非亲生的媳和女婿好,很重要。这样儿好、女儿好才能得到保证。

儿慊娘扁担长,娘慊儿比路长:儿女挂念母亲少,母亲挂念儿女是永远的。

儿孙自有儿孙福,不为儿孙作马牛:不应为儿孙付出太多,儿孙应有他们自己的福分。

耳朵根子软:缺乏主见和原则性,过于听信他人的。

F

发:①(动)东西受潮、热而变质,不能再用。②段、阵、向。如:天干一~了。③嫁出去。

发八字:定日子由媒人带男方父亲和儿子,携厚礼到女家填庚书(订婚文书,上书两方生辰)、男方拜女方祖人、放鞭炮宣告女已放人家,表婚姻关系已确立。

发变:(动)发展变化。

发达:(动)发迹。

发得:①开始 ②正在。

发蔸:(动)分蘖。如:现在栽的秧都~了!

发额:额头、额骨。

发寒:遍身冷得发抖。

发火:①生火。②生气。

发火柴:易使火燃的柴草。

发脚:请人挑运货物。

发轿:旧时婚期一早由执事领大轿、家事(乐队)、搬运嫁奁(装)的人员等到女方接亲,女方放行,称为~。

发痨:身体感到疲乏无力。

发蒙:小孩开始入学读书。

发梦冲:晚上做梦时突然一醒或讲梦话。

发女儿:嫁女。

发气:生气。

发痧:中暑而肚疼。

发市:春节开张做生意。

发体:身体发育,也叫发身、身体变肥。

发霞:天上出现彩霞。农谚:早晨~等水烧茶;傍晚~干死虼蚂(青蛙)。

发醒:孕妇生育前的表现。

发胀:(动)发火儿,受气。

发汁儿:产妇食猪脚等使奶水充足。

发子发孙:希望子孙多的祝词。比喻事物增多。

蕃薯:有红~、白~、紫~等。

蕃薯泡儿:将熟蕃薯揉成饼切条晒干或将湿蕃薯片晒干后用沙炒或油炸的点心。

蕃薯丸子:研以面粉、熟蕃薯、泡儿、豆腐、佐料为原料,揉匀后捏成小球状油炸而成的菜肴。

翻边:已确定的事反悔了。

翻茶盘:手指套线,翻出多种图样的游戏。

翻船:比喻垮台、闯了大祸。

翻古:讲古时的事,也叫翻陈话、讲老话。如:小时候喜欢听大人~。

翻话:传播闲话。

翻坎:越过坎儿。

翻老话:说老早过去的事,翻旧账。

翻六眼:不认人,也叫翻眼睛。

翻楼打壁:爬上爬下不安分。

翻尿撮儿:翻底,揭老底,使伪装被揭穿。

翻梢:赌场用语,指输家由输变赢。也指改变落后面貌或不利处境。

翻生了:仅学一点技术却对所学的很生疏了。

反背:反面。山~、屋~。

反边:反面。

反手:左手。

犯事:犯法。

犯锁骨:锁骨。

饭豆儿:红色豆类。

饭痨:长期挨饿而造成的病。

饭蚊子:苍蝇。

饭甑:以蒸汽蒸熟饭的炊具。

方滚:好烫。

方子:(名)办法。如:你这~很好。②药方。

枋子:①(fáng)小木柱料。如:这些~都是用做装修房屋的。②枋(fāng)子:棺材。

访水:调查、暗访、踩点、侦探。

放痘儿:种牛痘。

放风灯:放风筝。

放过手:松手。如:张三来了,李四才~。

放赖:耍赖。

放烂药:同"下烂药",指出点子讲不好听的话。

放闹:把茶麸或鱼药放在河里让很多人在河里捉鱼,叫放闹。

放排:将树筒扎成排后顺水而下。

放漂:损失,没有消息了。

放破:挑拨离间,使别人要办的事不能成功。

放铺子:将割下的稻子放成小堆。

放人家:女子许配男方。

放山:发现兽迹后放猎狗入山追赶。

放生:旧传小儿出生后第一个进家门的人是放生者,婴儿长大后像~者,故热情款待。

放声吆吆哭:大声的哭。

放势:放肆。

放绚绚儿:将绳绚置在鸟兽常经过之处,以捕鸟兽。

放血:杀害,指谋害别人。

放秧水:秧田水早进晚出,使秧苗日不被晒,夜沾露水,快速生长。

放椅子:旧时在亡者所在地的土地庙前放椅子一把,意为由死者坐着向土地神述说自己一生的功过。

放砸:用机关撑重物,兽触机关即被砸。

飞:非常。~尖的。

飞归:整除法。

飞滚的水:快达到沸点的水,又称"巴水"。

飞开的水:正沸腾的水。

飞青:很青。

飞天蜈公:做事不着调。

飞檐:排栅以外的屋檐。

分分儿:指分币钱。

分伙猪:仔猪。

坟山:①坟地。②高大的坟头。

獖(hǔn)猪:公猪。

粉粉亮:麻麻亮(天色),微明,天刚亮。

粉匠:提粉丝的人。

粪瓢:舀粪的瓢。

粪桶:装粪的木桶。

风火疱:蜂窝组织炎。

风景树:风景林。

风快:①(形)(动作)迅速。②(刀剑)很锋利。

风快的:很快。

风皮子:头屑。

封封:(名)用红纸包封的钱或物品,常作酬谢或赏赐用。

封火桶子:民居的四周砌火砖墙避火。

封赠:事前下结论,表示愿望或希望。

峰(hong)子菜:嫩芽菜,比喻为奉承话。

峰(hong)子:细长的嫩芽。

峰包:后颈突出部位。

峰括(壳)子:头皮屑。

锋钢:一种特别坚硬的钢,多用于刀刃上。

蜂糖:(名)蜂蜜。

蜂子:蜂类总称。常见的有蜜蜂、芦蜂、裤裆蜂、地雷蜂、土蜂等。

缝缝儿:(名)①缝隙。②机会。

奉菜:给客人夹菜、敬菜、劝菜。

伕子:强迫为他人挑担子的人。

汈功(mi gong):①人在水下,潜藏。②一下子。

肤(fù)子:麻疹。

伏倒:卧倒。

扶梯:楼梯。

服:服从判决。不服从判决称"不服"。

服箍:①服从、屈服。②认输、服气。

浮财:①指大水冲下来的财物。②比喻表面上的财务。

浮人:烦躁人。

浮石壳:蚌壳油。

复巴:恢复原有的关系。

富泰:①(形)婉辞,形容身体发胖。②丰满。

发八字:男女定亲时的一种仪式,双方互换生辰八字。

发粑粑:糯米磨成浆发酵后蒸熟做成的粑粑,又称"泡粑粑"。

番薯:红薯。

番薯粑粑:用番薯拌米粉、玉米粉做成的粑粑。

番薯洞:地窖。放番薯过冬的洞。

番薯糖:用红薯熬成的糖。

翻八叉:侧手翻。

翻鼻子:鼻孔向上翻。

翻大盘:事情整个儿从头做一遍;从头来。

翻古:讲故事。

翻线锅:大号的铁锅。

翻嘴巴皮:嘴巴皮上翘。

反背:背面。

反撇子:习惯用左手做事的。

反手:左手。

饭食骨:锁骨。

饭食窝:锁骨之间的凹处。

饭蚊子:苍蝇。

放踹:赖着不离开。

放横人:天不怕地不怕的人。

放横蛇:王锦蛇。

放里放浑:糊涂又混账。

放婆子:女方许了人家。

飞老鼠儿:小鼯鼠

肥嘎:肥肉,儿童语言。

分姑娘:嫁女。

坟山:坟墓。

粉粑粑:用红薯或者马铃薯淀粉加水煎成的圆饼。

粉包岩:页岩。

粪撮箕:在撮箕左右安上一根布提系,装上火土粪斜挎肩上,丢粪掩种的工具。

风蓬:帆。

封裆裤:裤裆前面不开口的裤子,与开裆裤相对。

蜂包:颈椎上的肉包。

蜂子儿:蚕子糖。

夫蹭:样板。

夫火屎:木炭。

翻眼不认人:别人给的好处,眨眼工夫就不记得了。比喻不从长远考虑,稍有矛盾,立刻翻脸。

饭吃三碗,闲事莫管:比喻要管好自身,莫管闲事。

肥水不流外人田:关顾家人、亲戚、朋友,好处不让其他人得到。

G

嘎(gā):对付。

嘎嘎(gǎgǎ):肉,小儿用语。如:吃~~。

嘎担索子:砍柴时捆柴用的绳索,上有硬树枝做的三尖角杈,便以束紧。

嘎儿:猪肉,精嘎儿,即精肉。

戛(gā)岔:从中插言或多事。

旮 ler :缝隙。

旮旮里:角落里。如:山~、屋~、柜~。

嘎儿:快要、将要。如:等下,他~就到了。

嘎尔:快要。

嘎嘎:(名)肉,土家族语。(儿语)。如:鸡~。

嘎嘎(ga /二声/ga /轻声/):外祖母,土家族语,也叫外婆。

嘎敢:做事有限度。

嘎公(ga/二声/ gong/轻声/)、嘎婆:外公、外婆,这是土家族语言。

嘎直:笔直。如:沿公路~走。

噶扎窝儿:腋窝

嘎担:牛轭。

嘎二搞三:打嘎查、出难题,使别人的事情不能圆满完成。

嘎嘎:肉,儿童语言。

嘎嘎鸡:勺鸡。

嘎机布:土布。

嘎懒哒:不好了。

嘎屁哒:不好了。

嘎骚:不肯与人方便。

嘎水:烧水。

嘎司:家伙。

嘎私:家具。

嘎支窝:胳肢窝。

嘎支窝毛:腋毛。

嘎直:径直。

该账:欠账。

尬、贡:挤、穿梭。

改衣:将大的衣改小,或小了的衣改大,旧时节约的方法。

该:欠。

该歪:倒霉。

盖盖:(名)盖子。

盖面菜:(名)放在碗面上做面子的品质最好的菜。

盖碗:有盖和托盘的茶碗。饮茶时,一手端碗,一手揭盖,再喝茶。

甘贵:(形)稀少而宝贵。

甘蔗梗:甘蔗。

柑子:橘子。

柑子树:橘树。包括蜜橘树、南橘树。

杆杆:①杆儿。如:油菜籽~、包谷~。②指作物的茎。

赶:①拨。如:老爸朝弟弟碗里~菜。②(介)比。如:一个~一个好。③乘(车、船)等。

赶稗(bài)子:除稗,将稗子从稻田中扯掉。

赶场:赶集。

赶沟:引水灌田的水沟。如:天干时,靠~里的水灌田。

赶狗:①猎狗。②受人指使者(贬义)。

赶脚:①跟着走。②猪交配,又叫牵窝。

赶路:加快走路的速度。

赶年:土家族按传统在除夕前一天晚上过年,叫过~。源于一为应征抗倭,不误军令,提早过年;二为躲朝廷在腊月卅的镇压;三为逃债主在腊月卅的逼债。

赶水:引导水进田里或地里。

赶驮子:指挥负重的骡马。

赶鱼:趋鱼进罾。

赶仗:①追赶打闹。②打猎。

赶仗狗:猎狗。

赶嘴:(名)趁别人吃饭时赶去吃饭,发现别人吃东西便赶去要。

敢莫:(副)预测或反问。

感:挑选。如:你~好的拿吧。

擀面:用擀面棒将面团压成的面条。

干巴:①体瘦。②稠。如:~粥。

干巴巴:(形)形容粥煮得太稠。如:这稀饭~的。

干瘪瘪:(形)(植物果实)不饱满。

干菜:①(名)经过干制,除去水分的菜(与鲜菜相对)。②用鲜菜晒干的菜。有干豇豆、干苦瓜、干茄子、干萝卜丝等,鲜菜较少时食用。

干哽:①不喝水哽吞。②无泪地哽咽。

干狗:狐狸。

干猴儿:干瘦的人。

干焦焦:(形)(~的)形容很干燥。

干脚汉:懒汉。

干坎:(名)河岸,水边。

干算:打击、中伤、戏耍。如:你总是~他,他会生气的。

干湿鞋:雨鞋,牛皮做的,鞋底钉防滑钉,鞋面涂桐油后不透水,由干湿两用得名。

干雄:袖手旁观、不出力。

干指根儿董干盐:小气,舍不得花一点代价就想获得好处。

冈狗子:狐狸。

钢声钢气:形容声音很洪亮。

缸钵:(名)一种陶制圆形容器,口大底小。

缸缸:(名)①大缸。②(缸缸儿)缸儿。

缸缸儿:缸子。

杠直:①照实讲,不转弯抹角。②一直往前,一直向前,如:~走。

高:遍、全。如:人都问~哒。

高扯低不就:靠低靠高都不容易,怎么样也无法合适。

高磴:溪中连续竖立比水面高得多的大石条。方便行人从其上面过溪。

高低:①横直。②坚决。如:她~不干。

高柜:橱柜。也叫大柜、立柜。如:~有衣柜、银柜、碗柜。

高客:老鼠,也称老鼠子。

高客子钻粪门:肛瘘。

高粱粑粑:以糯高粱为原料做成的粑粑。~是将糯高粱蒸熟后,放入石臼中打烂而成;呈红色。

高耸耸:(形)(~的)形容高高耸立的样子。

高笋:茭白、茭瓜、高瓜。

高一篾片:略高一筹的意思,高不了多少。

搞:①相交。如:我跟他~熟了,才了解他。②赠送。③和、与。

搞不出个格式:做事不力,做不成样子。

搞不利糊:①不清楚。②做事不利索。

搞不转:对付不了,周旋不开。肯定式是"搞得转"。

搞场:①办法。②鬼点子。

搞得赢:①搞不赢的肯定式。②可能获胜,赢得了。③来得及、赶得上。④忙得过来。

搞的么案:做的什么事。

搞耳屎:搞鬼名堂。

搞拐哒:坏事了。事情变环了。

搞惯:(动)习惯,~了。

搞好哒:①彻底完蛋了。②够他受了。③完成了。

搞会儿:等一会儿。

搞卵:①莫搞了。②白搞了。③无结果。

搞么子,搞摸的:干什么。

搞屎棍:惹祸的人。

搞事将:得理不饶人。

搞头:本指搞的价值,引申指收益。

搞忘:(动)忘记。如:这事我~记了。

搞一合:过一段时间。

镐:下种。

藁:跌倒。

告:(动)试。如:妈喊你~一下这双鞋,好买。

告秤:测试秤的准确度。

告地状:将受冤之事写在纸上,铺于行人多的地方,受冤者在旁诉说冤情,请求洗冤。

告花子:乞丐,亦称叫花子,也叫老饕、讨米的、讨吃的。以乞讨度日的人。

告信:告诉。

告状:起诉。

告祖:旧时婚期前一天晚男方祭祖,众人贺郎。

咯:咳嗽。

咯儿讲:自己说。

咯儿屋里的:自己家里的。

胳颈:脖子,也叫胳胳儿。

胳膝佬弯里:腘窝。

胳肢窝里:腋。

胳肢窝:腋窝。

搁:放置。

歌乐句:取悦于人的有辙有韵的词句,又叫锅巴句,如民谣、顺口溜等。有"讲歌了句"说。

佮 gé:合得来。

革命草:野生水草,其形酷似蕹菜,故又名水蕹菜,可养猪。

格具:①样式、样子、规矩。②排场。如:他~好大呀。

格门:窗子。

格门儿(亮儿):窗户。

格扎窝儿:腋窝。

给给儿、给经:脖子。

卷吧:结巴。

格子:窗户。

格子埯:窗户。

格子布:织有方格子花纹的布。

隔壁户:(名)邻居。

隔壁邻室:邻居。

隔隔:(名)界限,间隔。

隔个:两地间隔。如:~山、~屋。

隔萝卜坨:不通顺,不顺利。如:你背书像~的,一点不通顺,半天才背一段。

隔食:(动)消化不良。

嗝头子:说打击人的话。

膈:消化不良。

葛孽:吵架,打架。

葛索:故意纠缠。

个把两个:一两个。

个儿人:自己。

各(guo)儿:自己

各顾各:自己照管自己。

各逃各生:灾难到来各自逃命。

各自:自己一个人。

虼蚂:青蛙。如:有青~、癞~、土~之分。

虼蚂晒肚:肚朝天,手脚着地的运动。

虼蚂鱼儿:蝌蚪。

虼蚤:跳蚤。

给经:脖子。

根:(量)用于长条状的物体。

根生(gēnsēn):原因,理由。

葛孽(割裂):树敌,得罪人。

根头:长条形植物的个头儿。如:这竹子的~也细。

跟:婚外情的饰语、随着。

跟倒:立刻。如:只要你一喊,我~就去。

跟前:(名)面前、前面。

亘:完整的,整个的。如:那是个~耙耙。

亘钱:大额纸币。

耕水田:翻耕稻田。

梗梗糖:将饴糖融化后拉成中空的细条,切成段,外沾芝麻的糖,称~、酥糖、笔梗儿糖。极短的称寸金糖。

公道:公平。

公丁:旧时为当权者跑腿、打锣、捉人、催税的人,也称狗腿子。

公狗:雄性狗。俗说:母狗不摆尾,~不爬背。

公道话:公正的话。

公佬儿:夫之父,背称婆子老、老家伙、他老家伙、伢儿他爷爷。

公鸭子:公鸭、鸭公。

拱:①攻击;②大喝;③平面的东西翘起。④(动)突起,冒出。如:他额头上~起了一个包。⑤进逼。如:猪把板壁~垮了。⑥靠、挨如。如:你不能~到我这里来。

拱门:圆形门。现指打广告用于红白喜事的广告门。

供饭:(名)指供奉祖先用的酒食瓜果。如:预备~时,张三帮助在灶房做了两样菜。

勾:弯。

勾勾儿数:九。

勾系:农村家里火坑上用以悬挂水壶或鼎罐的铁制勾子。

钩秤:杆秤。由铁钩挂所称物的秤。

狗哇:狗叫。

狗母娘:产了小狗的母狗。

狗脑壳上积不得屎:不把财物当会事,乱花乱用。

狗头狗脑:形容吝啬的样子。

狗子吃牛屎——贪多:形容心贪的人。

构叶树:~叶可养猪。

估倒:①威胁、逼迫、吓唬。②认定某人的能力。

估堆堆儿:估计。

估堆多:从数量多少和体积大小估计分析。

孤老:无后的老人。

姑儿:未婚女,姑娘。

姑嘎嘎:母亲的姑姑。

姑嘎公:母亲的姑父。

姑妈:父亲的姐妹。

姑娘嘎:女人。

姑娘儿:(名)姑娘(主要指小姑娘)。

姑娘噶:女人(女孩)。

箍箍：箍儿。

箍箍儿:橡皮筋。

爪米:蝗虫。

打姐儿:蟋蟀。

箍箍蛇:白花蛇,银环蛇。

箍桶匠:给木桶上箍的工匠。

箍子:(名)戒指。

谷:水稻,包括早稻、晚稻、中稻;籼稻、粳稻等。

谷花鱼:寡鳞飘鱼,稻花开放时出来吃食稻花,故名。

谷子:(名)稻、稻谷。

牯牛:公水牛。

鼓儿磴:旧时大门外两旁放置的圆石磴。

鼓皮:①柱间的木板,敲击时响声如鼓。②皮凸起。

固死讲:①就是说,有原因。②我曾说嘛。

瓜儿梨:外型像瓜的梨。

瓜皮柳叶亲:无血缘关系的亲戚。

呱俊:呱呱叫,俊美。一般指男性。

刮:特别。如:~苦的,~糊的。

刮毒:①(形)狠毒。②毒舌。

刮毒话:恶语。

刮刮匠:理发师。

刮胡子:责骂、训斥、批评。

刮苦:特苦。如:药是~的,也要吃。

刮瓢:刮猪毛的铁器。

刮痧:用古铜钱蘸水刮穴位至出现紫红痕的治病方法。

剐:从皮子上去掉毛。

剐油:①减少、除去滑腻。②雁过拔毛。

寡:单一、无味,特别、极、很。如:这药~苦的。~淡,~咸,~苦。

寡淡:(形)(贬)很淡(与"焦咸"相对)。如:她炒的菜,~的。

寡蛋:未受精或孵过或放置时间久变了质的蛋。

寡骨脸(刮骨脸):(名)颧骨突出、两腮下陷的瘦脸。

寡妈子:寡妇。

寡母子:① 寡妇。②不生孩子的女人。

寡嘴:(名)贫嘴:

挂红:旧时的道歉方式。错误方给正确方赔不是、认罪、磕头、挂红布、放鞭炮、请席。

挂菩萨:丧家请管坛协助道士作法事,挂菩萨。堂屋上方挂元始天尊、玉皇大帝、观音菩萨的画像,两旁挂十殿阎王惩处恶者的挂图,中设香案敬神。

挂清:清明扫墓。

挂账:写账、记账。

乖:①小孩听话。②漂亮、英俊、可爱。

乖乖儿:小孩玩具的总称。

乖伤哒:美极了,好漂亮,十分漂亮,好看。

乖致:漂亮。①指女人、小孩漂亮美丽。②也说标致,标标致致,乖尚哒。

拐:①狡猾,阴险。②糟糕,坏事了。如:~哒,下大雨了。③危险。④坏、错。

拐场合:坏事了。

拐场火哒:事情办砸了。

拐场伙哒:事情不妙。

拐哒:糟了,危险。

拐棍:拐杖,也叫拄路棍。

拐洒哒,拐哒滴:大事不妙。

拐枣树:树上的拐枣可吃(食)。

拐子:扒手、三只手,小偷。

怪:很,非常。如:~疼,~痒、~不过活。

怪搞:不按正常方法做。

关门:旧时当娶亲队伍到女方门口时,女方关大门不让进的习俗,延续至今。

关起:禁闭。

关猪儿:插秧者面朝已插的部分,背对未插的部分插秧时,插得慢的被关住,被讥为~。

观场:注意周围的变化。

管淡咸(han)事:管闲事。

管空事:管不该管的事。

管闲事:旧时调解民事纠纷。

管账:专门记账的人,现称会计。

贯:野生的淀粉植物,其粉促葛粉从水中下沉。

贯数:凑数。如:还差点钱,大伙儿~。

惯侍(惯使):对子女娇纵,(动)溺爱;迁就,放纵。

镤头:铧(huá),犁铧(huá)。

镤头尖:头如镤头尖的毒蛇。

灌脓:伤口或疮疱化脓。

灌条耳:中耳炎。

罐罐儿:罐子,有把的陶罐。

光:滑。如:路~。

光杆儿:(名)单身汉。

光脚板:(名)赤脚。如:打~。

光溜哒:很光滑。

硔:(随便地)磨一磨。如:你把刀在磨刀石上~两下!

归除:即九归九除。

归数归一:①做事可靠;②清清楚楚。③一切都熨帖了,清楚了,落实了。

归屋:回家。如:天快黑了,还不~。

归一:①清楚、明白、准,事办好了。②落实,可靠,合要求。

归一服二:老实服帖的意思。

鬼打钹:指违法乱纪的事,做见不得人的事情。

鬼点子:(名)鬼主意。

鬼儿凸筋:不正派、心眼活。

鬼话:不可信的话。

鬼老二:泛指谁(贬义)。如:这是~搞的?

柜柜:(名)(~儿)柜子。

滚 guer:轮子、圆环。

滚身儿:小棉衣、棉衣。

滚:烫。

滚铁环:滚铁圈,以滚动的距离分胜负的游戏。

滚珠子:滚珠入洞,以先进入者为胜的小儿游戏。

滚子:轮子。

棍棍:(名)棍子。

啯啯阳:布谷鸟。

锅巴粥:锅巴加米汤煮成的粥,味美。

锅盖揭早了等:不及饭熟就揭开锅盖,敞了气,饭就熟不了了。迫不及待的行动。延用意为吹牛皮,没有成功的可能性。

裹脚布:裹脚的长布条。旧时,女人常年用;男人冬天用以御寒。

裹面糊:只占人家的便宜。

过:①给。②经过、进。③归还。④把女儿嫁给别人。⑤用。⑥加工。⑦耐。

过不得卡:做事达不到标准。

过场:(名)(贬)①名堂,花样。如:唯有你~多。②形式。如:过~。

过会头:结婚(慈利县仅指男方)。指结婚、嫁女。

过活:舒服。一般用否定,如:不~。

过礼:又称盖礼。婚期前一天,男方将礼品等用抬盒送至女家,媒人、执事负责与女方沟通结婚事宜。

过路神:日夜巡行人间,护善除恶的神。

过门认亲:男方亲属回访女方。

过身:①经过。②发生过了。③死的讳称。用在其他的地方叫"人过世了"。

过手:交易成功,一方付款,一方交货。

过早:①(动词)吃早点。②(名词)吃早点(非正式的早餐)。如:我给煮两个蛋~。

过嘴:把给过别人的好处,时时挂在嘴边。

过作:已经不是时候,时间过了。

旮旯里:角落。

旮是旯旮:角落;窄小的地方。

盖据:二人锯木板用的大锯。

盖面肉:插秧时,主人家在早餐时,盖在肉碗上的一块大肥肉片,专让栽秧能手吃的;比喻最漂亮的女人。

赶棉条儿:身上的油腻、污垢能搓成团了,形容很脏。

赶山:打猎。

赶窝:给母猪配种。

赶仗:打猎。

赶仗狗:猎狗。

干花儿菌:长在干木料上或枯树枝上的一种野生蘑菇。

干焦哒:非常干。

干佬儿:干爹。

干匂:做事偷奸耍猾。

刚狗儿:狐。

刚火:本指刀刃的锋利程度,引申为"功夫、利害"。

刚口:说话的口气。

钢岩骨:很硬的石头。

港(讲)豪恨:争强斗胜。

港(讲)精:讲道理、摆理由。

港(讲)四言八句:两人比赛,按规定句数和要嵌入的字词写诗。

港鬼港神:胡说八道。

杠杠儿数:代表一百、一千、一万,要视具体情况而定。

杠脓:发炎化脓。

高板凳:腿高的长条凳。

高头:上面。

搞好事:来月经。

搞将皮:调皮捣蛋的人;惹事的人。

搞将头:调皮捣蛋的人;惹事的人。

搞凉哒:感冒。

告锄儿:小锄头。

告点子:事先暗中约定。

告花子:乞丐。

告饶:认输、服气。

告书:教书。

告籽篓篓儿:种地时,系在腰间装种子的小竹篓。

鸽子花:珙桐。

鸽子树:珙桐。

格巴:个性倔强的人。

格固:个性倔强的人。

格固佬:个性倔强的人。

格门儿:窗户。

格筛儿:筛孔很细的竹筛,用来筛去碎米、糠皮的。

隔壁的:邻居。

隔煞:道士用法力驱邪。

隔食:消化不良。

葛粑粑:用葛根粉调水煎成的圆饼,可以切片加腊肉炒成美味的"葛粑粑炒腊肉"。

个把月:约一个月时间。

个儿:我。

梗梗儿:甘蔗。

公孙:爷爷和孙子的合称。

公要刀刀:四声杜鹃。

勾勾儿鼻子:鼻尖成钩状。

沟槽:屋顶上,正屋与横屋两个屋面结合处的瓦沟。

沟槽瓦:屋顶上,盖在沟横上专用的瓦。

沟壳:沟壑。

钩锣儿:很小的锣。

钩腰:弯腰。

狗儿:狗。

狗儿蜂:孚蜂。

狗毛草:羽毛荸芥。

狗母娘:母狗。

狗爬爪:狗爬式,游泳的一种姿势。

狗屎斑:雀斑。

狗熊:黑熊。

狗爪棚:三角形的简易草棚。

姑嘎公:外公的姐夫妹夫。

姑嘎嘎:外公的姐妹。

姑娘嘎:妇女。

姑婆:姑奶奶。

姑侄:姑母和内侄的合称。

箍箍儿蛇:银环蛇。

牯牛背:用大石块嵌成的拱形滚水坝。

鼓儿磴:鼓形的礓磴。

鼓眼睛:眼球突出。

刮苦:味道很苦。

寡鸡蛋:臭蛋。

寡佬儿:单身汉。

寡妈:寡妇。

寡妈子:寡妇。

拐场哒:不好了。

拐哒:不好了。

拐得很:很狡猾。

拐火哒:不好了。

拐子:骗子。

拐子树:拐枣。

官药:中药。

管坛:在一场法事中负责具体事物的人。

贯头:铧。

贯头匠:土法用生铁水铸造贯头(犁铧)的手艺人。

灌脓:发炎化脓。

罐头尖:原矛头腹。

光脑壳:光头。

广鸡公:腿上没有毛的鸡公。

归一:稳妥。

鬼打钹:不可靠的、不起作用的。

鬼儿抱经:心怀鬼胎。

鬼鬼儿阳:鹰鹃;比喻心里的主意。

滚衫儿:上衣。

滚子:轮子。

锅篓圈:垫在锅底或者鼎罐底的篾圈。

锅烟末儿:锅底、灶内的黑灰。

过婚:离了婚的人;二婚。

过路客:①指过路的人;②指在某地方短期住行的人。

过月半:民家人习俗认为,每年农历七月初一至十五是先祖从阴间回阳间老家度假的时间,这段时间称作"过月半"。"过月半"期间要用好的饭菜敬献祖先。故有"年小月半大"之说。

过晕:道士昏过去了(称神已附体,去阴间打探去了)。

过猪食:喂猪食。

搞酱皮:纠缠不休。

搞手动脚:轻浮放荡,好动手打架。

跟好人学好人,跟到老士(司)公扛(说)鬼神(慈利常用),跟到狐狸学妖精(桑植常用):环境影响的作用很大。

公不离婆,客不离货,秤不离砣:比喻关系密切的事物难以分离。

鬼摸了你后脑壳:比喻记忆力太差。

Gaer,gaga:肉。

gaiger:脖子。

gang:扬起。

gang 灰:(微尘)飘浮、飘落。

ga:摆放。

ga:侧、缩身挤过。

ga 儿的:我不会同意(做)、你别想得美。

ga 始:开始。

gel 固佬:倔犟、固执的人。

gê 固:固执。

ge 人:绳索勒进肉里而疼痛。

guo 儿:自己,自个儿。

嘎椅儿 ga′yer:专门背一两岁小孩的背篓。

H

哈:①(形)傻。②给(介词)。③挠人体某个敏感部位使人不舒服或产生发笑感觉。

哈巴:下巴。

哈得日牛:蠢极了。

哈哈热:①只一点儿热。②成绩不理想,能力不强。

哈啦呼:有些傻里傻气、做事蛮干的人。

哈里哈气:傻里傻气。

哈卵:做事无节制的人。

哈那糊:鲁莽已极。

哈热水:温水。

哈数:①心中有数,把握。②规矩,礼数。③道理,事理,礼貌。④把握,心中有底。

哈胀:憨胀,东西吃的多。

蛤蟆鱼儿:蝌蚪。

还:让、使。如:~你不得安宁。

还傩愿:还愿。巫教酬神活动。如:相传傩神是繁衍人类的神,~可为犯傩神而许愿者得平安。

还人情:向与己有人情往来的亲朋好友祝贺并送礼。

亥抬:"后头"的变音。

憨:即"憨憨皮皮"。~厚,如:温驯。~人有~福。

憨包儿:傻瓜。

憨头憨脑:形容傻头傻脑的样子。

憨胀:傻吃。

嘿宝(hei/三声/bao/轻声/):蠢货

鼾扑扑:熟睡后打鼾。

含服:①足够。②怕。③折服。

寒毛:体毛,也叫汗毛。

喊:(动)叫。使用比普通话广泛,宾语可指人,也可指物。

喊不张你:喊不答应。

喊春:一般指母猫发情。母猫发情时的叫喊。

喊声:叫声。

喊天:无法可施,求救于天。如:出这么大的事,真~哒。

喊窝:母猪发情时叫喊。牲畜发情,常会有嚎叫等异常现象叫~。

喊冤:①当众诉冤情以获取社会同情。②骂人语。听别人的喊声不耐烦。

汉子:身材、个子。如:~大,~小。

汗斑:花纹皮肤病。长在脸上的为雀儿斑,长在身上的为~。

汗褂:内衣。上身内衣。

汗骚气:汗臭。

汗衫:内衣。

汗衣:内衣。

旱鸭子:(名)指不会游泳的人。

夯:慑服。

行礼:敬礼。旧时遇到老师必须~,表示尊敬,也称鞠躬。

行商:无固定营业地点的商人。

行市:社会商情。

行(xíng)势:能干。如:你做事倒还~。

行(xíng)头:①工匠使用的工具。②戏班子的道具。

行(xíng)邪:专干邪门歪道的事。

纴:直缝使布不移动。

蒿子粑粑:用糯米拌蒿子做成的粑粑。

蒿子粑粑扎蛇眼:古历三月初三,土家人吃掺了蒿子的糯米粑粑。这是蛇已结束冬眠出洞了,吃了蒿子粑粑,免得蛇出来危害老百姓。

薅草:锄草。

薅草锣鼓:请许多人薅苞谷草时,为了防止薅草的人讲白话误工和减轻疲劳,提高功效,在地头表演的一种说唱文艺形式。由四人分别高打锣鼓,一人接一句唱,内容有地头现编的,也有唱《三国》故事的。如:甲唱"两头不挂角",乙唱"中间不发恶"。

薅(hāo):中耕锄草。

薅(hāo)锄:除草的锄头。一种叶面较宽的中耕除草的锄头。

薅草鼓:唱歌打鼓激励薅草人薅草的农事活动。

薅草灌粪:在苗间松土除草、施肥。

嚎丧:骂人语,哭丧。

好(hào)的那杯酒:形容感兴趣的就是那样的事。

好吃懒做:只吃不做。

好吃婆娘不留种:形容一个人的好吃行为,做事没有算盘,不考虑未来。

好多:占有的欲望大,喜欢。

好个卵:一点也不好。

好话:内容好的话或使之和好的话。

好牢:①特爱吃的人。②吃相难看。

好生:①(形)小心,注意;好好儿。②好好地,也说"好甚"。

号:①登记,先做记号。如:他~了,多就莫搞了。②旅店的铺位,床位。如:给你留个~,你来住。

呵啸连天:形容吵闹得非常厉害。

喝喝糖:米糖煎至起牛眼睛泡时可喝动的糖稀,叫~。再煎一段时间即成可搅动的糖,叫搅搅糖。

喝皮:锯木板之后剩下的截面弓形的废木板条。

蠚(huo):(动)蜇。如:毛虫是~人的。

合八字:旧时为欲订婚的男女测算生辰八字是否相合。

合不得:合不来。

合不拢:合不到一块儿,合不来。

合伙:合成一伙、打伙。

合脚:鞋与脚的大小正好合适,使人穿着舒服。如"不合脚",即打脚,不合适。

合适:合得来。

何首乌:①药名。②蠢汉,蠢货。比喻愚蠢的人。

何之个:谁。

和渣:①泡胀的黄豆磨碎煮熟拌入青菜末(切细的青菜)的菜,也称菜豆腐。②黄豆磨成浆糊与切细的菜叶或北瓜叶一起煮成的菜。平时,和渣是土家人家常菜。有客人来一般不上这道菜。

河路:银河。农谚:~拦屋脊,家家有谷吃。

河潖(pá):河床上高出水面的陆地。

河盆:烫猪的长椭圆形大木盆。又称"腰子盆""槽盆"。

河鹰:老鹰。

荷包儿:装物小包,为女方送男方的定情物。

荷包皮:喻指整个身子,只在遇危险时打比方。如:掉下去,~都没有了。

盒盒:(名)盒子。

黑背心:指做工的人。

黑地里作揖,各凭各的良心:做事光明磊落,讲良心。

黑定:(形)(天色)全黑。定,表示程序深,有完全、十足的意思。

黑耳朵:帮人干坏事的人。

黑良心:做亏心事。

黑猫儿:脏东西。

黑沫儿:锅烟沫儿。

黑漆吧孔:形容光线很暗、一片漆黑。

黑黢麻嘎:漆黑。形容很黑,也作"黢麻子黑"。

黑头夜埯:黑夜、夜间。

黑醃菜:青菜叶烫过后晒干再蒸再晒干,因色深黑而得名。

嘿个:很好。

害是:厉害、了不起、重。

很:①难。②厉害。③能干。④成绩优秀。

狠:厉害。如:心~。

狠手:能力强的人、极残忍的人。

横:蛮,不讲理。如:发~。

横百姓:不讲理的人。

横绷:①固执。②讲霸蛮话。

横别:①不择方式,强行通过。②固执,强词夺理。

横话:不讲理的话。

横直:反正,总之。

横直红黑:反正,总之。

烘笼儿:竹框中装陶钵以烧炭取暖的用具。

红冬冬:鲜红的,红得鲜艳、可爱。

红儿蜜:李的一种,果实较大。

红光岩:呈红色的铁矿石。

红花女:处女,闺女。未出嫁的闺女。

红口白牙:强调亲口说的;确凿无疑的。

红炮子穿胸:咒人被枪打死。

红翘冠鱼:雄性南方马口鱼。

红彤(dóng)嗒:很红。

红头花色:脸红有精神。形容脸色红润的样子。

红羊公:媒人。

洪光淼水:山洪暴发时溪中的大水。

蕻 hóng 儿:菜苔。

齁(hou):①轻狂,轻浮,神气得意,形容词。②招惹,动词。③哮喘,名词。

齁包儿(hou baor):哮喘病患者。

齁不得哒:猖狂得不得了或疯得很。

喉多:贪多。

喉咙管管:喉管。

猴:贪多贪大。如:你不要~多,少搞点。

猴巴掌:树上的寄生物,可入药。

猴把戏:猴戏。

猴跳鬼跳:乱蹦乱跳。

吼:①(动) 大声喊叫、吆喝。粗气大声叫嚷。②不得了。

吼班儿:①(名)戏曲舞台上跑龙套的。(形)比喻摇旗呐喊,无足轻重的人。②在旁边帮腔的助势者。

吼宝儿:欺压弱者的人。

吼豁起来:大吼。

后(he)是家(ga):后生、小伙子。

后背:后面,背部。

后辈:后一代。

后家(gá):娘家。已婚女人的娘家人。

后来哆:继父。背称后老子、后老家伙、后爸、后佬儿。

后来妈:继母。也叫妈妈、妈,背称后母、小妈、后来娘。

后门:屋的后门。

后脑啄:脑袋后面突出的部分。

后生儿:年青人。

后头讲:最后讲、落尾讲、结束时讲。

后来佬儿:继父。

后来娘:继母。

后生嘎:男青年。

后阳沟:正屋后的排水沟。

"后要有靠山"等说法:修屋动工时请风水师摆罗盘确定~。

呼:吸.

胡讲乱说:乱讲话。

胡子:胡须。

胡子八叉:满脸胡子。

胡子巴苴:胡子多而乱。

胡子伯佬:自称别人的长辈。

斛桶:圆柱形中空木质量具。1斛等于2斗5升,4斛为l担。

糊:①粘。如:你看你~了一身的泥巴! ②勉强做事。

糊仓:栽秧的人为田主栽完秧后,以泥糊田主,预示稻谷满仓。两区两县都有此活动。

糊糊:(名)①糊状物。②粥状食品。如:玉米~。

护干狗屎:最袒护。

花鼓儿:在锣鼓声伴奏中,一丑一旦边唱边舞的花灯戏。

花花肠子:形容鬼主意多,鬼点子多。

花脚猫儿:不专心做事的人。

花轿:娶新娘的大轿。

花篓:有大掩的竹篓。如:有提~和挑~两种。

花生子:骂人话,指短命的婴儿,土家人有宁可骂人娘,不可骂人花生子的禁忌。

花水:浅滩上的流水。

划得来:关系融洽,又指购物合算。

划子:载人的小船。极小的船称扳扳船;较大的船是帆船,上有撑篙、风篷、桅杆、艄、桨等。

猾妙:狡猾。

滑肠:服药使肠蠕动。

滑刷:(形)光滑、油滑、(动作)敏捷利索。

化凌:冰雪融化。

化生子:夭折的孩子(骂人语言)。

化雪:融雪。

化猪油:(名)炼制后的猪油。

画匠:①用竹片、彩纸扎人物、灵屋的工匠。②画画的人。

画眉嘴:会讲,也叫嘴巴甜。

画押:在公文上画"+"字或签名,或按手指印表示认可。

话把:每句话都用某个词开头或结尾。

獾子:形似猪或狗或牛,但体小的兽类,分别叫猪~、狗~、牛~。

幻:往上爬、往前爬。

换毛:动物脱去旧毛长出新毛的过程。

换片:给小孩更换尿布片。

换亲:双方均有儿有女,女儿互嫁对方为媳的陋习。

换洗衣:经常穿的衣服。或指穿过脱下来的脏衣服。

皇历:历书。古历法由皇帝钦定,故名。俗谚:三十里看~,没得日子哒。

黄成包:黄疸性肝炎。

黄横:蛮横、粗暴、不计后果。

黄话:(名)横话,不讲道理的话。

黄荆条:黄荆树。

黄里黄昏(横):糊里糊涂。

黄牛儿:①牛的一种,体型较水牛小,毛色呈黄色或黑色。②放牛小孩子。

黄皮寡瘦:面黄肌瘦,极瘦弱。形容面黄肌瘦的样子。

黄沙:①母黄牛。②骂女人的语。

黄杉:杉树。

黄鳝:鳝鱼,有~、白鳝、暴鳝等。

黄鼠狼:鼬。

谎三儿:指撒谎的人。

灰包:旧时裁缝用的一种画线工具。~内装有色的灰,拉出穿过其中的线在布料上画线。

灰面粉子:面粉。

灰沫儿:豆腐、白豆腐。如:我们经常吃~。

灰沫铺:豆腐店。

灰扑扑:满身是灰。

挥子:条子(借条、收条、欠条等)。

回灵:下祀后乐队送灵牌按原路返回。

回门:新婚后三或七天,新婚夫妇回娘家,娘家热情接待。

回嘴:被骂后回骂。

会事:通情达理,会处理人际关系,又叫惠事。

会头:婚嫁喜事。谁结婚就说他(指男方)过会头。

浑水:含泥沙的水。如:这小河~,看不见底。

倗 wan:我、我的、我们的。

豁腮:鱼鳃。

活泛:①(形)活动。②灵活。如:李四这人好~。③活跃。④经济宽裕。

活鲜鲜:(形)新鲜的,有生命的。

活摇活动:摇动,不稳固。

炠(pā)耳朵:怕老婆的人。

炠(pā)和:软和、软弱,容易获取的,不需要付出相应劳动的。

火暴:(形)暴躁、急躁。

火爆性:个性暴躁。

火钵:烧木炭烤火的陶钵。

火铲:铲火的铁铲。

火齿:木料、柴燃烧后的余烬。

火葱:一年一种的葱。

火钩:钩火的铁钩。

火烁:木柴烧到无烟时,封闭熄灭似木炭,可再燃且有火力。多用于炖炉灶。

火烁坛子:将火烁放入其中,盖上盖,使之成炭块的陶坛。

火炕日头:阳光微弱气温高。

火坑屋:设置火坑的屋。屋中靠边有石条砌的烤火的火坑,火坑上高挂梭筒,梭筒内带钩的杆可上可下,钩上挂煨壶烧水。再上有肉炕,用以熏鱼肉等,也有置木条的搁楼,用以炕王米。火炕中放撑梗儿(三角架)置锅炒菜,冬日一家人围火坑取暖、议事,为一家人的活动中心。

火镰岩:以钢片擦石头出火花点燃纸媒的取火法中的黑石头。

火笼儿:烘篮。铁丝或竹篾编成,篮里放陶钵烧炭,用来取暖。

火钳:夹柴入火炉的铁钳。

火色:①(名)火候。②(量)表动量,相当于"下子"。 ③天热的程度。④运气。

火芽(nga)子:火星子。

火眼睛:①眼结膜炎。②仇人、对头、冤家。比喻仇家。

火纸:(名)一种黄色土纸,较粗糙,用作火炮、纸失捻、手纸等。

火砖:用土做成砖坯后烧成的砖。如:~有青砖、红砖、线砖等,按砌砖形式分眠砖、斗砖。

伙伴:伴伴儿。

伙房:指家庭或学校等单位雇用的厨师。

伙伕:炊事员,也叫大师傅、伙头军。

伙计:店员。

伙首:学校的炊事员,也叫伙夫,伙头军。

或儿:哪里。

货不二价:一口价。

货郎担:流动商贩。

惑索:惹人讨厌。

惑骚气:狐臭。

惑嗦:惹麻烦。

霍起来哒:高兴进行。 如:玩~讲~,唱~,吃~。

哈巴骨:下巴。

哈扒:捉(撮)鱼虾的竹器。

哈哈儿热:一点点热,比喻事情有了一点眉目。

哈啦乎:不太明白事理,做事莽撞的人。

哈懒:鲁莽的人。

哈叟:对某种事物的大致印象。

憨包:蠢人,也指大人对自己孩了的歉称。

憨热:闷热天气。

憨头:蠢人,大人对自己孩子的歉称。

含服哒:做事费了很大的力气。

喊毛:虚张声势。

汗手巾儿:洗澡、擦汗用的长毛巾。

旱盘嘎:指不会游泳的人。

夯气:地面反射的热气。

蒿子粑粑:用糯米拌蒿子做成的粑粑。

嚎丧:亲朋好友为死去的亲人哭泣。

号水:用符咒使水具有某种法力。

和渣:将黄豆浆煮沸,放进切细的青菜叶,加上辣椒、香葱等调料做成的菜。是张家界的地方菜品。

河叭:河滩。

河路:银河。

阂包话:愚蠢的话。

荷包儿皮:指人的躯壳。

鹤鹰:苍鹰。

黑耳洞:私生子。

黑末儿:脸上沾的脏物。

横绊筋:个性倔强的人。

横古子:个性倔强的人。

横梁:中柱不落地的土房,托起中柱并连接中柱旁的两根柱子的横木。

横筒:骑在木枋上面的短柱子。

横屋:在正屋的两端侧面的房屋。

烘当子:从粪坑里舀粪用的工具。

烘子菜:即"烘子"。

红鼻子:酒糟鼻子。

红火大太阳:万里无云的好天气。

红头寡(瓜)色:脸色红润。

哄壳子:头皮屑。

喉嗓骨:喉节。

喉嗓子:喉咙管

吼包:哮喘病人。

候心:贪心。

花巴岩:中间前台鳅。

花斑子:带半刺厚唇鱼

花宝宝儿:花蕾。

花掌:手掌心呈爪形纹路的。

华耍:灵活。

画贴儿:画。

黄尘:扬沙天气。

黄刺骨:黄桑鱼。

黄牯:公黄牛。

黄沙:母黄牛。

灰末儿:豆腐。

会事:通情达理,善于做人处事。

会头:红喜事。

浑精杆子:侃大山(指长时间没完没了地说一些琐碎、不恰当或无效的大话)。

浑猪儿:小公猪。

浑猪子:猪獾。

豁闪:闪电。

活隔垛儿:活结。

火迟:柴草燃烧后形成的炭,又称"火迟个儿"。

火汗褂儿:薄单衣。

火坑:火塘。

火盘:烤火的工具。在木制脚架上放个铸铁圆盘。

火色:①天气热的程度;②家长对孩子管教的程度。

火头子:父母管教子女的态度。

火眼睛:红眼病;有宿怨、隔阂很深的人。

伙计:朋友、伙伴。

伙铺:旅馆。

害人之心不可有,防人之心不可无:不能有害人的想法,但要有防范他人害自己的心理准备。

好歹不做声:好坏不表态。

好话一句服人心:话讲得好,能让人心服口服,矛盾也能自然化解。

好马不吃回头草:比喻有作为的人不走回头路。

好事不出门,坏事传千里:好事传不开,坏事却传得很远,警示人们不做坏事,名声重要。

好心没得好报,好柴烧烂灶:做好事得不到好的报答。

黑汗水流:汗流浃背。

横七竖八:纵横交错。

猴子不会解索,人不晓得下落:人不知道自己的结局。

话多成仇:因讲得太多而使人生恨。

话明如开锁:话说得清楚就能很顺利地解决问题,正如开锁一样。

会讲不会做:只口头上会讲,却不会动手做。

会攒的攒八月,不会攒的攒腊月:比喻做事要动手早抓。

火怕翻,人怕搬:比喻不遵循客观规律,办事会导致失败。

hai 宝:愚蠢的人。

捍 hán:用东西击打。如:他再搞,你一碗~死他。

Hao:和[huo],搅拌。

ha 数:规矩、度。

houber:出风头者。

Hou:出风头。

hun 猪:小雄猪。

J

讥屎:讥笑人吝啬。如:他太~了!

叽咕儿车:木制独轮手推车,因推车时叽咕作响而得名。

叽耸:犹豫不决。

机匠:手工织布的人。

机巧:讲客气。

机头:手工织布机。

鸡巴老二晓得:鬼知道,什么都不知道,没有人知道。

鸡巴老二张他:没有人理。

鸡儿:(名)雏鸡。

鸡儿叫:夜间鸡叫三遍,分别为凌晨 3 点、4 点、5 点。

鸡儿撒腿腿儿:公鸡叫时弹腿。比喻鸡叫头遍,天快亮。

鸡公:(名)公鸡。

鸡公车:(名)叽咕儿车,独轮车。

鸡还没穿裤子的时候:鸡还没叫,离天亮还有很久的时候。

鸡合子:鸡肫。

鸡母:(名)母鸡。

鸡母娘:孵过小鸡的母鸡。

鸡屎岩:铜矿。

鸡嗉包:鸡食囊。

鸡啼:鸡鸣。

鸡窝:母鸡生蛋的草窝。

鸡罩:(名)鸡笼。

基脚:(名)建筑物靠近地基的部分。

急性人:性情急躁的人。

疾作:骂人无知,没名堂。

几得:很,几多。如:山~高,莫去爬。

几爹(公)孙:祖父与几个孙儿、孙女。

几个人:在座或在听的少数人。

几舅甥:舅舅与几个外甥、外甥女。

几婆孙:祖母与几个孙儿孙女。

几正几退:在连几间房间之后修偏檐(退退屋),有三正三退、五正五退等。

挤脓:挤出脓液。

挤热和:①一种游戏,很多人在一起使劲挤,设法把别人挤出原地,最后留在原地
者胜。②挤在一起取暖。③凑热闹。

挤油渣儿:冬日众小孩挨墙挤,既强身又取暖的一种游戏。

脊梁:脊背、大梁。

记码子:记货物数量。

忌日:长辈去世的日子。

祭幛:题上词句用做吊唁礼物的整幅绸、布。如:在烈士灵堂前挂起了挽联和~。

鲫壳子:鲫鱼。

加干:①估量。如:这杯酒是否喝,你~。②掂量。③分寸。④参谋。

枷担:(名)牛拉东西时架在脖子上的器具,由两根木棒作人字形制成。

枷:(动)驾(牲口)。也比喻给人加上担子。

枷死哒:估计准确。

枷椅儿:幼儿坐着不能挣出的四方竹椅。

家(gá)公:外祖父

家伙三:(名)家伙。如:你这~真是爱惹是生非。

家机布:用木织布机将手工纺的纱织成的布,也称土布、白布。

家门:同姓人、本家。同姓人之间的互称。

家门儿:(名)本家,同宗。

家神:家中供奉和祭祀的祖先。

家俬:家具的总称。

家务:(名)家产、家底。

家鱼:人工饲养的鱼。

嘉利树:山羊角树。

夹:①~住;②憋住;③剪。④味涩。如:这肉~得很。⑤吝啬。如:他~得很。

夹(gɑ)生:不易伙群;半生不熟。

夹把叶子烟挤一挤:跟着干,加入其中。

夹板:扶住入泥,一人拉上泥做田塍的农具。
夹二搞三:打岔、干扰。
夹鸡巴哒:①不得了。②坏事了。
夹脚:(名)指鞋子太小,使脚产生紧压感。也叫"打脚"。
夹口:形容皮蛋等食物含碱过多,或食物不熟而使舌头发麻、干涩的感觉。
夹卵哒:(粗话)糟了,不得下地。
夹皮:散哒。
夹屁哒:形容遇上了麻烦,坏了。
夹舌头儿:(名)口吃的人,夹舌子,结子。
夹舌子:吐字不清。
夹生:不好交往的人。
夹下巴:胖者下巴有两层,故名~。
夹样子:看别人的脚剪出合适的鞋样。
夹衣:夹层布的衣。一般指棉衣。
夹峪:峡谷。
夹直走:直走。
夹指脑儿壳:剪指甲。
假:①虚伪。②目中无人,自高自大。
假 mer:假装。
假把意思:权且、充当、表示意思。
假儿麻嘎:假装正经。
假儿马:假装,也说"~架"。
假儿马家:假装。
假过场:故意表现出来的不真实的动作或情况,做表面工作。
假假:姐姐。
驾船拖:极言其多。如:东西太多了,要~才运得完。
驾渡船:驶渡船。
驾桨:操作船桨。
架(gǎ)时:开始。
架:用,也说"过""弄"。如:~水泼。
架儿:蹱子。
架蛮:强迫别人做。
架势:①准备开始。②已经开始。③姿势、样子、阵式。④(副)使劲地、努力地。如:他还~给人家作揖磕头!
架水:①热水。②烧水。

架直:沿直走不拐弯。

架桌子:在饭桌上放筷碗、匙,并摆椅子、放菜。

架子床:无装饰的家用木床。床还有竹床、绷子床、雕花床、三滴水床、六弯柁床等。

架子猪:将进入育肥期的猪。

尖:①小气、吝啬。②视力、听力好。③用心。

尖脑壳:①告密的人,讨好通风报信的人。②小气的人,吝啬的人。③(名)油滑耍奸的人。

尖心:①仔细、注意。②用心。

尖岩头:比喻不易对付的对手。

间壁:(名)隔墙。如:砌堵~隔一下。

间墙:隔开房间的墙。

肩包垛儿:肩膀。

肩包:肩。

艰贵:珍贵,不易得到。

拣:蘸。

捡:①拾得。②收拾。

捡背时帖子:遇到倒霉事情。

捡便宜:①占便宜。②图省事。

捡蕃薯藤:将生长着的薯藤捡上畦,使养分集中于薯块。

捡粪:捡山野的粪便。

捡(谏)怪:把别人得罪自己的事记在心里,并伺机报复。

捡敛妈:①接生婆、接生员。②(名)过去以旧法接生为业的人。

捡绿豆儿:将豆稞上成熟的黑绿豆荚摘下。

捡:收藏、收拾。

捡摊子:①摊子,指货摊儿。②摊子,比喻难于整顿的局面。

笕 jiān:(动)用竹管或槽状东西引水。

笕槽:(名)本指安在檐下或田间的,用竹筒一剖两半做成的引水槽,也泛指一般的小型引水槽。

检事:占了便宜,心里宽慰,省事。

检屋:用新的瓦换破损的,使屋不漏。

减价:降价,也叫打折。

剪颠:去掉树或苗的生长点。

謇(jiǎn)巴:口吃的人。

见不得:看不惯、不愿看见。

见尽:①(动)对人对事认真、严格到极点。②吝啬。

见气:生气。如:开个玩笑,你莫~。

见子打子:本为下棋术语,比喻做事要看到什么做什么。见有什么事,就做什么事,做事灵活。

荐火:刀口烧红后入水骤冷,使刀口锋利的工艺。

贱像:骂人语,使人不喜欢的人,又称贱货。

犟(jiàn)屋:将倾斜的房子弄正。

将 jier:刚刚,才。

将才:刚才,刚刚,将将儿。

将将:刚刚。

将就:①迁就,勉强,依靠。②顺便。③合适。

将水干:饭熟刚好水干的饭。

将他的锤头塞他的嘴巴:将送来的东西或相当价值的东西回敬送礼的人。

豇豆儿:豇豆。

浆粑粑:①将刚成熟的玉米或麦子推浆发酵后做的粑粑。②为旧时穷人度荒的食物。以荞为原料做的称荞粑粑;以米为原料做成的,是米粑粑。

浆果(儿):西红柿。

浆塌:用鲜牛屎水涂塌面。

僵手:手冻得不灵活。

讲白话:聊天。

讲不到一路:说话不投机。

讲不进章:插不进嘴。

讲不象达的:最合适、合理。

讲到一边去哒:主人对客人的感谢表达不必谢之意,相当于"把我当外人了"。

讲价:还价。

讲句硬话:①用语言作保证。②肯定的话。

讲口白:讲大话。

讲六:不守规则

讲谜子:说谜语。

讲天话:讲大话。

匠人师傅:工匠的总称。

犟:①性倔,形容词。②挣扎,动词。③头偏斜,形容词。

犟刮:责骂,狠批。

犟牛:比喻很倔、很犟的人。

犟遭瘟:①指一种类似吊兰的草,其生命力极强,挂在空中就能成活。②指瘟牲,即指不服调教的牲口,也指很犟的人。③极固执的极不愿意听取他人意见的人。

焦:很。如:~干的,~蹦哒,~黄,~干。

焦巴干:干了,没一点水分了。

嚼穿塞:讲小话。

斗到搞:对着干。

刨:踢。

嚼经客:①能言善辩或强词夺理之人。②讲歪理的人,也叫"经杆子"。

嚼蛆(jiāo qú):(动)信口胡说(骂人话)。

嚼腮,嚼牙巴骨:瞎说,无中生有,说是道非。

嚼牙巴:(惯)(贬义)同"嚼蛆(jiāo qú)"但骂人色彩较轻。

嚼牙巴骨:①斥责别人,乱说造谣,又骂作嚼腮。②讲小话、造谣。

角(guó)孼:吵架、打架。

角尺:量角度的尺,呈 L 形。

角鬼(lie):吵口打架。

角色不敌火色:形象一个人的运气不好。

狡嘴:辩解,顶嘴。

绞:用线缝紧衣边或鞋边。

绞伙:①合伙。②合伙、姘居。男女独身后同居叫~。非法同居称毛打伙。

绞嘴:强辩、强词夺理。

脚板:(名)人的脚、脚掌。

脚板印:脚印。

脚底:表方位,相当于"下面"。

脚梗儿旯旯:指缝。

脚后跟:脚跟。

脚脚儿(jio jio er):剩余的渣货,又叫脚子。

脚里:下方,也说"下头"如:山~、床~。

脚镣手铐:给重大罪犯戴手铐和脚镣。

脚盆:浴盆,洗澡盆。男用的叫大脚盆,女用的叫小脚盆,抹身的叫抹澡盆。

脚洼洼儿:脚心。

脚趾 ger:脚趾。

脚趾梗儿:脚趾。

脚猪、猪牯子:供交配的公猪。种猪,配种的公猪(桑植用语)。

搅瓜:搅出瓜瓤凉拌的黄皮瓜。

搅酱客:胡搅蛮缠、专粘别人好处的人,又称"搅屎客"。

煍眉煍眼:①眉头不展的样子,形容无精打采。②眯缝着眼的样子。

叫 jier:哨子。

叫春:(动)猫儿发情时常大声号叫,尤以春天为甚。

叫鸡公:①开始打鸣的公鸡,用于报晓的公鸡。②比喻欢喜抬杠、爱发表意见的人或那些肯讲话的人。

叫驴子:①公驴。②贬称飞扬跋扈的人。骂人的意思。

叫莫:无所谓,不管他,任其存在或发展。

较劲客:强词夺理之人。

教牛:训练牛耕田。

教书匠:(名)教师。

薯儿酶菜:野薯晒干切细入坛而成的坛子菜。

阶沿(阶檐 街檐 街沿):台阶,(名)屋檐遮掩下的地面。

阶沿坎:(名)指带台阶阶沿。

疖子:皮肤上长的疙瘩,先发炎再化脓,小的为~,大的为疱。

接 huer:为孩子带回的礼物

接到:马上、接着、连到、跟到。如:他事情一办完~就去武陵源了。

接道士:丧家接道士做法事的用具箱到家。

接的儿:养子,也称抱的伢儿、继子。

接脚:将裤脚接长。

接客:①客人到自己家时,起立迎接,并说"稀客""稀走"的客气话,立即搬椅子请坐,敬茶烟、摆茶食、陪坐,委婉问来意。②旧时受冤后请当地绅士吃饭,要求主持公道。③指做不正经的事。

接郎中:请中医医生,郎中即中医医生,有祖侍郎中、走方郎中(游医)、草药郎中等。

接佬儿:寄父,也叫干爹、寄佬儿、义父,背称干老稼伙、干老子、干佬儿。

接妈:寄母,也叫寄妈、寄娘、干妈、干娘。

接媒:双方有结亲意向,男方请与双方有关系且善言谈的人正式向女方求亲,叫~,被请者叫媒人。

接气:长者逝世时由其长子抱于胸前,称~。其他子孙跪床前并放鞭炮为亡者安然辞世送行,叫送终。

接嘴:(动)(贬)(不适合地)接住别人的话头说。

街上的:城里的或城里人。

节疤:(名)①植物体分枝长叶的地方。②木材上的疤痕,树木的分枝在干枝上的留下的疤。

节气:按历法一年分为24个~;节日。张家界有春节、清明、端午、六月六、月半、中秋、重阳等。

洁抹(ma):①打扫收拾。②结果消灭。③装束打扮。

结痂:伤口好后结的硬痂。

结凌片:水面结冰块。

羯羊:死了的公羊。

姐儿:姐姐,也称姐、老姐。

姐儿乖:灰胸竹鸡。

解:①够,吃~哒。②解除,~毒。③将木料锯成薄板。~开。

解匠:拉大锯的人。

解交:(动)调解矛盾、纠纷。

解:尽兴,好。

解锯:将圆木解成板的大锯。

解木匠:将木料锯成板子的木匠。

解(gái)手:(古)古时移民被押送时,为防其逃跑用绳索捆其手。移民要方便时,先请求押解者解开自己的手才能大小便。后移民将~借代为大小便。将大便说成解大手,小便说成解小手。大小便也称方便、上厕所、洗手、上五号。

斤打斤:强调,表肯定,量足,实打实。

今朝:今天。

金豆儿:四季豆。

金贵:(形)贵重。

金香柚:古时的贡品,长于慈利九溪金家门口,故名,现两区两县都栽有金香柚树。

筋:皮下的血管。

筋斗:(名)跟头。

筋筋绊绊:①(形)形容有东西拦住或缠住,使行走不便。②(名)指筋筋绊绊的东西。

筋筋吊吊:指不好的肉,筋筋绊绊。

筋肉:瘦肉

襟:冷入骨髓。

紧:不断地。如:小妹~哭,你劝劝她。

紧梆哒:很紧密。

紧成:构造缜密。

紧到:老是,总是,一个劲儿地。

紧等:长时间等待。

紧搞:不断地搞,老是这样搞。

紧他娘:差得远,充其量也达不到要求。

紧扎:(形)形容捆绑或裹得很紧。

锦鸡:红腹角雉,又名背水鸡、寿鸡。

尽:①尽量,尽管。②让。如:~讲。

进洞:将鲜蕃薯放入蕃薯洞保鲜。

进深:房间的前后间距。

进土埯(眼):人死的诙谐说法。

浸水:从地下浸出的水。

禁忌:①忌讳的言行。②不能超越的界限。

禁嘴:犯某种病时禁吃的食物。

经搞:耐用。

经绵:①有耐力,有韧劲。②结实,耐磨。

经烧:(形)耐烧。

经事:(形)结实牢固,经久耐用。

经用:(形)经得起花费、消耗。

惊参哒:惊扰。客人告别主人时,为表示感谢和抱歉说的话,也说"打扰"。

惊参:打扰。

惊醒:①醒悟。②睡觉容易醒。

惊张:(形)惊奇、慌张。

精:心眼多,主意好。如:他这人好~。

精杆子:特别聪明的人;多为贬义的主意、意见。使用时后面还会加"多"或"深"。

精干子长:①事多(用于贬义)。②理由多得很。

精怪:(形)想法,行为刁钻古怪。

精光瞎:(名)睁光瞎。

精啦哈啦光:精光,一点也没有。

精路长:想法多、难缠。

纠:拧。

纠不干打不湿:①没有气魄,优柔寡断。②难缠,讲不明白的人。

纠纠儿脾气:小姐脾气,小孩脾气,易生气。

揪:①(动)用手指扭住、拧。②抓住。

揪 jier(刀):旋转铅笔刀

揪扁担:二人各揪住扁担一端,相互用力扭动,不动者为胜的游戏。

鬏鬏(jiu):女人发式,扎好的一束头发(多指较短的)。

九连环:九个铁圈相扣,将其解开的智力玩具。

九麻五的:差的货或没大本事的人。

酒圸圸儿:酒窝。

酒坛子:①装酒的陶坛。②比喻好酒贪杯的人。

酒盅子:酒杯。

旧把衣:旧衣。

旧年:刚过去的一年,也叫去年。

臼面:果子狸,鼻干上有白纹。

枢伕:抬枢上山、埋坟的专业人员。

就布:省布料。

就讲:①就算。②尽管讲。

舅爹:父亲的舅舅。

舅老倌:(名)舅子。

舅母娘:妻子兄弟的妻子。

拘意思:讲客气。

拘意思:有顾虑,讲客气。如:吃吧,莫~。

疽:毒疮。

举荐:男方请暗媒向女方示意。

巨花鱼:鳜鱼。

锯柴:将树干锯短做柴。

锯木虫:树干中的蛀虫。比喻吞噬财物的人。

卷巴:口吃的人。

撅(jue):折断。如:你莫把枝子~断了。

诀:骂。

蕨杌子:蕨苗。

君子口波波,牛马动蹄壳:正人君子以滔滔不绝说教解决,小人只会拳脚交加显能。

菌子:(名)蘑菇。

焌(qū):热物体突然遇冷(发出的响声)。

机匠:织布的手艺人。

鸡儿疯:小孩脾气。

鸡公佬儿:公鸡。

鸡公蛇:虎斑颈槽蛇。

鸡鸡:小孩阳物。

鸡笼:鸡棚、鸡舍。

鸡笼门:一块可以上下抽动的木板。

鸡毛眼:夜盲症。

鸡母娘:母鸡。

鸡膀膀儿:鸡大腿。

鸡肉菌:野生平菇。

鸡屎客:吝啬、爱占便宜的人。

鸡屎岩:墨晶石,又称"猪屎岩"。

几娘母:母亲和几个孩子的合称。

几婆孙儿:祖母和几个孙子的合称。

几时:什么时候。

几爷儿:父亲和几个孩子的合称。

几赞:早就。

寄妈:干妈。

鲫壳子:鲫鱼。

枷干:掌握事物的分寸。

家列:工具的统称。

夹衣:较厚的上衣。

夹衣袋儿:夹衣的口袋。

尖刚:做事或者与人相处过于精明,不轻易让步。

尖心:用心、认真。

尖猪匠:阉猪的手艺人。

肩包榫:肩关节。

枧槽:水枧。

捡镇潭鱼:最后捡到便宜。

酱果儿:西红柿。

焦干:干透了没有一点水分。

绞嘴:顶撞、回嘴。

脚:建土坯房、砖瓦房的屋基。

脚板皮:脚板。

脚板心:脚心。

脚背梁:脚背。

脚底巴里:脚底下。

脚码子:套在草鞋底的有防滑齿的小铁圈。

脚鱼:山瑞鳖。

脚猪:种公猪。

脚子:液体的沉淀物。

搅凌:降温出现冰冻。

叫叫儿:蟋蟀。

叫经客:喜欢说大话的人。

叫精:自吹自擂。

叫居子:蟋蟀。

阶檐:屋檐下的走廊。

接巴人:再婚的人。

接火灶:最大的灶,灶上可以放蒸笼和大甑子。

接口锅:特大号的铁锅。

节巴:关节。

节羊:阉割的小公羊。

洁码:收拾打扫;打事情做完。

结梁子:结怨仇。

解礼:迎亲时,给新娘家补送女方要求的聘礼,并送上一只鸡、一只鸭、两瓶酒等例行的聘礼。

界:高山、大山。

斤鸡:红腹锦鸡,大部分成体毛重一斤。

今朝儿:今天。

金豆儿:四季豆。

金箍子:金戒指。

金柱:夹在中柱和檐柱之间的柱子。

紧边:最边缘的地方。

紧紧乍乍:紧凑、紧密。

劲鼓鼓:浑身是劲。

经杆子客:善于讲长讲短,不好对付的人。

惊蛰蛔:中华大蟾蜍繁殖成群现象。

精嘎儿:精肉,儿童语言。

精条赤卡:赤条条。

颈亢:脖子。

纠纠儿脾气:小孩脾气。

酒坛子:嗜酒如命的人。

救命粮粑粑:即"木瓜子粑粑"。

舅公:母亲的舅舅;奶奶的兄弟。

舅舅儿:舅父。

舅母娘:火棘结的小红果。

舅娘:舅妈。

舅婆:母亲的舅母;奶奶兄弟的妻子。

蕨粑粑:用蕨根粉调水煎成的圆饼,可以切片加腊肉炒成美味的菜"腊肉炒蕨粑粑"。

菌子:蘑菇。

捡(养)儿不知爷娘苦,养女才知父母恩:只有自己生育了孩子,才知道父母的恩情。

讲话盖不到脚后跟:比喻说的大话,无法实现。

娇儿不孝,娇狗上灶:娇惯会使儿女不孝,就像看娇了的狗会爬上灶。比喻娇惯子女,后患无穷。

叫的猫儿不逼鼠,焖头鸡儿吃饱食:比喻只会说的人没有能力,只有埋头苦干的人才做得好事情。

叫花子留不得隔夜食:讽刺把东西用完才安心的一种心理。

接嘎嘎不来,送嘎嘎不去:比喻对事情的结果考虑不周到。

金缸杂货:杂七杂八的东西。

金窝银窝,不如咯儿的狗窝:自己的家条件虽差但因习惯而感到舒适。

进一句,出一句:说话没有原则性。

九精八怪:形容人的心里怪主意、怪想法极多。

久病无孝子:长久生病,连儿子也尽不了孝心。

酒后吐真言:酒后迷糊,讲出曾经隐瞒的实情。

君也老,臣也老:尊称对方为君,谦称自己为臣,是说自己与长者都已年老。

K

亢:盖。如:把缸~好。

咖:裆。

卡:①(kā),堵塞。你莫~人。②kà,大指和中指张开,中间距离为一卡。卡一卡是量一量的意思。

开拜:旧时婚期第二天早晨新婚夫妇在堂屋中拜见父母、长辈、搬鞋子、敬蛋茶。受礼等给拜钱,拜钱为新婚夫妇的私房钱。

开祠堂门:行使族权,处分违犯族规的人。有训斥、打屁股、关黑屋儿、沉潭(将人绑在长梯上插入深潭致死)、活埋(放人进深坑,逐渐填土,土埋到胸口即死),现在以法律为准绳。

开单子:开处方。

开裆裤:婴儿穿的裤。

开吊:定期让死者亲友吊唁。

开顶:谢顶,头顶头发脱落严重、秃顶。

开光:给脏小孩洗脸或洗澡。旧指给神像做法事使其有灵。

开合儿:伞。

开黄腔:讲不在理的话。

开荤:首次吃肉。

开价:喊价。

开间:房间的宽度。

开交:解决。如:你这事不得~。

开禁:约定日期同时采摘桐茶。

开镰:开始割谷。

开路:(动)迷信人家人死后由法师做法事,为死者驱除凶神煞,开辟去鬼城的路,叫~。

开铺:①临时铺床叫~。②在地上开铺叫打地铺。

开铺子:开店。

开亲:(动)订婚、结亲。

开缺:开除学籍。

开山子:斧头。一般重三斤半,又称三斤半。

开讪:开玩笑。

开抬:"口头"(外头)的变音。

开天:雨后转晴。

开胃:激发食欲,味道好。

开窝蛋:鸡鸭第一次产的蛋。

开厢理沟:特平好的地分成若干小长块,再在其间开沟,便于沥水、施肥。

开销:①(动)指用钱或把东西用了。②费用。

开胸:对襟衣。

开胸衣:对襟衣。

开雪垾:下雪时,阳光在云层中若隐若现。如:~预示快下大雪了。

开秧门:指从秧田里开始拔秧移栽。

开洋荤:(惯)享用难得的、高级的、现代的物质或食物。

揩汗:揩去汗水。

揩屁股:①大便后将肛门揩干净。②借指办事的善后处理,也叫做收拾残局。③(惯)比喻给别人做扫尾的事情。

砍茨(刺):砍回山上的茨,以备烧火土肥。

砍刀:(名)指专用于砍(不限于砍柴)的刀,通常较用于切的刀厚、重。

砍高粱:砍下高粱穗。

砍脑壳:①杀头。②骂人的话。

砍畲(shē):原始的耕作方法。将山坡上的树木杂草等砍倒晒干后,用火烧成灰作肥料,在其上播种的农活。

看病人子:看望病人。

看不醒:不受看,看不起,看不来。

看不折:经得起看。

看脚迹:按兽留下的足迹追捕。

看码头:男女方定日子由媒人带女方及女方近亲到男方作客。此举目的是使女方具体了解男方。女方离开时,男方必以钱物打发女方和女方随行者。

看人:①本指婆婆相看媳妇,现多指一般的相亲,男女双方非正式见面。②照看小孩。③"看人说话"的省略语。

看水:查看稻田中水位。如:溪中涨水时,人们到溪边~。

看屋地基:为建房选址。

康(kang):动词,盖。如:把锅盖~到起。

糠桶里跳到米桶里:比喻从差到好。从一个福利不好的单位,调到一个福利好的单位等。

拷:聪明。

赖赖:脏。

塔麻:不卫生。

拷打:毒打。

烤片:将尿片用火烤干备用。

靠将:正巧、刚好。

靠将是数:很合适、正巧。

靠实:确实、实在。

靠数:刚好够数,不多不少。

柯枝:将树枝砍下。

稞门面:租门面。

稞字:租约。

磕:①打。②从荚中空出。如:~油菜籽。

磕岑(cēn):挤压。

经篓长、辞辞儿多:鬼点子多。

瞟:斜视。

磕磕碰碰:①用尽办法想说动别人。如:这事他不去,你莫~。②敲打声。

磕膝垴:膝盖。

磕芝麻:将成熟的芝麻梗晒干,敲打芝麻梗使芝麻出壳的农活。

瞌睡:(名)睡眠,睡觉。

瞌睡虫:比喻贪睡、嗜睡的人。

蝌蚂豆:蝌蚪。

壳壳:(名)壳儿,壳子。

壳叶儿:①竹笋或苞谷棒的外衣壳。②指书、本子的封面或包皮。

壳子:(名)套在书刊或本子的封面上起保护作用的厚纸等。

咳:咳嗽。

咳蚂:青蛙。

搭膝佬儿:膝盖。

克蚂豆儿:蝌蚪。

克膝脑儿:膝盖。

克信乐儿:膝盖。

骒马:母马。

肯:①容易(生长)。②喜欢。③愿意。④同意。

空:倒出。如:把东西~出来。

空话:无实际内容的话,与正事无关的话、闲话。

空口讲空话:讲话不作数。

空脑壳:没脑筋,不动脑子想,易上当的人。

空泰:①指心胸宽阔。②指容量大。

空油菜:将成熟的油菜植株晒干后敲打其荚壳,使油菜籽从壳中分离。

孔夫子神位:私塾堂屋中供的"大成至圣孔夫子神位"的牌子。

抠:①(kōu)动词,打岔子。②挖。③抓痒。④抠(kǒu)形容词,精明,会计算。

抠鼻屎痂:掏鼻垢。

抠风皮子:抠掉头屑。

抠痒树:紫薇。抠树干的皮树即摇晃。又名光皮树。

口干:(形)口渴。

扣肉:(名)指蒸时肉在碗底,吃时须倒过来,使肉在上面。

扣子埯:扣洞。

筘:将经线从~间通过推到织口的工具。

枯心:黑良心。

哭皮撒式:愁苦着脸的样子。

哭稀哒:大哭。

苦胆:胆囊。

苦楝(nian)子:(名)树干皮,树根皮是常用药物。

裤脚:接裤腿最下面的部分。

裤抹带:裤带,皮带。

裤腰:旧时用白布作。

夸矜:夸耀自己的本领,自夸。

垮脸:板脸,变脸色。

垮皮刘三:不爱收拾的人。

挎:用手在圆物体上移动。

胯:大腿之间的部分。

胯里:两大腿内侧,也叫裆里,生殖器。

胯里滚得过去箩筐:形容人的神气轻浮。

骻骨:髋骨。

快当:①速度快。②锋利。如:刀子~。

快邮代电:旧时揭人罪行的传单。

筷篓儿:装筷子的小竹篓。

宽布:宽幅的布。窄幅的叫窄布。

宽泰:①宽敞,大。②经济宽裕,有余钱剩米,手头活泛。

诳:乱说;狗叫。

亏本:卖价低于成本。

款(kuàn):①背、挂。②佩戴。③把东西带在身上。

款:①挂(肩上)。②别。

咔巴:胯。

咔巴里:胯下。

开裆裤:即"叉叉裤"。

开顶:秃头。

看日子:选择红白喜事的吉日。

靠椅:躺椅。

咳蚂:蛙类动物。

可痞:不讲理,好占强。

克气老儿:膝盖。

扣痒:挠痒。

哭西哒:不停地哭。

苦胆:胆囊。

裤马带儿:裤腰带。

胯骨榫:髋关节。

块儿:怀孕。

块块儿糖:将米糖、红薯糖融化后拌炒米、花生、芝麻冷却后切成的糖片,又称"糖片片""糖块块儿"。

快当:动作快。

快枪:步枪。

宽太:比较富裕;心情舒畅。

葵花:向日葵。

看得屎胀尿出:比喻把别人看得清清楚楚。

ka:向前迈步。如:这里有条沟,要~过去。

ka 裆:裤裆。

kuai 脚:脚底偏一边。

L

拉关系:建立人情网,互相利用。

旯 ger:峡长的角落。

旯子:指建筑物之间的通道。

腊时腊月:正值腊月。

辣姜子:山胡椒。

来不来:动不动,动辄。

癞歺:脏。如:你看你好~,快洗洗去。

癞蚵蚂:蟾蜍。

癞毛:头发稀疏。

癞子:头癣。

癞子壳:头上因真菌繁殖形成白癜。旧时小孩多患此病。

拦中把腰:中间部位。

篮篮儿:长椭圆形有提系的竹篮。

缆索:连接轨斗、打绞木的两根粗绳。

懒得烧蛇吃:形容人懒惰至极。

懒得做王狗蛇溜:懒得像蛇。

懒干得:不想干,不愿干。

烂话:鄙话。

烂讲:胡讲。

烂账:无法收回的账。

唧们:(代)怎么,怎么样。如:这事~办?

郎(nang)松的:松,轻松。

郎场:地点。如:酒店开在这~不错,位置好。

郎慰:添麻烦了,谢谢。

郎中:医生。

狼洒:也叫"浪撒",浪费。如:莫把粮食~了。

阆(lang):体态瘦长。

廊扯儿:地方。

廊场:地方,地点。也说"码头"。如:你是哪个~的?

廊子:通道。

朗垮:体积大,不好搬运。

朗松的:很容易。

浪:①摇动液体。把水放在器物内摇动,以冲洗器物。②摆动。

浪嘎:张家界地区农家火坑上用以悬挂腊肉或熏制干活的木架。

浪搞:怎么办。

蒗:荡。

晶格儿:瘦肉。

展酱:耳光。

捞(lāo):动、拿、挪。

捞垮松:(形)很松。

劳共:总共或一共。

牢:坚固、结实。

牢犯:①牢中罪犯。②坐牢。

牢实:①牢固,结实。②指器物的捆扎很牢。

醪糟:甜酒。

老把 sher:泛指老头;妻子对丈夫的昵称

老把式:①老人家的统称。泛指老头儿,年轮较大。②妻子对丈夫的昵称。③经验丰富。

老婊:母亲兄弟姐妹的儿女互称。也有称婊婊的;背称表姊妹、表兄弟。

老哒:年纪大的。

老道:①(形)守旧,不开通。②成熟。

老哥:称平辈的男人,尊称陌生年长的男子,也称老兄、哥、哥哥、老大。

老革革:同"老板板",指有资历的人。

老庚:同年出生的人的互称,也叫老根。

老姑娘:年龄较大的未婚女。

老鸹:乌鸦。

老鸹蒜:地下食。为旧时度荒的食物之一。

老行家:内行人。

老虎打蚱蜢——细讨细吃:从小事做起。

老华:同名字的人的互称。

老家伙:①俗称父亲。 ②贱称老年人。③妻子对丈夫的昵称。

老靠:老成。

老辣:老练。

老妈子:①泛指老妇或女佣人。 ②丈夫对妻子的昵称(慈利常用)。

老默主意:主意不变。

老起麦子:麦子代脸,~即板起脸。

老雀在:一个方面经验丰富老道的人。

老实:①狠狠使劲,用力。如:他~一棒,把狗打死了。②诚实

老实话:相当于"真正的",说真的,实在话。

老实坨:老实的人。

老司:土家族语为梯玛,土家族文化的口头传播者,神人间的中介。主要职责是祀神、沟通人鬼之间的关系。由于土家族只有语言,没有文字,所有的文化都靠传说,传唱、绘画、雕刻等非文字形式传承,因此,旧时~在土家族中的社会地位崇高。

老天八地:形容人老了。

老铁:关系很好的哥们的互称。关系极好的女人们互称闺蜜。

老头:①泛指年长男性老人。②老太婆指称自己的老伴。③儿女称自己的父亲。

老远八远:很远。

老拽:(屈指)敲打。

老子:我(高傲的自称)。

老把式儿:老头子。

老班子:老一辈人。

老半天:比一个上(下)午更长的时间。

老表:表兄弟;表兄弟的统称。

老蔸巴:家族中最年长的老人。

老给嘎:苍老不堪。

老庚:同年出生的人。

老酱头儿:年龄不小,但长不高、长不大的树木或小孩。

老纠巴:久治不愈的脓包。

老太:妻子。

老外后儿:大后天。

老早:很早。

佬儿:对老人的尊称。

佬佬:兄弟,弟弟。

勒搐:过分要求(贬义)。

勒勒:①脏。②痕迹。

雷打哒:被雷击中。也叫遭雷打。

雷公呵闪:电闪雷鸣。比喻人气势汹汹。

雷公田:只有打雷下大雨之后才有水的田。

櫑 ler :轮子、圆环。

櫑哒:滚落。

蕌果儿:蕌。

擂钵:捣碎豆米的钵。用来把花椒、胡椒等擂细的钵。

冷场:(名)不逢集的日子,不逢赶场期。

犁辕:旧式犁的部件,在犁的上部用木材做成,样子成弓形。犁的主要组件,为一弧形圆木,其上装有犁的其它配件。如:桑木~从小熨。

礼行:①礼节规矩。②礼物。

李子树:包括秧李树,墨李树,黄瓜李树,矮李树,红儿蜜树,胭脂李树等。

里手:内行。

里子布:作夹衣内层的布,比外层的便宜。

理沟:将沟中余土铲出的过程。

鲤拐子:鲤鱼,自然繁殖的后代。

力良 :能干。如:她很~。

力士鞋:鞋圈高,以绳从鞋圈的扣眼穿过束紧的鞋。

立房子:修建新房 ,特指建房时,把木结构的房架竖起来。

立土地屋儿:仰面弓腿睡。

利寡(刮):难看,脏。

利水:服的药对排尿有利。

利索:①清白。如:他和她不~。②干净。③能干。

沥:过滤。

沥饭:用篝箕将米汤沥出。

栎娘籽儿树:栎树。

连盖(连枷):①以五根细长木杆连成一体的脱粒农具。如:手持~把施力,可以使平铺于禾场上的谷物脱粒。②打黄豆、油菜、麦子等用的劳动工具。

连几间:房屋的结构形式。中修堂屋,两边依堂屋修相同的间数,连三间、连五间、连七间。

连膀 ler:小腿后部。

连坨:狗交配。

连儿杆:小腿骨。

连枷:打麦子的工具。

鲢子:鲢鱼,四大家鱼之一。有白鲢、麻鲢、胖头鲢等。

脸包:面颊。

脸皮:颊。

凉板床:乘凉用的卧具,用长两米多的南竹做成。

凉草鞋:热天穿的草鞋;有麻草鞋、布筋草鞋、轮胎草鞋。

凉粉果:用来做凉粉的果实。

凉快:天气凉爽。

凉水:泉水。

凉椅:竹椅子。

梁二杆:小腿骨。

两伯侄:伯伯与侄儿或侄女。

两层堂:上堂屋、报厅、二堂屋相连,正屋、横堂屋、二屋与报厅构成天井为~,再增加一层堂屋便成三层堂。

两爹孙:祖父与孙子或孙女。

两父子:父子或父女,也称两爷儿。

两姑侄:姑姑与侄儿或侄女。

两郎舅:姐(妹)夫与内弟(兄)。

两娘母:母女俩或母子俩。

两婆孙:祖母与孙子或孙女。

两头会讲:正反会说。

俩人屙屎打得粑粑:形容两个人关系特别好。

亮埯儿:屋顶用玻璃瓦盖的透光窗。

亮火虫:萤火虫。

亮门儿:窗户。

亮索、索利:①干净,明白,清楚。②也指女人长得好看。

亮瓦:用来采光的瓦,通常是玻璃的。

量:①有把握的推测。如:我~你做不好这事。②丈量。

晾(lang):①放置向阳或通风处使其干燥。②放置不管。③看。如:你~都不~我一眼。

晾衣竿:身体瘦弱的人。

撩剪:大剪刀。

撩撒:①干脆。②简单(贬义)。如:做事认真点,莫图~。

撩天锤:说话不晓得轻重,做事不顾后果者。做事粗心的人。

獠牙:长的门牙,又称虎牙。

潦皮:①简单。②正大光明。

寮(liǎo)箕:沥饭用的竹具。

缭:用针缝。

燎菜:用开水烫蔬菜或肉菜。

簝(niao)箕:沥米汤的竹器。

簝生米:半熟的饭粒。

料子:原料,指比较贵重的衣料,不限于毛料。

撂:翘。

镣环:挂猪肉的铁钩。

劣刻:刁难。

烈犟:刚烈固执。

檩子:放在相邻两垛子之间的横木。

灵牌:亡者的灵位。红色纸书亡者名讳,如"故显考×公讳××大人位"(以十一个字为宜)。

灵醒:办事利索、机灵、灵活。

灵性:聪明,悟性高,出色。

凌:(名)锥状的冰。

凌梗儿:冰凌条,冰凌条儿,冰锥。如:屋檐口上挂着~。

凌末子:冰粒。

菱角:菱。

零工:按天为雇主做工的人,也叫散工。

零碎:形容说话絮烦。

令牌:指巫师跳神时用来发号施令,比喻王牌、法宝。

溜:很。如:~圆的。

溜勾子:投机讨好。

溜光的:很光滑。

溜子:蛇,也说溜儿,蛇类的讳称。

刘四娘娘:形容女人怪里怪气的样子。

留级:重读,降级。

流鼻血:鼻衄(nǜ)。

流子儿:流氓。

瘤生:从蔸上长出幼苗。

瘤瘫:骨髓炎。

柳辣子虫:柳树叶上的大肉虫。

六合连:将六根细方木条插成十字形的智力玩具。

六月六儿:纪念土家族义军首领覃垕被害,土家族人以晒衣物纪念覃垕被朝廷剥皮致死。

六指梗儿:畸形指,多一根手指的人。

龙狗:公狗,小公狗。

龙行:不利索。

龙节骨:腰胸椎。

礱(lóng)子:在两个高 30 公分左右的篾框中装栗树木片为齿,再用粘土压紧成磨片,叠为一副~。谷粒倒入礱斗,转动~上扇谷壳即裂的稻谷加工工具。

笼头:安在马头上的绳套。

躘(lóng)脚:抽脚,也叫躘腿,不参与。

拢岸:靠岸。

拢来:靠过来,聚合,合起来。

楼板:铺在楼枕上的木板。

楼碗:大碗。

楼屋:在楼枕上放木板的屋。

楼枕:垫楼板的横木。

搂(撸)足哒:即捞足了。

漏瓢:瓢底有许多小眼漏水的瓢。

撸:把物体从一处挪到另一处。

撸护:拥戴。

炉锅:鼎锅,船民叫黑宝儿。

炉灶儿:炖菜的陶具。

鸬鹚:捕鱼鸟。

鹿儿:毛冠鹿。

漉:捞起。

露水毛:头发剪成刘海的别称。女孩留至额前的头发。

卵包:阴囊。

卵都不卵你的:不理你,也作卵都不对你三甩。

卵都没搞一筒:什么事都没做。

卵都没一筒:什么都没有,穷光蛋。

卵屎厕列:无所作为。

卵屎三筒:办事不认真,无所作为。

卵屎丫叉:形容做事不认真。

卵条精光:一无所有。

卵味都没得:一点味道都没有。

卵相干:无任何关系。

乱:随意、随便。如:莫~讲。

乱杆子:做坏事的人。

乱僵皮:不受教的人,不听教育专做坏事的人。

乱脚菩萨:专干坏事的人。

乱诳:乱说(贬义)。

乱无钱用:没有用。

囵蛋:煮熟后再剥壳的蛋。

啰连:①絮烦、□嗦。如:不要说~话。②不注意整洁、美观。③小孩易发脾气,肯哭闹。

罗(遮)趾骨:脚踝骨。

罗柜:安有筛子以筛粉的大柜。

罗指骨儿:脚踝。

萝卜花:眼睛中有白翳(yì)。

胭 luó:圆形指纹。

箩筐:篾容器。能装粮食并方便挑运的竹器。有丝篾~、皮~、小~等,其上的缆绳叫~系。

螺丝骨儿:踝骨。

螺丝骨:踝骨,踝关节。

螺蛳壳:田螺。

落雨:下雨。

落雪:下雪。

落土:太阳下山。

落袋:剩下的。

落脚:①(动)完结、完毕。②住下。

落觉(luǒ gǎo):睡着了,睡熟了,睡得踏实。

落教:通情达理,讲交情,守信用。

落口消融:进嘴融化,十分好吃。

落难:①病入膏肓。②比喻穷到了一定程度或走投无路。

落土:(动)(太阳、月亮、星球)降落(到地平线下)。

落尾巴儿:(名)①排行最小。②名次最后的人。

落屋:(动)回家。

落雪:下雪。

落雪砖:下冰雹。古传仙阳一妇生九龙,夫斩其八。因妇求情,夫便将最后一龙斩尾放生。该龙飞天成神后,每逢清明扫母墓途中~以雪父斩尾之恨。

落雨:下雨。雨有雾雨子(雨如雾)、麻麻雨(牛毛雨)、大点子雨(大雨)、垮垮哒的雨(暴雨)、漂雨(斜飞的雨)、白眼雨(阳光照射下落的雨)、黑埯雨(雨大光暗)等。

落月:分娩,生孩子,坐月子。

落毒:一直到底。

落头:为公家、为别人办事得到的好处。

摞草垛:将齐草集拢堆成屋状,防稻草被雨水淋湿而腐烂。

绿豆篓:摘绿豆时盛豆荚的竹篓。

绿豆青:岩石的一种,因色而得名。

绿蚊子:丝光绿蝇,苍蝇

绿阴阴:绿而发光,使人觉得阴森、恐怖。

邋遢人:肮脏的人;不守信用的人。

腊豆腐:用特殊工艺炕干的豆腐。

腊狗:大鲵。

辣酱子油:用煮沸的食油加山胡椒做成的调味品。

来事:很好、好。

赖个:那个。

癞子:疯子。

栏门:在正门外加做的只有正门一半高的门,用于开正门时拦住小孩、鸡、狗等的门。

栏散:周围。

懒翻叉:仰面跌跤。

懒里懒谈:马马虎虎。

懒门:怎么。

懒门的:怎么的。

懒人子:懒汉。

懒屎王:懒汉。

懒谈:不严肃。

懒椅子:躺椅的别称。

烂包:形容物品坏了、不好的,相当于"破"。

烂肚心:坏心肠。

烂葛藤:玉斑锦蛇。

烂腔疯:指眼睑糜烂的人。

郎场:地点,地方。

郎舅:姐(妹)夫和内兄(弟)的合称;舅舅。

郎为:感谢。

廊嘎儿:吊在火塘上炕东西的木架子。

浪衣服:晾衣。

牢骚胡:络腮胡。

佬儿:父亲。

佬佬:弟弟。

雷公:雷。

雷公佬儿:雷。

擂椒钵:擂大蒜、烧辣椒、石膏等物的石钵或者陶钵。

擂砣子:动手打架。

犁拱嘴:包在木犁前端的铁箍。

犁弯弓:木犁的弯杆。

犁辕:犁。

礼公:男方迎娶新娘的前一天,负责给女方送聘礼的人。

礼生:在祭梁、升匾等民俗活动中担任主持的人。

力量:能干。

利糊:干净利落。

帘巴得儿:腿肚子。

脸包:脸。

梁山伯:寿带鸟。

两个佬儿:两夫妻的合称。

两老:称呼中老年夫妻。

两娘母:母亲和一个孩子或者婆母和儿媳的合称。

两婆孙:祖母和一个孙子的合称。

两爷儿:父亲和一个孩子的合称。

亮格儿:窗户。

亮亮索索:很敞亮、很洁净。

亮索:敞亮、洁净。

亮瓦:用玻璃做的,给木房采光的瓦。

亮眼睛:因为看到仇人的不好下场而高兴。

潦箕:筲箕。

凌根儿:屋檐挂的冰棍儿。

凌沫子:冻雨。

凌片:冰。

岭岗:山岭。

流水席:在数日内备好饭菜,随时招待客人的酒席。

榴巴:动作快捷。

瘤痰:骨结核。

六米书儿:红嘴相思鸟。

六指个儿:多生的一根指头,指喜欢吹牛拍马的人。

龙狗儿:小公狗。

聋刮人:不安静、使人烦。

笼冈:小树丛。

垄檐:把木房的屋檐延伸一段。

楼嗖:狼吞虎咽。

炉锅:鼎罐的别称。

卵:男性生殖器。

卵包:阴囊。

卵子:睾丸。

啰科人:喜欢扯皮的人。

罗筛儿:用脚踩动的筛面粉的筛子。

萝卜丁丁儿:即"萝卜米米儿"。

萝卜花儿:瞳仁坏了的人。

螺:圆形的指纹。

螺蛳:田螺。

螺者儿骨:踝骨。

裸胡人:做事不利索、不耿直的人。

裸连:不耿直、肯讲歪道理;小孩儿哭闹。

绿皮菌:自然脱皮的一种野生蘑菇。

来得早不如来得巧:比喻事物的发展,具有时效性。

一来二去:互相来往,关系密切。

癞子经多,麻子怪多:人各有特点。

懒得烧蛇瞅,还要蛇捡柴:比喻懒极了的人不想做事。

懒牛懒马屎尿多:骂屎尿多的人是偷懒或借拉屎尿偷懒。

老牛吃嫩草:搭配不恰当,多指夫妻年纪悬殊。

雷声大,雨点小:比喻只说不做,也说"只打雷,不落雨"。

冷火清烟:无火无烟,冷清已极。

礼多人不怪:讲礼貌自然招人喜欢。

力大养一人,智大养千口:比喻用智慧去劳动,比只用力气劳动能给社会做出更大的贡献。

两只手只捉得到一条鱼:比喻条件是办成事情的前提。

零打碎敲:把大问题分为许多小问题再一一解决。

龙头,蛇尾:做事不能善始善终。

撸起裤子驶人家的牛:比喻不爱惜别人的东西(用别人的东西不爱惜)。

萝卜盘成肉价钱:贱价的货物运来运去成了高价货。

驴子去了八只腿:关键的人办重要的事时却不见了人,比喻成事的条件突然失去。

lei:倒下。他~了,快把他扶起来。

liā:①相贴。糍糊好~。②巴结。他又不会~你,怕莫得。

lia 肩膀:肩膀不平,外侧低下。

lia 脚:脚跟扯不上鞋后跟。

long:退缩,不前进。

M

麻皱子:皮肤皱裂

麻筋:臂上的神经,触到即有麻感。

麻粒籽儿:山葡萄。

麻麻亮 :(形)(天)刚有些亮,天色微明。

麻娘牯儿:身体细长的小野鱼。

麻起胆子:勉强大着胆子。

麻孙子:皮肤冻列。

子安骨:脖子。

倒拐子:手肘。

麻条:加工成条形的石材。

麻丸坨:油汤圆炸熟后沾上芝麻的食品。

麻些:快些。

麻子点点:泛指细碎的小斑点。

麻子对:有矛盾合不来的两个人,称麻子对。

马:差,差火。如:他唱歌不得比你~。

马鞭子:①竹根。②赶马的鞭子。

马褂木:鹅掌揪。

马口:马板上固定木板的铁器。

马连肖:马在地下打滚。

马屁精:会拍马屁的人,会说奉承话的人。

马撒屁:说话太多。

马屎果儿:马屎圆形,表面光滑,比喻爱做表面工夫的人。

蚂影(蚂映):虹,天上的彩虹。

码:堆。如;他门口~了好多柴。

码柴:将柴块码成垛。

码头:①住址,地点。②停船处所,停船处。

蚂蝗:蛭的别名。

蚂蚁子:蚂蚁。

埋甘蔗梗:将成熟的甘蔗埋入土中过冬。

买合:行贿。

麦李儿:李子。

麦粑粑:面粉加水加老窖揉匀后,经发酵蒸熟的粑粑。

麦草帽儿:草帽。

麦酱:煮熟的麦子霉好后,再在阳光下久晒的酱。

卖烂淹药:帮人出坏主意。

脉气:(名)脉指地脉,即迷信的人讲风水所说的地形好坏。

瞒到:不让人知道,帮人隐瞒。

满月:婴儿出生 30 天为~,产妇背婴儿回娘家,称出月。

幔:水面上液体浮状物。

慢慢儿走:主人送客出门的客气话。

慢用:宴席上自己要先离开的告辞语,也说"少陪"。但必须站起用筷子绕席一周后再说"~""少陪"。

忙不彻:①很忙碌,忙不赢,忙不完。②来不及。

忙紧(经):①一个时候,临时犹豫。②好长时间,迟迟,过于慢。

忙月:农事多的月份。

盲横:①昏迷。②鲁莽。③糊涂。如:干~事。

莽莽:饭,土家族语。针对小孩的语言。

猫(miao)儿头:猫头鹰

猫儿尿:(谑)酒。

猫儿食:①指饭量小。②一种点心食物。

毛掩:毛孔。

毛利:包含经营费用的利润。

毛栗儿:野栗子。

毛连:脾。

毛路:刚形成的小路。

毛起火来搞:做事不细致,马马虎虎。

毛窍:小毛病、小疾病。

毛重:货及其包装的总重量,不是净重。

茆:将菜在开水中过一下。

茅厕:厕所、卫生间、五号。

茅舍:用茅草盖的小房子。

茅棚:茅屋。

卯:①加起势子,有准备或准备充分。②煮一煮。如;把肉先~再切,炒得好吃些。

卯窍:①(名)窍门。你如:还没找到~,怎能办好? ②问题。

冒花:露面。

冒栏:母猪、母牛、母马发情。

冒骚:冒失乱来,充狠,显摆。

么得:什么。

么得卵:什么。

么得麻屄:什么都没有。

么得时候:什么时候;随时;很早。

么得事:什么事情。

么子:(代)什么。

没巴到墨(me):①未切题。②没找到原因。

没存(曾):还没有,还远着呢。如:车子要下午才到,还~。

没打张:没想到。

没得样子:不像样,做事没礼貌。

没讲场:①没说的(好)。②不必说。

没名堂:①没意思,没意义。②不像样。

没事:没得事。

莓儿:草莓的总称。有栽秧~、扯草~、包谷~、荞~、蛇~、羊~、麦~等。

媒八盘:媒人多次向女方为男方说情的行为。媒人每次必带伞进女方屋。女方如将其伞放在门外为不允,如女方接媒人的伞,方为允婚。

煤气灯:以煤油为燃料的老式气灯。

酶:菜加盐、稀辣椒、佐料等拌成,即凉拌。

霉豆腐:(名)豆腐乳。

妹儿:(名)妹妹、女孩子。也称妹、老妹。

门:件。如:这几~事好办。

门斗:门墩。

门斗钉:钉门墩的铁钉,特别长而深。

门斗儿:支承门轴的斗。

门枋:门扇两边镶在墙上的木头。

门阆:门槛。

门盘:盘门、锁门的铁盘。

门前:(名)屋外面。

门神:神荼、郁垒查鬼、食鬼、守护大门。

门闩粑粑:特对掺粑粑的原料用粽叶包成门闩状的粑粑。将~的原料捏成团,再放入粑粑印模中印上"福""禄""寿""喜"等字样或"梅""兰""竹""菊""喜鹊登枝"等图案的粑粑称印印儿粑粑。

门栓:关门的木栓。

闷:①(动)不说话,不吭声。②不聪明,不灵活。③(动)小睡。

闷到:猜,估计到。

闷古佬:不多言的男人。

闷卵:不开朗的男人。

闷人:(形)使人感到不透气。

闷生儿(闷生子):刚出生不哭的新生儿。

闷算:心算,口算。

焖:食物加水下锅,用火烧水成蒸气,由蒸汽将生鲜食物~熟的厨艺。

焖饭:将半熟米粒入锅,沿锅边倒入少许水,用温火(指小一点的火)焖成熟饭。

蒙(mong):掩埋、掩盖。

蒙帕帕:捉迷藏。

蒙羊:不生育的母羊

蒙羊母:未去世的母羊。

猛撞日夜壶:做事不得要领,莽撞蛮干。

懵懂人:不明事理的人。

蠓子:危害禾苗的小虫,包括青蠓、火蠓。

眯眯眼:(名)小眼睛。

弥口弥嘴:说话谨慎至极。

米儿、泡儿:阴米(糯米)炒制的米花。

米行:旧时粮食交易处所,放有量器斗、升。

米灰沫儿:米豆腐。

米猫:雌猫、母猫。

米面:将米浆入浅金属盆放入开水锅中蒸熟后倒出,冷却后切成条状似面条。

米汤:煮饭时产生的汤汁,这时米变得半生半熟。

米虾:将米浆煮熟后舀入漏瓢,从瓢孔中漏入高温但不沸腾的水中成小虾状。吃时放入开水中烫热再加佐料,为小吃的一种。

米羊:母羊。

汩洞儿:地下河的入水口,也叫汩埯。

汩湖:无出水口的大面积水面。

密背篼:(名)一种细竹丝编的背篓,可装米、麦子之类的小颗粒的东西。

蜜 mier:春天的一种小野果,形似枸杞,可食。

蜜蜜树:树上结的蜜蜜(果实)可吃(食)。

绵犟藤:比喻纠缠不休的人。

绵久哒:韧性好

棉扯扯:软而不易弄断。

棉滚身儿:短棉袄、棉衣。

棉花车子:将棉条儿纺成纱的摇车。

棉袍子:棉长袍。

棉鞋:鞋圈、鞋底铺棉花以御寒的鞋。

面到:不断地。如:他~要我帮忙。

面糊统子:心里极不明白。

面饦 tuō 儿:面团拉成薄片入水煮熟的主食。

面子:脸面。

苗苗:苗儿。

庙会:旧时各地在神的生日举行酬神祈福的活动。

灭人的天:极坏的天气。

蔑捆三道紧,话讲三道稳:再三叮嘱。

篾壳壳儿:篾织的雨帽,尖顶。

民国元年:中华民国元年,是指公元 1912 年。

明朝:明天。

明袋:衣外口袋。

明讲:明白地讲。

明朝儿:明天。

摸:①(形)行动迟缓,做事拖拉。做事速度慢,效率低。②做事、走路慢。

摸不清气眼:不知道底细。

摸风不到:摸不到风的倒装句,不明白风向。指不明白事实原委,对事物的发展变化方向不了解,有晕头转向的感觉。

摸瞎瞎儿:玩伴中蒙眼者抓其他玩伴的游戏。

摸夜螺丝:①趁人不注意偷袭或不想要别人知道。比喻白天不做事,专门在晚上做某件事。②也指黑夜偷袭。

摸鱼:在水中摸着捉鱼。

磨淹:磨子的上扇磨片一定位置凿的供需磨碎物进入的圆洞。

磨刀岩:磨刀石头。

磨夹(加)娘:一种水生草本植物,可养猪。

磨角屋:正屋、横屋拐弯处的屋,常在此放磨子,故名。

磨手:转动磨子上扇磨片的把手。

磨心:①磨子下扇磨片中心装的连接上下磨片的铁棒,也叫磨脐。②费神,淘神。

磨牙棒:咬牙棒。

磨抓:套在磨手上推动上扇磨片转动的丁字形木把。

磨子(磨盆):两个同样大石圆盘结合面凿"齿",将下扇固定,上扇转动粉碎粮食的工具。

磨嘴巴皮儿:说话不停的诙谐说法。

抹布巾:①抹桌的手巾。②贬称讲歪理纠缠不休的人。

抹尸穿衣:用热井水打湿手巾后在亡者胸前、身后各抹三下,表示洗澡净身,再穿寿衣(上四件下三件)、寿鞋、寿袜、戴寿帽用与亡者年龄数相同根数的线束腰。

抹澡:擦、、洗澡。将湿手巾在身上擦,也叫抹汗。

莫:不要或别。如:你~搞。

莫跟老子两个干:你莫跟我对着干。

墨斗:墨斗亏中装有可拉出墨线的画线工具,指木匠、岩匠等用的画线工具。

墨岩:一种黑色岩石。

母老虎:①雌虎。②贬称恶女人。

木房:全用木料修成的房屋,也叫板壁屋。有三柱四齐,五柱六齐的。

木蝦:大河蝦。

木屐:在脚形木板上安鞋襻,前后的下方安上木齿或铁钉以防滑,套在脚上走湿路用的雨鞋。

木匠:木工。如:做棺材的叫大~,专做圆形木器的,叫圆~,其余叫~。

木马:(名)指木匠干活时砍圆形木料用的木架,两圆木合成十字架后,交叉处穿木棒的三角支架。

木马腿:二朗腿。

木脑壳:①木偶。②头脑不灵活的人。比喻无头脑的人。

木脑壳戏:木偶戏。

木脑壳羊儿:无角马头羊。

木桥:树干搭的桥,也指屋桥。

木梓刀儿:一种 7 字形长柄刀,利用刀锋在 7 字的外侧这一特点,用一长竹杆捆坚,向木梓树上施力,便能切断高处的树枝。

木梓树:乌桕树。

麻布叉口:用麻布做的口袋。

麻麻查查:黎明;傍晚。形容光线暗淡。

麻麻儿亮:黎明。

麻麻雨:毛毛雨。

嫲嫲:伯母。

马米子:蚂蚁。

马娘:母马。

马娘皮:指嘴巴多的人。

马桑树火齿:马桑树燃烧后形成的炭。

蚂虹:水蛭。

蚂弄子:蝌蚪的总称。

蚂印:虹。

麦李儿:李子。

麦子酱:把小麦发酵后磨细加水晒成的调味菜。

满挂满斗:没有省去一根挂枋、斗枋的木房子。这样的木房使用年限长。

漫磴子:台阶。

猫儿:小猫。

猫儿头:长耳鸮。

毛狗子强盗:蛮不讲理的恶人、坏人。

毛帘:脾脏。

毛手毛脚:做事时不细心,动作慌张。

茅肆:厕所。

茅屋:草房。

卯敞:不加限制,任凭众人去干某件事。

冒栏:母牛发情。

莓豆酱:黄豆发酵后晒干做成的豆豉,又称"窝豆酱"。

莓干盐菜:把青菜叶腌制晒干即成。

梅辉砣砣儿:骨架长不大的猪仔。

媒子:猎人驯养的用来引诱野鸟的鸟。

霉豆腐:豆腐乳。

妹子:①谜语。②妹妹。

门闩粑粑:把糯米浆沥干,包上黄豆粉、芝麻馅,蒸熟即成,因为形状较长,像门闩,故名。

门拴儿:门闩。

闷到:不张扬、暗地里。

闷筋:心里暗暗打主意。

蒙蒙:饭,小孩的语言。

猛里猛董:冒冒失失,行为猛撞。

蜢子:火蜢。

咪咪儿眼睛:眯缝眼。

米辣子:玉米粉或者糯米粉拌辣椒腌制而成的菜品。

密背笼:背生活用品的背笼。

棉滚衫儿:棉衣。

棉夹衣:棉衣。

面糊人:做事不果断的人。

庙老儿:守庙的老人,比喻独身的老人。

篾草帽儿:用篾织成的草帽,又叫"竹草帽儿"。

篾匠:制作篾器的手艺人。

明水坛子:坛子颈部可以盛水盖上盖子腌菜的坛子。

摸风:一点也不懂。

摸摸梭梭:慢吞吞的。

摸夜鸬鹚:夜晚偷袭;晚上偷偷地干某件事。

抹汗:洗澡。

蓦檐转角:在正屋的一端有转角楼的木房子。

墨碗儿:砚池。

木瓜子:火棘。

木懒:愚笨的人。

木鹭鸶:草绳上缠着树叶赶鱼入网的工具。

麻雀也有个三十初一:与"虼蚂跳三步也歇口气"同义。比喻要劳逸结合。

忙得进不得章:繁忙得没有一点空隙。

门长树高:身材高大。

明枪易躲,暗箭难防:比喻明摆着的危险好应付,暗处的危险难对付。

莫丑哒地方上哒:比喻出丑也不能坏了家乡名声。

māngmāng:土家语,吃饭的意思。小儿叫饭为~~,大人叫小儿吃饭叫吃~~。

miē:分开,分成两瓣。

N

拿个手不空:礼物拿得少,表示歉意的话。

拿脉:诊脉,看火侯。郎中摸病人脉象诊断。即中医的"望、闻、问、切"中的"切"。

拿台:①想干又不想干,犹豫不决。如:你还是爽快地答应了,别~了。②也有板俏,
拿塘的意思。

哪嗨儿:哪里。

哪门:怎么的。

哪门的:为什么、怎么啦。

哪门搞的:原因是什么,怎么搞的。

哪门搞:怎么办。

那边:……位置远指。如:山~、垭~。

那门:那么。

纳:扎紧。如:~鞋底。

乃个卵日的讨鸡巴嫌:那个人真讨厌。

乃皮刀:切肉的刀。

奶个:谁。

奶口:吃奶的小牛。

奶梢:乳房肿。

男人家:妻称丈夫。面称老公;背称男的、当家人、伢儿老子、伢儿老家、伉屋里的;昵称老把式、老傢伙。

男伢儿:男孩,面称宝宝儿、儿子。

南粉:粉条。

难为哒:谢别人为己效劳的感谢话,相当于"谢谢"。

攮:涮。

挠:摸、触动。

垴(nào)上:山坡顶。

垴:山顶。

恼火:①(形)严重;厉害。②累、吃力。③伤脑筋,苦脑,伤心。

脑花儿:脑髓。

脑壳:头,脑袋,头脑。

脑壳疼:头疼。

脑门心:前额。

脑命心:太阳穴。

脑脑儿:锄类穿把柄的空间。

闹:①毒。②采取毒鱼的措施。如;河里是不是有人放~,你看一下去。

闹房:新婚当晚,客人随主人进入洞房,宾主一起娱乐。谚云:新婚三天不分大小。

闹热:热闹。

嫩生:①不成熟。②新鲜。

嫩妈哒:很嫩很嫩。

能:好表现自己。如:这事就你~。

泥刀:泥工砍砖的刀,无锋。

你两个儿:你们两个人。

你是搞么卵的:你是干什么的。

你象(li qiang,li jiang):比如说。

你在搞么子:你在干什么。

你真是个 tia 皮:你真是个拖沓鬼。

腻瓜死哒:真恶心。

腻刮:恶心。

腻夹:皮肤上的污垢,也叫夹子。

拈菜:用筷子夹菜。

年边上:快过年时。

年底:年末、年尽、年尾、年边上。

年关:农历腊月的最后一天。

鲇鱼:大口无鳞鱼。

碾漕:碎药或碎其他东西的钍槽。双手握住研滚把子在槽中滚动即可碎物,~是中药铺的必备用具。

碾槽:碾子。

碾房:用石磨加工粮食的厂子。

碾屋:装有碾子的屋。

碾药末儿:将药碾碎成末备用。

娘的个肠子经:无所指,隐私。

娘的和尚:骂人,指娘与和尚通奸。

娘儿母子:母亲和子女的总称。

娘老子:父母。

娘母:母子或母亲的总称。

娘屋:娘家。

娘屋里:妻子娘家里。

酿肠:香肠。

尿泡:膀胱,多指家蓄的。

孽巧:人或牲畜不听招驾。

您俺:你或你们。

牛(马、羊)栏:拴牛(马、羊)的屋。

牛鼻卷:穿在牛鼻中的小木栓。

牛槽:装草让牛吃的木槽。

牛场:牲口交易市场,以卖牛为主,也卖马、羊、猪。

牛屎岩:黑色质软可在地上画出白痕的岩石。

牛涮子:打牛的细竹条。

牛头蒿:马尾葱。

牛翁(昂):牛叫。

牛嘴笼儿:套在牛嘴上防牛吃庄稼的笼子。

扭(巴):熟练。

扭:①小孩爬。②悄悄接近。

拗的那一调:喜欢的就是那个事。

拗拐弓:死板,固执者,脾气犟的人。

拗肩:一肩负重时,以一棒插入重物下放于另一肩上,使两肩同时负重。

弄:①做。如:~饭。②砍、打。如:山上~柴去。

弄菜:炒菜。

弄饭:做饭。

挪兑:借。

诺念:(小孩)爱哭闹,难照看。

女人:姑娘们、妹、妹儿头。

女婿:女儿的丈夫。

女伢儿:女孩、丫头、妹坨、阿妹、姑儿、姑儿家。

那缝:裂缝。

奶哨:乳腺炎。

耐烦:耐心。

南粉:粉丝。

囊洒:浪费。

垴上:山坡上。

恼火:累、疲倦、伤脑筋。

脑壳顶上:头顶上。

脑脑儿肉:靠近猪脊部位的一块三角形猪肉。

内头:里面。

嫩笋笋儿:很嫩很嫩。

能豆儿:指喜欢逞能的人(贬义)。

捻捻儿数:七。

捻子数:七。

娘儿母子:母亲和孩子的合称。

娘娘儿:婶娘。

鸟点儿:小孩阳物。

尿包:膀胱。

尿罐:夜晚放在床边代替马桶的小陶罐。

尿桶:马桶。

尿眼:阴部。

牛儿:牛犊。

牛角爪:屋檐的两只角向上翘起的一种木屋样式。

牛铃子:套在牛颈上的铜铃。

牛笼头:套在未穿鼻卷儿的小牛嘴上的麻织的网兜。

牛母娘:母牛。

牛皮凌:像牛皮一样很厚的冰。

扭捏人:总是与人扯皮的人,做事不干脆的人。

纽孽:不讲道理。

拗肩棍:搬运木料用来歇气的,顶端有小木叉的木棍。

弄鼻子:鼻音很重的人。

糯米汤果儿:糯米汤圆。

糯米坨:①糯米团。②比喻软弱怕事、性格懦弱的人。

男怕戴帽,女怕穿靴:久病的男人头肿,久病的女人脚肿都难治愈。比喻人都怕被别人说三道四。

难者不会,会者不难:怕困难的人什么事情都不想做也做不好,会做事的人就是不畏困难,善于学习。

你做得初一,我做得十五:比喻针锋相对,分毫不让。

捏到鼻子吃个屁:免强受之,忍气吞声受辱。

牛头不对马嘴:形容两个无关的事物无内在联系。

naang:身体单瘦。如:人~。

ngao 式:样子、派头。

nong 起:把身体某部分缩起来。

O

沤草子:早年栽水稻必种红花或蓝花草子为绿肥,春天待其开花后翻耕入泥以肥田。

沤肥:将人畜粪和垃圾倒入粪凼中沤烂。

哦(屙)通肠:拉肚子;带有贬义的喊人吃饭。

怄气:心里难受;生气。

P

泡子:电筒上用的灯泡。

趴场、点儿:地方。

葩:软弱。

一哈:全部。

扑:卧倒。

爬背:牲口交配。

爬起来:①起床。②跌倒后用手支撑着站起来。③由卧而起。

耙田:对已初耕的农田进行平整。

笆笆儿:将长条竹片熨弯后编成的将松毛(松针)短草等收集成堆的工具。

怕丑:腼腆、脸浅。

怕卵:无所畏惧。

怕麻得:很多。

怕有:可能有,恐怕有。

拍:阵。如:这一~好忙。

排客:驾排的水手。

排扇:搁檩子用的木料壁架。

排算:①算计。②计划。

排腿:走路两腿外排或内排,也叫八字腿。

排栅骨:肋骨。

派势:形容有气派。

攀罾:将罾置水中捕鱼。

盘:①抚养。如:我要~儿子读书,钱不能乱开支。②弄成。

盘缠:旅差费。

盘秤:秤上有盘子的秤。

盘底:将商店未出卖的货物按种类、件数、单价逐一清理入账,并计算出存货总量
与总价。

盘夹子:螃蟹。

盘问:仔细地询问。

判字:学生逐个认老师在学生当日写的大字,纸上写的生字。

襻襻儿:绊绊儿。

襻襻鞋:圈予上有布襻的鞋。

乓:使劲关。

蚌蚌(乓乓):野让岩蛙的一种,常发出乓乓的叫声,故张家界人称为蚌蚌(乓乓)。

滂滂臭:(形)很臭。

旁人:别人。

螃夹(gα):螃蟹。

抛皮:①指外强中干者。实际身大力气小。②称轻浮女人。③训斥小孩过于大方,把东西多给别人吃。

刨、抓:踢。

刨叶子:刨木切削出的刨花。

刨子:木工工具。如:~的主要用途是使加工件平滑。

袍子树:柚树。

跑飚(biāo):下雷阵雨。

跑脚:腹泻,屙肚子。

跑鞋:运动时所穿的鞋。

泡儿:阴米炸制的米花。

泡米儿:阴米用沙炒成的白色颗粒即,也叫泡儿、米儿。可干吃、泡水吃,也可掺入糖切成~糖。

泡汤:正在酝酿或正在进行的事情告吹,落空。

泡桐树:梧桐树。

泡种谷:将谷种入温水中漫泡促使发芽。俗说:"穷人不听富人哄,桐子花开就泡种(中稻)。"

一炮:十(量词)。

炮把个:上十个,十个左右。

炮把天:"炮"为"十",十多天。

呸瞅:①打喷嚏声。②吓人。

陪:趟。如:他跑了一~,才到。

佩服:崇拜、敬仰。

陪菜:素菜。

培整:①屋修成后,在屋前平塌,屋后开辟菜园,屋四周植树栽竹,打院墙。②整修、整治。

喷:非常。如:~香的。

蓬:聚拢来。

捧怂:拥护。

批:搓。如:打草鞋要先~草绳。

批索儿:用纺车将多根纱纺成一股,再将几股用手捻成索儿,用以扎鞋底。

披麻戴孝:死者儿女穿孝衣(白稀布做的上面钉有蔴的衣),戴纸扎孝帽,拿一米长的哭丧棒。亲属戴孝手巾。手巾的长短由与死者的亲疏而定。

劈块柴:木头劈成的柴块。

皮:货物的外包装。

皮绊:①麻烦事,矛盾,问题。②关系,联系。

皮包:皮革做的钱包。

皮荡荡的:皮肤松驰。

皮和:①协调。②高兴。③舒服。

皮匠:古老职业,手工制作皮革用品的工匠。

皮面:表面。

皮判:麻烦。

皮头(上)、高头:①上面,上边。②上边,上级。

皮笑肉不笑:伪善。

疲塌:做事慢。

脾胃:脾气(指性格特点)。

痞:①讽刺,挖苦。②手段不正。③手气不好。

擗(pie):①折断。②煞风景,打击气焰。

屁掩(眼):肛门。

屁股:臀。

屁股丫丫儿:屁股沟。

屁话:不在理的话,也叫浑张话。

偏话:偏袒的话。

偏脑壳:头偏斜。

偏偏儿:靠着墙或屋搭的小房。

偏偏锅偏偏落:马马虎虎,凑合。

偏生:①(副)偏偏。如:你~要这么搞,怎么行?②恰巧、怎么就。

偏水:正屋两端的偏屋。

偏性:①偏偏。如:我~要跟你去。②不公平。处理太~了。

偏檐儿:又叫偏水,指靠正屋左右两头向两边偏水的侧屋,一般用于放置农具、柴火,喂养牲畜或做厨房厕所。

蹁蹁倒倒:形容站立不稳或东倒西歪的样子。

蹁蹁倒:站不稳。

片:束于婴儿臀部,接小儿尿尿的长方形厚布。

片嘴:狡辩。

漂儿言:说光面子的话,讨人欢喜的话(贬义)。

漂皮:表面的、不深入的。

飘沙:不生育的母牛

飘野火:讲话离开主题。

瓟儿菜:牛皮菜。

瓟瓜:水瓢。

瓟瓜星:北斗七星,也叫七姊妹星。

撇脚:趔趄。

撇胯数:八。

撇却(qo):踉跄。

撇水沟:引开山水的沟。

撇脱:①不拘泥,洒脱,爽快。②无挂牵,不相关联。

撇:①打滚,不停翻滚。②挣。

撇子:上放物下透气蒸物的竹器。

抌皮:做事特努力。

拚:转让。

平秤:秤杆平直,表示称量示数等于实际重量。

平柜:柜门在上方的柜子。

平田:平川中的田。

平仄:(名)把握,依据。如:做事要有~。

坪:地势平坦处;与坪所在地组成地名。如:黎家~,阳湖~。类似的还有场、坝、坊、塌等。

瓶瓶儿:瓶子。

坡地:地势倾斜的地,分生地、熟地两类。

坡坡:山坡,坡儿。

泼凼:泼干水凼、鱼池捉鱼,即"竭泽而渔。"

泼梗儿:豆类植物。

泼辣:①有魄力。②凶横。③数量多。

婆娘:已婚的女人。

婆娘口子:老婆孩子的总称。

婆家里:丈夫家里。

婆子娘:夫之母,也叫婆婆、妈,背称婆子娘、伢儿他婆婆。

破口话:不吉利的话。

破相:毁容。

铺保:店铺主人做担保。

铺草枋:承载床板的木枋。

铺盖:指被子。

铺排:数落、铺张、安排。

铺派:分派、指派。

铺新床:结婚时将女方陪嫁的铺盖铺垫于新床上。

噗鼾:鼾。

蒲滚:将谷苑打入泥里的畜力农具。

蒲扇:蒲叶做的圆、扇子。

趴场:地点,地方。

排扇:由柱子、棋筒、枋组成的屋架。

排扇枋:纵向连接柱子、棋筒木枋的总称。

排扎骨:肋骨。

盘嘎:螃蟹。

盘嘎脚:罗圈腿。

盘嘎腿:罗圈腿。

膀子肉:猪、牛、羊大腿上的肉。

抛不到边:不是对手。

抛汉:身体个子大,但没力气的人。

抛雪:雪花,松软的雪。如:天上下~了,快到屋里去。

抛子:柚子。

刨叶子:刨子的组成部件,有刃口的铁板。

刨子:把木料刨平的木工工具,锛子。

跑口岸:逛城市;旅游。

泡粑粑:即"发粑粑"。

泡皂:心烦。

炮火棍:烧火时翻动灶内柴火的棍子,又称"拨火棍"。

陪团:给尊长拜年时和茶肉一块儿送的面条、糖果等物。

捧卵包:拍马屁。

坯挂:个子。

披一边掉一垮:形容衣着不正;穿戴破烂。

皮上:上面。

琵琶襟儿:即"大襟"。

屁股凳子:臀部。

屁股朵子:臀部。

屁眼:肛门。

屁眼疯:动不动就生气的人。

偏耳洞:偏听偏信的人。

片片儿岩:薄片状的石块。

剽一眼:很快地看一下。

漂皮:轻描淡写。

漂山:烧山。

飘沙:不能生崽的母牛。

瓢口火陡雨:瓢泼大雨。

瞟子:斜眼。

撇巅子:挫伤别人的锐气。

撇卡数:八。

撇脱:①无拖无累、无牵无挂。②方便。

平平儿过①:一般化。②不好不坏。

平素日:平时。平常。

泼水饭:在十字路口泼一碗水泡饭,并且烧香纸,为小孩消灾避难。

婆婆:祖母。

婆子佬儿:公爹。

婆子娘:婆母。

破脑壳:劈头盖脑。

破瓢瓜:比喻不会攒钱的人。

破手板:比喻不会攒钱的人。

铺菜坛子:坛子口倒立在水钵中,腌菜的坛子。

铺门:铺子(商店)或者柜台上的门。是一块一块木板嵌上去的,开门时再一块一块取下来。

铺台子:柜台。

皮踏:散漫。

怕得老鹰喂不得鸡:不能因为环境恶劣而放弃应当做的事情。

陪到牯牛晒日头:条件再苦也奉陪到底。

pā:煮熟了,软而烂。

pài:①两臂向两边伸,两端之间的距离。②度量。

pā 场:地方,地点。

piě:挣扎。如:你看,鱼在篓里乱~。

Q

七老八十:形容年纪大。

七强八盗九江湖:县域内办席待客的规矩。七碗菜招待强人,八碗菜招待盗者,九碗菜招待江湖上人。

七巧板:七块异形板组成长方形的智力玩具。

七一等八一等:等了又等。

七月初七:乞巧节,亡人节,相传这天牛郎织女鹊桥相会。如今有些中国人叫情人节。

七姊妹:朝天椒,极辣。因一簇有七个椒而得名。

欺行霸市:垄断市场。

漆匠:油漆工。

漆树:落叶乔木。树皮灰白色,常裂开,皮里的乳白色的液体即生漆。

齐:到……为止。如:~田坳,~屋脚。

齐辈:人到得很齐,也说"齐臻"。如:她90岁生日,亲朋好友来的~。

齐场:逢场中午时分赶场的人都到了。

齐刷刷:形容行动整齐。

齐崭崭:齐崭。

荠米:荸荠,又叫慈姑。

骑竹马:小孩用竹杆当马骑的游戏。

起草(燥栏):指(动物)发情。

起草:母猪、母狗发情。

起场:每年第一个场期。

起动:请求别人给自己提供帮助时的客套语。

起风:开始刮风。

起风咮坨:荨麻疹。

起高腔:提高嗓门。

起恨心:产生痛恨的心理。

起鸡肉子:起(产生)鸡皮疙瘩。

起价:开始卖出的价。

起枢:用手拍枢出大门。

起来:起床。

起朗:开始。

起味:①有趣,有意思。②不知趣,不懂味。

起先:先前。

起心:动念头、存心。

起眼:①抬眼。②上。如:看不~。

起扬:气宇轩昂。

起脏:取出脏物。

起炸:油炸豆腐。

气鼓气胀:① 形容鼓鼓囊囊的样子。②形容肠胃气胀的感觉。③形容生气的样子。

气话:生气后讲的话。

气力莽壮:身体好,气力大,有劲有力。

气满:气喘。

气死:①瓜果或某些蔬菜的果实未成熟时因气温高,潮湿而停止生长。如:天气不好,~好多瓜儿。②人很生气的样子或生气时说的话。

砌坳:在斜坡地上砌石头,使坡地变平地,以保持水土。

砌坟:坟周围砌石头,坟前砌墓门。

掐:用手指搅断。

搳(huá)拳:行酒令。

扗(qiá)虫:捉禾苗上的虫,以保丰收。

扗麻筋:抹身体上穴位至感到发麻以治病。

恰日(qier):前天。

千担:挑柴草用的工具,两头尖,有的还包有铁角。

一千一:一千一百。

牵脚:猪交配、搭脚、赶窝。

牵头:指引荐者或带头者。

牵窝:交配,又叫赶脚。

签签:①很小的细竹木棍。②比喻细小的东西。

搴(jiān):①摆弄。如:莫~刀子。②爱动。

搴(qiān)三爷:爱动手,爱戳祸、惹祸的人。

前日:前天,今日前两天。

钱水:货币价值。

钱纸:①(名)打纸钱(冥币)用的纸。②纸钱(冥币)。

慊:思念、想念。俗语:娘~儿,比路长;儿~娘,扁担长。

枪打:枪毙。

强盗:偷东西的人,也叫小偷。

强盗盗儿:偷东西的人。

强勉:(形)勉强。

墙板:旧时筑土墙的工具。由四块木板组成,成长方形,三方固定,一方活动。往内加土筑紧,成为墙体。

墙脚:墙的根基部分。

抢抱腰儿:抢对方的腰抱,先得者胜的运动。双方抱腰摔跤,先倒地者为输。

抢床:旧时新婚夫妇入洞房后,二人争着越过床沿的中线坐,先过中线坐定者为胜,婚后当家。

抢犯:抢劫的人、土匪。

抢犯犯儿:抢人家东西的人。

抢手:指东西容易买卖,货物卖得很好。

抢水饭:迷信的人禳解时泼水饭于地,让鬼吃饱避去。多指饿死的鬼,比喻贪婪。

悄悄话:低声说的话,耳语的话,也叫区区拱拱。

敲梆打锣:打响竹梆、锣驱赶野兽。

敲打:用言语刺激。如:他总要别人~他才做事。

敲钉骨 ler:屈指敲打。

敲钉骨佬儿:用手指骨节打小孩的头。

荞麦:荞,有苦、甜两种。

翘:向上伸出。如:张三觜巴~起好长。

翘脑壳:爱出风头。

切糖:将芝麻、泡儿、花生米拌入融化的米糖中揉成长块切成的薄片。

切鞋底:将壳子剪成鞋底大并用线钉好后,再用皮刀(专切鞋底的刀)将壳子切整齐,为行家功夫。

且(却)湿:全湿。如:遇到落雨,身上打~哒。

怯生:(形)怕见生人。

亲爹:弟兄的岳父。

亲房:有血缘关系的亲人。

亲家:夫妻双方父母间的互称。

亲妈:弟兄的岳母,姐妹的婆母。

亲像:外貌特别相似。

勤便:勤快。

㿏:心里受惊。

沁水:(名)从地下渗出的水。

揪疼:疼得厉害。

青菜:叶用荞菜的一种,叶青绿色,是做包菜和腌菜的原料。

青荡曼:苔藓。

青光白日:白天。

青蛤蟆:青蛙。

青红紫绿:皮下淤血的现象。

青蝌蚂:青蛙。

青皮:①本指婴幼儿青色的胎记,引申为:年龄小的,不懂世事的人。②什么也没有。

青皮猴:短尾猴。

青天大老爷:公正的法官,或者为民作主的父母官。

青岩:水成岩的一种,色青。

青油灯:用茶油或菜油做燃料的灯。

青竹焱:青色蛇。

轻狂:娇气、傲气,觉得自己了不起。

轻狂话:①乱话。②粗话,下流话。③抬高自己显摆的话。

轻狂瞎:表面看不出视力下降的眼病。

轻巧:①轻松。②轻微、细小。③重量轻。

轻散:不费力,也说"松活"。

轻省工夫:轻松事情。

轻言细语:轻声说话。

清杯:指把酒杯里的酒喝完。

清亮:水清又亮。

清明花:土荆条花。

清汤寡水:无油盐的菜汤,菜中无油无盐。

清油:菜油,油菜籽榨的油。

请:宴席上主人请客人饮酒、吃菜的省略语。主人说"请"伴以举杯,客人也端杯说
"请",以示回敬。

穷吃恶吃:形容贪吃。

穷骨:胫骨。

穷作乐:在逆境中仍然快乐。

秋娘怪:①形容女人怪妖之态。当地有儿歌讽刺此类人,歌词:秋娘怪,打草鞋,走
到街上卖,卖又卖不脱,回来等着挨家伙。②易生气,爱使小性子的人。③喜欢东处
讨好,西处卖乖的人。

秋秋话:耳边说的密语。

秋衫:秋日穿的衣服(上衣)。

秋天里:秋季。

球裤儿:内裤、短裤。

区而秘之:极秘密地。

区麻黑:漆黑。

区区拱拱:不断小声说话。

蛐蛐儿:蚯蚓。也有叫曲虫儿的。

黢(qú)麻董子黑:黢黑。

黢:~黑的。

黢黑:黑极了。

黢麻咚子黑:极黑,也说黢黑,乌漆墨黑,黑咚哒。

娶媳妇:桑植、慈利一带,为儿娶妻。永定叫为自己取妻。

娶新姑儿:众儿一起学大人娶新娘的游戏。

去寒:用药去除寒湿。

阒 huer:哑炮。

圈子:特指手镯。如:玉石~。

全挂子:能力强而全面,干什么都来得。

蜷经:痉挛。

缺牙巴:(名)。缺了牙齿的人。

缺嘴巴:兔唇。

却(宝):搞笑、使坏。

却(qio)宝鬼:喜欢恶作剧的人

雀:①诙谐,有趣。②奇怪、蹊跷。

雀宝:①幽默。②恶作剧(贬义)。如:你有时真~。

雀儿:(名)指鸟雀,鸟类的总称。

雀儿斑:脸上的深色斑。

雀话:趣话、笑话,专门插科打诨的话。

确宝货:比喻极下流的人(骂人语言)。

裙胆:衬裙。

裙子:裙。有一步裙、筒裙、旗袍裙。

七倍子:盐肤木。

七楼蜂:黄马蜂。

七月瓜:五叶木通。

七姊妹:朝天椒。

齐头杵:两端一般粗。

荠米儿:荸荠。

启炸:是将用生石膏做的豆腐切成小方块,再用植物油或者猪油炸成的菜品,也称"油豆腐"。

启祖佬:祖宗。

起董子亏:吃了很大的亏。

起股子:非常起劲或者来兴趣了的样子。

起吼:①小孩儿尽情玩耍。②控制不住自己过于兴奋的样子。

起火:生气,发怒。

起冒火:非常生气。

气牯子:容易生气的人。

气卵包:疝气。

千担:挑柴草用的,两端尖的木棍。

千脚虫:千足虫。

千张子:豆腐皮。

牵窝:给母猪配种。

锵:耙。

呛嘎背笼:背重物的背笼,前后左右嵌入四块硬的竹片,可以背大石块之类的重物。

亲家佬儿:媳妇或女媳的父亲。

亲家母:媳妇或女媳的母亲。

青岩:石灰岩。

青竹镖:翠青蛇。

请倒媒:女方选定媒人去男方家求婚。

穷快:勤快。

穷人子:穷人。

穷耸:多余其事。

丘娘阔:骂饶舌的女人。

区马子黑:形容很黑。

区区儿:很小的。

瞿筒儿:脐带。

取好卖乖:在别人面前说一些讨好的话,想得到别人的好感。

取吓:小孩受惊吓后,有经验的老婆婆用布盖住装满糠的升子,对住小孩的面部顺时针晃动,替小孩压惊。

全挂子:会多种技艺、手艺的人,文武双全的人。

缺耳洞:耳廓有缺。

缺牙巴:掉了门牙的人。

缺嘴巴:兔唇。

确包话:幽默的话。

阙湿:很湿。

七拐八弯:①转弯次数很多。②说话绕弯。

七十二行好买卖,赶不到栽田打土块:各种行业比不上干农业稳当。

七坐八爬,九个月长牙:幼儿一般来说,七个月龄可以坐,八个月龄可在地上爬,九个月龄可以长出牙齿。这是小儿的生长规律。

骑马没撞到亲家,骑牛撞到了亲家:做光彩(好)的事没被亲人看到,做不光彩(好)

的事被亲人看到了。

气力莽壮:人身体强壮有力。

牵起不走,赶起飞跑:以牛的行走比喻犟的人不听劝。

前言不对后语:说话自相矛盾。

强盗去哒关后门:比喻发生问题后采取的措施不当。

强盗窝里不出乱人:自诩同伙中不会出异己。

劁猪不割尾:给猪去势后要割去尾巴。比喻做事不能善终。

亲兄弟明算账:兄弟间要处理好相互间的利益关系。

亲只有三代,族有万年:同姓关系比亲戚关系长远。

青山出鹞子:比喻条件再差的地方也能出人才。

穷要穷得硬气,饿要饿得新鲜:比喻身处逆境仍要有骨气。

娶个媳妇死(卖)个儿:娶了儿媳后,儿便听妻子的多,听娘的少与娘疏远。

qiao:不抽针连缝。如:~衣边。

R

嬢嬢:婶婶。

瓢cher:香肠。

让生:余地

桡片:划船的桨。

惹:挑起事端。

热场:场期当日。如:逢~的人多,交易量大。

热到哒:中暑。

热和:①(形)暖和。 暖、热(多含满意味)。②高兴。

热壶:装热水放在被子中取暖的陶壶,也叫热脚壶。

热井:由风水师在打好的墓穴中用米画八卦,烧芝麻梗(寄后代兴旺之意)念:"龙真地正,家业当盛,子孙繁衍"后,向跪在四周的孝子撒米,孝子用衣兜接,称"接禄米"。

热脸烫冷屁股:处于不利地拉巴结讨好,却碰钉子。

热水壶:热水瓶。

热水坑:温泉。

热天里:夏季。

热透透:从里到外都热,还没冷却。

热燥:热。天气闷热。也叫憋热。

人拐子:贩卖人口的人,也叫人贩子。

人家:别人的。如:~的东西莫要。

人见人爱,花见花开,告花子见了打落(掉)口袋:形容特别美丽的人或物。

人来疯:好在客人面前表现的小孩,骂小孩专在家里来客人时撒娇发脾气。也可指大人,人越多,表现越突出。

人中:鼻下正中凹进处。

壬午年:按天干地支纪年的60年中的1年。

忍手:①不忍心下手。②忍耐着不下手或不下毒手。

忍嘴:①忍让着不吃(让客人或家人吃)。②欲言不止。

认红:承认。

认人:①(动)认生。②看人说话。

任逞:让其。如:~你讲。

任脚鞋:左右脚都可穿的鞋。

日(er)弄:捉弄、蒙骗、耍弄。

日里:白天。

日里哒:白天。

日头:太阳、阳光。

日头底里:日光下。

日头晃晃:阳光微弱。

日头落土:日落。

日头起来:日升。

日头长毛:日晕。

溶田:山峪中的水田。

肉案:①卖肉的案板。②卖肉处。

肉梗:皮肤上突出的条状梗。

肉炕:倒挂于火坑上炕肉的木盘。

肉连花:赤膊者,手拍自己的关节或身体其他部位,发出动听的声音的活动。

肉麻人:让人感到肉麻。

肉痣:皮肤上突起的深色小肉块。

褥:搅。

入(日)卵谈:闲谈、扯谈、闲聊。

入梅出梅:芒种后的丙日为入梅,至小暑的未日为出梅。此段时间为梅雨季节,即黄梅天。

软粑粑(baba):(形)形容软弱无力的感觉。

软饼:面粉加水拌匀平摊于锅中用文(温)火煎熟的薄饼。

软场吹:①不按实际情况处理、徇私。②规定制度不落实软活:①柔软已极。②轻松活或轻松工夫。

软火:①中途火力变小。②比喻中途泄劲。③比喻说话适当,语言适中。④ 质量差,不过硬。

软讲:态度和气地说。

软壳蛋:①壳未硬的蛋。②比喻没有原则、没有志气的人。

软喽哒:很软很软。

软抬起:用担架抬。

燃火迟:即"明火迟",燃着的柴火。

攘客:按白族民俗,"人死饭门开",整个丧事期间,几乎天天客人不断。在出殡前一天,主人家用专门的酒席招待亲朋好友,表示丧事结束,谢绝迟到的吊唁,故称作"攘客"。

惹祸嗦:闯祸,自找麻烦。

人嘎:人家;别人。

日尼嘎:白天。

日头:太阳。

绒满:关系融洽。

肉奶奶:肥胖的样子。

肉坨坨儿:没有穿衣的小孩。

软活活:很柔软。

人笨刀不快(锋利):比喻人是决定因素。

人比人气死人:提醒人们不要盲目攀比。

人多希挨,猪多发癫:人多便会有人不主动,不积极。

人肯天不肯:自然规律不应违背。

人难料,马难骑:对一个人的了解是件难事,正如不知马的性情要骑上它,并顺利地驾驭它一样难。

人穷志短,马瘦毛长:形容一贫穷便会意志消沉,不求上进。

人人鼻子朝下生,个个都是勾勾心:私心的存在有普遍性。

人善逗人欺,马善逗人骑:像善良的人常被人欺侮和驯良的马逗人骑一样。比喻为人不可太软弱,要有原则性。

人少好喝罐罐汤,人多好栽大田秧:人少好享受,人多好做事,事物是辩证的。

人是铁,饭是钢,不吃有点快:比喻吃饭重要。

人死冤散:人与人有冤仇,其中一个死后也就消散了。比喻人不应记恨死人。

人往高处走,水朝低处流:人向往的是好条件,鄙弃的是差条件。比喻人应当朝着好的方向发展。

人无千日好,花无百日红:人不会永远顺利,花不会永远美丽。

人心是杆秤:公理自在人心,好歹人人心里有数。

人义又恶哒,牢钵又打破哒:人们之间产生了矛盾,像牢中打破了共同装牢饭的钵,大家都吃不成饭了。比喻毁坏了事情成功的条件,对大家都不利。

日里望人家牛打架,夜间望人家火烧屋:比喻日夜只希望别人家出事。

rua:绕路。

S

靸(sa)鞋子:穿鞋不提起后跟。

靸板儿鞋(sa banrxie):拖鞋。

靸靸鞋:拖鞋。

撒的一把:形容多。

撒肥:将肥料撒入田中。

撒麻粉粉亮:天色微明,早晨。

撒尿:小孩将尿排在衣上、床上。

撒窝子:①垂钓者撒食物于垂钓处,以吸引鱼虾等。②比喻收买人心,行贿。

撒秧:将发芽的种谷均匀撒在苗床上。

萨合儿:拖鞋。

呸七哦:哎哟、没好话讲。

毡光:沾光彩、作不得依靠。

摋(sai):敞开。如:穿衣服,领口不要~开。

三不三儿:有时。如:我们~也看一下他去。

三巴牛屎高:形容人矮。

三棒鼓:人击锣,一人抛三根短棒或三把尖刀以击鼓,又说又唱的表演。

三道茶:贵客到先敬清茶(开水或茶叶茶)解渴;再敬米儿茶(米花儿茶)或甜酒开胃;三敬蛋茶饱肚,名为"三道茶",为市里土家族待客的最高标准。

三伏:伏天。分头伏、二伏、三伏。为一年中最热的时候。

三个多:三倍多。

三画脸:鼻干上涂白粉的丑角、开心果。

三尖角:(名)三角形或棱锥。

三脚猫:①比喻坐不住,爱到处跑的人。②功夫很浅。

三门子儿:有时候。

三木架:三根长树条上部束紧,下部分开的撑架。

三头六面:对质,三对六面,几个一起把事讲明白。

三屋:正屋外的第二间屋。

三只手:扒手、小偷。称小偷为三只手,以前写"小心扒手"几个字,还有意把手字写成弄。

毿(san):头发的纹路。

散(san):走动。如:你莫到处~。

散花蛋:将蛋放入汤中搅散,如花瓣散开在汤中的汤。

散闷闷儿:原地转动而头晕。

散气包儿:比喻无故受气的人。

散籽:稻、麦等植物的穗上,子实因长得饱满而散开,是成熟的象征。

散作:工程结束时聚餐。

磉磴(sang den):木制结构的房屋柱子底下的石墩。

丧鼓:唱纪念死者的唱词配哀乐,多是人亡后出枢前的晚上表演,寓送别亡者之意。

骚疮:粉刺的别名。

骚鸡公:①公鸡、雄鸡。②同骚棒,作风下流,淫乱的人。

骚羊:配种用的公羊。

骚羊羖子:未去势的公羊。

骚子:青春痘,也叫火子。

扫巴:快捷,迅速。

扫把:扫帚。

扫烂花:处处搞坏事的人。

扫脸:①丢脸。②打脸,不给面子。

扫帚星:①流星。②比喻带来灾难的人,不吉利的人。如:他简直是~,走到哪坏到哪。

臊:快。

臊皮:丢脸、恶言相向,使人伤面子,让人难堪。

臊羊牯子:种公羊。

嗇家(gá):吝啬。

嗇咖:不大方,忸怩。也说"夹生"。

篲篓:一种用来将带泥的块根洗净的用具。

杀枪:舞弊。

杀无肉,剐无皮:一无所有。

杀猪尖:杀猪的尖刀。

沙(sha)牛:母牛、母水牛。

沙鼻子:鼻孔易出血。

沙撮儿:在锅中撮沙的竹器。

沙凼:使带泥沙的水流过时泥沙沉下的凼。

沙罐:炖食物的陶罐。

霎:①乱跑。②溅、射、喷。

沙田柚:柚的一种。

沙豌豆儿:蚕豆泡胀沥干后入锅中,用沙炒熟的零食。

纱杷子:绕纱的竹杷。

痧虫儿:脚气、香港脚。

啥个:谁,哪个。

啥个的:谁的。

啥门、哪门:怎么。

煞搁:结束、完毕。

煞黑:天黑了。

煞市:年底收市。

筛茶:用茶盘给客人敬茶。

筛茶装烟:热情待客的方式,又敬茶又递烟。

筛篮:方形粗篾织成的筛物竹器。

筛子:能将和米一起的糠、砂等分离出来的竹器。

晒簟(shai dian):铺在地上晒粮食的竹席。

晒谷:将毛颖子整理干净并晒干稻谷的农活。

山:与山所在地组成地名。笔架~,南~。类似的有:峰、岭、界、尖、垭、垴、台、岗、坡、田、岩、壁、堆等。

山白果:华榛。

山巅巅上:山的最高处。

山胡菽油:嫩山苍子泡成的油。

山盘嘎:山螃蟹。下不得水,比喻没用的人。

山向:山脉的走向。

山羊:马头羊。

杉木皮:蟑螂、偷油婆。

衫子:罩衣。

闪:①重物去掉,恢复原状,有弹性。②扁担压弯的样子。如:肩上负重的扁担上下~动。挑起百把斤的担子,扁担一~一~,有味。③说、讲(贬义)。

闪板:①事情没做好。②耽误事情。

闪火:本指煮东西时,中途水力不足或熄火。比喻松劲。

讪:①讲。如:~白话。②骗:如:~人。

讪活哒:被别人说得心动了。

讪洋广:胡侃乱吹神聊。

扇凉:乘凉。

骟(shan)匠:阉畜禽的人,给牲口去势的人。去势员,即阉割畜禽的人。

骟马:去势的公马。

伤:①身体受损伤,有刀~、火~、跌~、咬~、烫~等。②腻。如:这种菜~人。

伤汗:出汗后受凉。

伤筋动骨:受重伤。

伤人:①中伤别人。②食物太腻。

上(下)半夜:零辰 1~3 时为上半夜,3 时以后至早上 5 点前为下半夜。

上材:放遗体入棺材。

上仓:将干谷或其它粮食装入仓中。

上刀梯:大刀刀锋向上绑在梯上,登梯人赤脚从刀锋上登梯。登梯人~至梯顶后会向四周吹牛角,然后表演金钩倒挂、鸡鹏展翅、观音坐莲、古树盘挂等与神沟通,然后下梯。

上个董董儿当:上了大当。

上个月:刚过去的一个月。

上汗:雨前大气湿度增加,使墙脚、磉磴潮湿甚至有水珠的自然现象,即古之"础而雨"。

上好:好好地。

上价:有价值。

上轿:新娘由兄或弟背至堂屋辞祖再背至大轿~,由男方锁轿门,再鸣炮发轿的婚俗。轿前有火把驱邪,旗锣鼓伞开道,后有家事、响铳、唢呐、送亲的小轿随行,延续至今。

上坎:指田坎儿、土坎儿。

上脸:脸红(多指因饮酒或害羞而脸红)。

上门:①男到女家。②到岳父家做客。

上气:(蒸食物)蒸汽冒出锅盖。

上手:①技术手艺比较熟练,在工作中居于主要地位的人(与下手相对)。②做事顺手。

上数:按数目计入账本。

上水船:逆水而上的船。

上算:①结束。②完蛋。

上天:人或动植物死亡,也说"敬菩萨哒"。

上瓦:将瓦从地面运到屋顶上。

上万万儿:超过一万。

上味:最好的味道,有味道。

上药:给伤口敷药。

上場(yì):上工地。

上坭塍(yuàn chéng):两人用夹板或一人用端板将田边的泥上成堤。桑植叫端坭塍。

绱鞋:将鞋圈绱在鞋底上。

烧灯火:点燃艾绒(灯草)或蘸桐油烧穴位治病(相当于灸)。

烧灯火的:用艾绒(灯草)烧人身上穴位以治病的医生。

烧蕃薯:蕃薯在高温草木灰中烤熟,如板粟、芋头、鸡蛋、香肠、玉米棒等也可。如此处理后可吃,十分可口。

烧粪:晴日铲草皮晒干集拢,上面铺茨,倒细土烧成火土肥的农活。将柴草和土一起烧烤(做农家肥)。

烧火:父媳苟合,也称爬灰,扤次火筒。

烧腊:卤制的肉食。

烧辣椒:将青辣椒放入高温草木灰中烤熟后,放入椒钵中捣碎,再拌佐料即成。

烧落气钱纸:在人刚死后,后人于其床前烧 3 斤 6 两钱纸的活动。

烧纸:做好事的闭幕式,给死者烧灵屋、衣物、冥币等,道士吹海螺,孝子痛哭,据传说此时亡人的灵魂必在场。

烧火佬:指和儿媳有染的人。

烧胎:小孩面黄肌瘦,被认为"走胎"后,家长请巫医给小孩治病的一种方式。

烧月半纸:在每年农历七月十四日以前要给所有去世的亲人烧纸钱。新亡人要在七月初六以前烧烤纸。因为新亡人要在七月初七之前赶回阴间,老亡人可以在七月十五日之前赶回阴间。

筲(shāo):箕形指纹。

筲箕:圆竹器,多用于放菜。

少海哒:有很多,还少了吗? 多的是。

哨哨儿:哨子。

潲水:泔水。

潲水缸:①装洗碗水的缸。②比喻吃得极多的人。

赊账:拿货不给现钱而记账。

畲(shā)刀:柴刀。砍树木的刀。

舌、闪:折、扭。

舌条儿:舌头。

蛇母娘:蛇。

蛇盘疮:皮肤上长的线状疮。

舍宝儿:不作依靠的。

舍个:①哪个,谁。②不定指哪个人。

舍命王:不怕死的人。

社:立春后第5个戊日,为新近死亡者坟上挂纸幡叫挂社。

射:①放射、喷。②跑了。

涉人:传染。

麝嘎窝:腋窝。

身架子:身材。

身胚:身材。

身上来哒:来了月经,也称例假。

什么经路:什么原因。

神不管庙不收:谁也不管、不负责。

神坛子:神龛。

神主牌:人亡后立的木质牌位,永存祠堂中。

婶娘:婶母,叔母、婶。

慎到:小心,试着。

升碱:将桐壳烧成灰加水过滤即是碱水,干馏为碱的过程。

升子:正方形木质量具,每升重1千克。

生不到机:连接不起来,无法解决问题。

生肌:愈合;收场。

生就:生成。

生人:不认识的人。认识的人叫熟人。

生软壳蛋:比喻说话、做事不坚决、不坚定、留有余地。

生死:无论如何。如:他~不要我的东西!

声气:声音(多指人所发出的声音)。

铧锅:铧制作的锅。

绳子背襕儿:毛线织的马甲。

绳子衣:毛线衣。

盛菜:菜炒好后装入碗。

盛饭:给碗中装饭。

失格:出丑。

失枕:落枕,睡后脖子僵直。

师傅:传授技艺的人。

师傅佬儿:旧时对老师的称呼。

虱母娘:虱,人体寄生虫,包括头虱、体虱、牛虱等。

施茶:热天在大路边放茶供路人解渴。土家族人认为这是积德。

施火把:放火把于路边供夜行人使用,也有施草鞋供行人使用的。认为这是做好事。

施主:①主顾、顾客,经常到店买货的人。②出家人称为寺庙捐助的人。

十大碗:县域内用餐上菜的最高规格,招待尊贵客人为十或十二碗菜,一般为扣肉、坨子肉、蛋卷、肚子扣、牛肉扣、羊肉扣、合菜(对子碗)、肉丸子、虾米汤或排骨、腰花等六荤四素,也称正席。

十几:每月的中旬。

石磋:①六方形的岩磋。安上磋架用以碾压地面粮食作物,使粮食从桔杆上脱落。②也指胖人。

识相:①会看别人的神色行事。②知趣。

实鼻子:嗅觉迟钝,鼻子不通。

实脚板(平板脚):脚心平实,走溜路不便。

实在:①(工作、活儿)扎。②地道、不马虎。

食盒子:饭盒。

使 shi:①接收。如:快用脸盆~点水,不然停水了。②叫小孩准备挨打。③诱使上钩。

使狗子:受人指使干坏事的人。

使黄皮:体宽身体彩色的小野鱼。

使牛:用牛耕地。

使起:教唆干坏事。

使气:赌气。

使雀宝:捉弄人。

屎:①出丑。如:他说~话。②粪便。

屎粑粑:比喻无用的人。

屎帮皮:做事没用的人。别人叫做什么就做什么的人,没有主见。

屎话:①失言。②坏话。③不好听、不得体的话。

屎垮肚:肚大凸出下垂。

屎棋:下得太糟糕的棋。

屎蚊子:红头蝇。

屎货:用无之人。

试手:(动)试着。

柿饼:柿子,又名柿花。

柿花树:柿树。

是不是:①作定语,寻常,一般。②不管什么样的。

是啥:什么。如:来迟了,~都没有了。

137

适合点儿：①别过分。②小心点。

收风：①指小孩停止调皮捣蛋或哭闹。②停止已经成风或已经严重的行为。

收荒货：收破烂。

收荒货的：收废品的人。

收脚迹：人死后鬼魂到生前去过的地方收回脚印（迷信）。

收人情：设宴收回送出的人情钱。

收拾：①处罚。②责骂、数落。③打扮。④将用过的东西放回原处,打扫地面,也叫折抹。

收势：①最后,结果。②结束。

收手：停止（工作、行动,多指不很正当的工作）。

手板：手掌、手心。

手板心：手心。

手扠：拇指、食指间红肿发炎化脓。

手拐：胳膊肘。

手脚：为了实现某种企图而暗中采取的行动。

手脚干净：指不搞小偷小摸。

手巾：手绢。

手笼笼儿：手套。

手痞：手气不好。

手圈：镯子。

手纸：上厕所用的纸。

守卡：守在兽常出没之处的狩猎方式。

寿衣：死人穿的衣服,其鞋、袜叫寿鞋、寿袜。

受寒：受冷。

受看：看着舒服,顺眼。

受凉：感冒。

书袋子：装书的长方形紧口布袋。

书夹夹儿：用竹片联结成的书包。

叔伯：同堂关系的亲人,面称如血亲关系,背称一律加上"~"二字,~公公、~爹爹、~叔叔、~哥哥、~妹妹。

叔佬儿：父之弟。叔父、么么。常会按出生的顺序称为几叔或几叔叔。

梳口子：将鞋口蒙布条缝好。

熟人熟事：形容彼此很熟悉。

树巅儿：树顶,树梢。

树蔸：树的根部。

树筋:树根。

树老根多,人老经多:上了年纪的人经验多。

树筒子:圆木,树杆。

树杈:树干长出枝子处。也叫杈巴。

树秧子:树苗。

树叶子:树叶。

竖阳桩:①倒立。②翻跟头。

刷(几耳巴):①打。如:~几巴掌。②挑。如:我~得百把斤。③卷、捋。④快走。如:你~到边,也迟了。

刷把:①一种洗刷器物的竹制用具。②做事利索,也说灵醒或倜傥。

刷你一手:整你一手。

耍:①跑出去玩。②说,下达,强调。如:你跟大家~个交代,都放心些。

耍把戏:①表演、杂技、魔术(多指魔术)。②玩弄花招。

耍秤:在称秤时耍花招,使分量不准。

耍秤杆子:称商品时专门短斤少两的宰人商贩。

耍横:使用蛮横无理的手段。

耍耍:当成玩耍一样的,不当一回事的。

涮:忽悠、胡扯、骗。

涮坛子:①闲聊。②掉以轻心。③开玩笑。④欺骗、哄。

双黄蛋:有两个蛋黄的蛋。

双抢:抢收抢插的简称。

双双儿:孪生子女。

谁个:谁,那个。

水:①不正经。②水子,不炸的子弹,不起作用,办不了事。如:要他办这事,肯定~。③(形)说话不算话;办事敷衍塞责。④与水所在地组成地名。类似的有河、洲、池、潭、滩、堰、溪、沟、井、湖、凼(dang)、边、渡、码头、桥等。

水豆酱:将豆酱籽儿煮熟加佐料和水泡成的菜。

水饭:祭鬼用的泡有水的米饭。

水缸:贮水的缸。

水臌症:腹积水。

水葫芦:外来物种,水生物。可作猪饲料。大量繁殖危害水面。

水佬倌:流子,也称流氓、痞子、水子。

水里水气:①轻佻、低俗的言行。 ②不做正事。

水木子树:马桑树。

水牛儿:牛的一种,小水牛,生性夏日爱下水洗澡。

水色:(好的)肤色。人体皮肤的颜色,也说皮色。

水沙:母水牛。

水搵(wèn):水淹。

水柚子:蜜柚,皮薄肉嫩,味道甘甜。

水峙:从岸伸向河中的堤。

水渍渍(zi zi):形容含水多。

水包货:劣质货。

水豆酱:黄豆加辣椒、酸水做成的调味菜。

水牯:公水牛。

水牯子:公水牛。

水花哒:不好了。

水里水气:马马虎虎。

水碾房:用水力碾米的作坊。

水瓢瓜:舀水的瓢,短柄。

水沙:母水牛。

水蛇得:中国水蛇。

水鸭子:绿翅鸭。

水子大爷:二流子。

睡门板:夏天晚上乘凉以门板当床露天睡。

睡去:睡觉去,也说睏去、挺去(詈词)。

睡中觉:午睡。

顺风:偏于一面,同一个方向。

顺口打哇哇:不加思考不负责任地随便乱讲,应付说。

说白话:①吹牛、说假话。②聊天。

说不拢:说不到一起。

说不脱:推脱不了;逃避不了。

说起来话长,斗起来把长:劝人说话要适可而止,免得惹出是非。

说声:喊声。

说是喥非:搬弄是非,挑拨离间。

说天话:胡说。

司刀:(名)巫师作法事时招神驱魔的一种法器。

丝包头:老年女人包在头上的黑丝巾。

丝茅草:白茅。

丝棉树:杜仲,又叫橡胶树。

丝瓢:铁丝编成的网状瓢,做油炸食品时用,呈网眼状的铁瓢、竹瓢。

丝丝账:小账、零碎债务。

丝烟:烟丝(叶子烟)。

丝瓜瓤子:用来洗碗的干丝瓜瓤。

丝卡子:用细丝编成的一米高、几十米长的鱼网。

丝栗儿豆腐:用丝栗树果实做成的豆腐。

丝篾笋筐儿:用细篾丝织成的笋筐。

丝瓢:呈网眼状的铁瓢、竹瓢。

丝手巾:丝头帕。

丝丝呀:蝉。因其鸣声得名。

私儿:私生子。

斯文:文弱,文质彬彬,有礼貌。如:姐姐~些。

死(sì):①玩、呆。如:这几天你~到哪里去了。②迟来。如:怎么才~来。③走得慢。④~不要脸,~皮赖脸(骂人,贬义)。

死板:呆板,不灵活。

死不含糊:不服气。

死呆(ngǎi)八板:很呆板。

死蛤蟆叫得出尿来:狡辩的意思。

死火:办事可靠。

死皮:同"死皮赖脸"。如:你太~了,真把你没办法。

死证:硬证。

四方四正:形容方方正正的样子。

四季葱:葱的一种,四季生长,也叫香葱、分葱。

四脚蛇:蜥蜴。

四脚四手:四肢(有强调一个人的全部手和脚之意)全部用上之意。

四挺:平衡、协调。

四周围:四面。如:~是水,~都是田。

四宝儿:四儿子。

四脚蛇:划蜥。

四眼疯:爱发脾气的孕妇。

四眼人:孕妇。

四重堂:有纵向连接的四栋木房子的白族民居群。

伺尿:给小孩端尿。

松活:①不感到有负担、轻松。②宽绰,宽裕。

松垮垮:形容松散、松弛,不严格,作风懒散。

送匾:旧时族亲或姻亲在男子婚前一天送匾祝贺。匾上写有新郎的名和字及受匾人和送匾人。当晚隆重升匾,挂于堂屋之侧的墙上。

送柩:将柩送上山。前面有人丢买路钱纸、举花圈,后有亲人、乐队送行。

送客:客人告辞后,立即起身送客,说"慢走"之类的客气话,如"歇一夜再走""吃了饭再走""难得到一起,喝杯酒再走",尽力挽留。客人坚持要走便送至远处,当客人说"请回"时才道别回家。对来的近亲客人或小孩要打发钱、物。

送空头人情:实际送的人情与平时口头所说不符。

送老:父或母过世,也称戴孝。

送亮:到先人坟前点烛焚香化纸钱祭拜。每年春节、清明节是土家人送亮日。七月十日是鬼节,一般只在郊外点烛焚香化纸钱,不叫送亮。

送人情:送礼。

送烟:出葬当晚起给新坟送点燃的(按年龄编织)草绳 3 天,免亡人孤悽。

送子娘娘:相传孩子都是~所送。孩子屁股呈绿色的皮肤是她用桐叶包孩子而留下的。

搜山狗:①猎狗,也形容人到处跑,四处望。②处处寻东西的人。

苏椅:太师椅,有雕花靠背和扶手。

酥肉:面团包肥肉炸熟的荤菜。

素面:指不加肉,馆子的面条。

粟谷:粟,有粘~,糯~。

粟米粑粑:糯粟米蒸熟后在石臼中打成的粑粑,呈金黄色。

算到:以为、估计。

算命子:替人算命的人。

挼:①(ruà)丢扔。②(ruā):使纸皱。③(ruà):收拾、卷起。

煻壶:烧茶的壶。旧时是铜制品。

随娘儿:女人改嫁时带的儿女。

随在:随便、任意、任你。

岁交春:正月初一立春。

碎柴:将柴块劈成小块。

燧子:纱锭,也叫燧果儿。

穗(音"序")得:连枷(慈利多用)。

孙儿:孙、孙宝宝、孙宝儿。

孙女:孙女、孙姑儿、孙丫头。

孙女婿:孙女的丈夫。

孙孙儿:孙儿或孙女的泛称。

孙媳妇:孙儿的妻子,也称孙媳。

损哒:流产,也叫小产。

梭板:作商店门用的活动木板。

梭边边 :(惯)溜到一边。比喻偷懒,也比喻回避矛盾、逃避责任。

梭镖:古兵器,长把似矛,也叫杪子。

梭罗树:瑶山梭罗。

梭门儿:农村木质结构房子备用半截门。

梭门:可以向两边梭动的门。

梭子:两头尖,中间空,穿燧果儿引纬线入织口的工具。

梭哒:暗中溜走。

梭筒:吊在火塘上,可以升降挂鼎罐煮饭的工具。

嗦:话多且重复。

嗦里嬷:啰嗦的人。

嗦利:干净。

趖(suo):从坡上坐着下滑。

缩水:衣服洗后缩短。

缩头乌龟:比喻胆小鬼。

所以然:原因。

索匠:加工绳索的工匠。

索卵精光:(粗话)精光,完全没有。

索桥:用竹索或铁链拉在两岸,人们吊着竹索或铁链过河。

索索儿:绳子。又称索子。

索索客:以前生意场中的中介经纪人。

撒麻麻儿雨:比喻给别人钱物时覆盖面太宽,每个受益者得到的太少。

撒子:打猎用的铁沙。

腮壳:腮。

塞眼:堵洞。

三宝儿:三儿子。

三花脸:丑角。

三斤半:斧头,因重量为三斤半而得名。

三只手:扒手,小偷。

骚羊牯子:没有阉割的公羊。

扫把星:彗星。

扫凌:降温出现冰冻。

燥风:干燥的风。

生到哒:连接上了。

森鼎罐:即"鼎罐"。

沙牛:母牛。

沙蚊子:细小的蚊子。

山葛:野葛。

山螺蛳:山螺。

山垴垴儿:山尖、山顶。

山抓娘:红嘴红尾蓝雀。

闪汗:感冒。

闪裸连:说别人的不是。

赏陋:人死前吃上路食。

上坎坎儿:上了一个台阶。

上口:给别人一点好处了,老是挂在嘴上。

上周下圆:老的都送上山安葬了,下的都长大成家了。

哨子:放在熟面条上面的熟肉丝等调味品。

蛇母娘:蛇类的总称。

舍命王:亡命之徒。

身杆子:身躯。

身坯:个子。

神不弄冬:故作神秘,怪里怪气。

神到起:承受住。

神枕:木房支撑地板的横木。

升子角:九十度的角度。

生儿:生小孩。

生火:①铁匠把两个部位连在一起。②比喻把事情做完整。

绳子衣:毛线衣。

虱(色)几子:虱子卵。

虱(色)母娘:虱子。

施尿:抱小孩尿尿。

施梭:打扮、装束。

施套子:在山野中设套绳、铁架、陷阱等捕猎。

实脚板:扁平足。

使牛:用牛耕田地。

使野眼:东张西望,走神。

屎包肚子:大肚子。

屎包话:不应该说出来的实话。

屎懒:做事不动脑筋的人。

屎里不屎起:蠢。

屎篾:剥去了青篾的黄篾,又称"篾屎"。

屎腔骨:胯骨。

屎蚊子:果蝇。

屎鸦雀儿:雀鹕。

屎眼:肛门。

柿花树:柿子树。

匙羹儿:汤匙。

收不到棚:下不了台。

手板心:手心。

手信:礼物。

手爪子:手掌、手指的合称。

叔侄:叔叔和侄子的合称。

梳椅:女人梳头时坐的椅子。

输门子:在与人交往或者斗气时失策。

刷帚星:彗星。

唰怒火:火冒三丈。

唰唰儿眼睛:斜眼。

耍交接:请别人做完一件事,主人家付报酬或者做出某种承诺。

耍髦:抖神气。

摔手:收工,不干了。

涮客:只说漂亮话的人。

双生儿:双胞胎。

双油罐儿:中间有提耳,装油和盐的小陶罐,又称"油盐行子""油行子""盐行子"。

私儿:非婚生子。

斯臭饭:馊饭。

斯臭嗝:吃东西太多,消化不良,出现的胃气上逆现象。

死隔垛儿:死结。

死角粮:20 世纪 60 年代初期,存放在不通公路的边远山区的陈年公粮、余粮,称做"死角粮"。政府曾以粮食作为报酬,鼓励农民挑运"死角粮"。

松松夸夸:很松散,不紧凑。

耸耸儿布:丝绸料子。

宋(枞)菌油:用煮沸的植物油加松树菌、辣椒、盐做成的调味品。

送汁儿:①送小孩去吃奶。②母亲从工地回家给小孩喂奶。

酸冈豆儿:腌制的冈豆。

蒜杆儿:蒜苔。

算命子:算命先生。

岁子:用棉或麻纺成的球(小纱锭)。

孙宝儿:孙子。

孙姑娘:孙女。

索利:干净。

锁口裤:裤腰上有松紧带不用穿皮带的裤子。

三扒两抓:做事很快。

三步一打拄,五步一歇憩:比喻偷懒的人做事少,休息多。

三分相貌,七分打扮:长相好仍需打扮。比喻包装非常重要。

三接四请:多次邀请。

三十六句一总讲:很多的话总括为一句。

三十年的亲戚,四十年没行走:对亲戚间长期没来往的夸张说法。

三天的媳妇婆怪,月里的伢儿娘怪:处理事若无原则性,就会带来不良后果。

三下五除二:①处事干脆利落。②珠算口诀。

山里的伢儿下不得坪,坪里的伢儿进不得城:人的见识受生活条件限制。

上不尽的当,学不完的乖:不断汲取教训,总结经验,才会进步。

少吃一口,慢行一步:比喻要知道满足。

神不笼统:思维混乱。

生前不把父母敬,死后何必哭亡灵:父母生前不关心,他们死后何必哭泣?比喻孝敬父母没有真心。

十场打鼓九场在:鼓,比喻坏事。比喻干件件坏事都有他。

十个指头抻出来不一般齐:比喻事物各有长短。

十五以后玩龙灯,越玩越垮:玩龙灯是春节时的喜庆活动,到正月十五后已是尾声。比喻错过合适的时间会办不好事情。

事不过三:处事应吸取教训,不能屡屡在同一个地方犯错。

是非只为多开口,烦恼都因强出头:讲话过多惹来麻烦,喜欢出头惹来烦恼。

是药三分毒:药虽能治病,但每种药也都含有毒性。比喻看问题要用辩证的观点,任何事情有积极的一面,也有消极的一面。

水火不相容:比喻矛盾对立,绝不相容。

死得做官的老子,死不得讨米的娘:比喻儿女最需要母亲的照顾。

死了张屠户,要吃(还有)活毛猪:比喻办事的条件暂时失去后,以后这种条件仍会有。

死皮赖脸:耍无赖。

送肉上砧板:比喻主动送上门来任人宰割。

蓑衣不过水:比喻没有不过意的,"衣"与"意"谐音。

sa:脚后跟没穿进鞋。

san 水:焖物时在锅边倒少许水使所焖物熟透。

sa 黑:天刚黑。

筛(shai):①想法使人说出秘密。②上下簸动。

勺(sháo)子:烹制好的肉末、肉丁或盐菜、榨菜末一类食品。通常是浇在别的食品面上的食品。如:米粉~。

施(shi)索:样子、胚子、德胜。

T

他俺:他或他们。

他干得像个卵态形:他做事很认真,吃了不少苦。

铊子:拳头,锤头。如:老子给你几~。

塌鼻子:鼻樑低。

塌麻:脏,不干净,不卫生。

挞:①摔倒。②挞斗,农村扳谷的农具。用木板制成,形状跟"升子"一样,很大,能装600 多斤谷或粮食。

踏板:置于床前供上床和放鞋的木台。

踏耙:牛力牵引下,人站其上碎土的方形齿耙。

胎到起:垫起来。

胎记:皮肤上的印记。

胎肩:垫高的衣肩。

抬:①"头"的变音,作词尾(方位词)。②(tái):同时扛一个物件。③(tāi):垫。

抬盒:旧时运送嫁妆或礼品的一种用具。

抬价:抬高价格。

抬嫁奁(装):从女方搬女方随嫁的嫁奁(装)到男方家。

太阳穴:人的鬓角前、眉梢后的致命部位。

太医:医生。

摊摊儿:设在路旁、市场上的小摊子。

摊子:卖货的摊位。

坛坛儿:坛子,用烈酶菜。坛口向上,坛沿中装水,盖子入水,隔绝空气的叫仰水坛;坛口向下放于陶盘水中的叫倒扑坛(扑菜的坛)。

坛子菜:在坛子中匐成的菜。

痰迷心:心里不明白的人。

汤罐:铁制或铝制的锥形容器,多用于煮饭或炖菜。

汤泡饭:在饭中泡菜汤。

汤瓢:炒菜舀汤用的炊具,长柄圆形。

汤水:(形)麻烦;棘手。

汤手:水很滚或很烫。

汤汤水水:汤和水。形容拖泥带水,不干脆利落。

汤头:方剂、方子。

蹚人:哄骗。

堂客:夫称妻是堂上的贵客。面称老婆、老妈子;背称姑娘、女的、内当家、偎屋里的、伢儿他娘,昵称爱人。多用于农村,妻,泛指已婚青年妇女。

堂屋:正房居中的房间。一般人家的~与正对大门的墙前设神柜,柜顶设神龛,龛上中置祖先神像、神主牌、香炉、烛台,右置族谱匣,左置磬。神龛中间墙上贴"天地国亲师位"的条幅,条幅上右写"九天司命太乙府君",左写"×氏堂上历代祖先"。条幅两旁贴"书经三代善人多,德积百年元气厚"的对联,上贴横幅"天高地厚"。~用以祭祀、拜堂、迎客、议事,清洁肃静。有二堂屋的叫上~。

棠梨:野梨树。

搪底:在鞋底上蒙布缝好。

镗子:抹泥使平的铁板,也叫匀板。

糖蜂子:蜜蜂。

糖坨:糖稀融化后掺炒货做成的圆坨。

烫壶:热酒的酒具。

烫人:(形)使人感到厉害、棘手。一般指温度高,手不能触及。

烫手:烫人。

饕佬倌:不修边幅的人。

逃荒的:外出乞讨的灾民。

桃花石:大理石的一种。

桃子树:桃树。包括甜桃、蜜桃、毛桃。

淘力:费了力气。

绹(táo)索:拴牛的绳子。

绹(套)到:捆着、拴着。

讨不到好死:骂人会凶死,不得好死。

讨封赠:故意要人家讲自己的好话。请人对自己说吉利话、祝福语、讨口奉。

讨好卖乖:迎合别人,取得别人的欢心。

讨卵嫌:(粗话)真讨厌。

讨人:夫死后在男家与人再婚。男丧妻后再娶,则称讨堂客,也叫弄人。

套:用绳索捆。

套裤:单独的两只棉裤腿分别系在裤带上,起棉裤一样御寒的作用。

套鞋:雨鞋。

剔苗:苗生出后,扯去弱苗保留强苗。

锑锅:铝锅。

提把桶儿:小木提水桶。

提草鞋:给别人当佣人。比喻人无用,只能替别人做下手。

提粉:将干粉加水、明矾等后使之从漏瓢中漏入高温水中,做成粉条的工艺。

提篮子:从别人手中买进,一次性直接卖给要货者的经营方式。

提起:提到,说起。

提提:一种量液体的小型量具。用竹筒或铁皮制成,筒状,有柄。

提子:带长把的圆柱形量具。

蹄壳儿:指动物蹄子上角质的外壳。

蹄膀:猪肘子。

体子:身体、身架、身胚、骨架、块头、个子。

剃胎头:婴儿出生一百天剃胎发,留颈后一撮,称胎毛。

剃头刀儿:剃头发的刀。

天顶上:天空中。

天罡(gāng)神:不知天高地厚的人。

天狗吃日:日蚀。

天狗吃月:月蚀。

天坑:竖溶洞,又叫天埯。

天垮哒:形容到了极限、到顶了。

天螺蛳:因果实似螺而得名。

天天么儿:每一天。

天王老子:传说中权力最大的人。

天晓得:只有天才知道。表示难以理解或无法分辨。

天心糊:糊涂至极的人。

天眼[ngan]:天坑。

添茶:①将开水倒入保温容器里。②在茶杯中加水。

添文搭武:讲话时讲些深奥的别人不懂的东西。

田坝:田野。

田坎:田埂。

填雀埯:搭扶梯的楼口。

填箱:姑娘出嫁时,亲友们为她赠送钱或物,叫填箱。

填心:盖被被套中央的花布。

舔卵哒:①办事不如意。②坏了。

挑:檐柱顶端伸出的木头。

挑儿:小勺子。

挑粪:运粪。

挑花:按图在布上绣花。有~枕头、~被面、~围裙、~手巾、~衣裤、~包袱;挑的花有"二龙戏珠""喜鹊报春""图腾白虎",还有挑字的,也称扎花、刺花,为土家族妇女特有的手艺。

挑脚:①(名)挑夫。②(动)挑运东西。

挑毛颖子:运刚扮的中间夹杂有禾颖叶片的谷进禾场。

挑牛栏粪:运牛粪入田。

挑石灰:过去种水稻撒熟石灰于田中以改善土壤,开春后农民从灰窑里把石灰挑回来的农活。

挑挑儿:麦粒肿。如:长在眼下为~,长在眼上为眼瘊。

挑子:担子。

挑嘴:挑食,也叫刁嘴。

条噶:光着下身。

条功:一点儿,一丝一毫。如:你~不听别人的话。

条胯朋友:儿时朋友。

条条儿:小的条状物,也指字条。

条纹布:有条纹的布。

苕(sháo):①糊涂。②与卵连用,骂指蠢东西。

调羹:汤匙。

跳(足辟足辟)baibai:单腿跳着前行,以跳的距离远者为胜的游戏。

跳板:连接河与岸的板子。

跳礅:安放在没有桥的河面上的一个石头(供行人过河用)。

跳井:投井自杀。

贴:捆,缠绕。

贴肉:贴心。

铁脑壳:①形容头硬。②铁公鸡,一毛不拔,谁也莫想占他的便宜。

听:很。如:~甜的。

听壁觉:旧时新婚夜,同辈人在新房窗下偷听新婚夫妇的情话。指偷听别人讲话。

听讲:听话。

停摆:和挂钟不走了一样,摆停了,即停止工作了。

停枢:土家族古俗。暂时不出葬,将枢放于堂屋中,每日祭奠。

霆同:①忽然,有冒失之意。②也含拟声的意义。

挺尸:睡觉(骂人语)。

挺挺儿糕:将湿糯米粉装入有甑箅的竹筒中蒸熟后,用木棒顶出甑箅的点心。

挺杖:(名)屠工杀猪时用来捅猪的铁杖,没有拇指粗细,两米长。

通方:知道避嫌疑。

通脾(皮):讲道理,明白事理,做事适度,通情达理。

同娘各爷:同母异父;同父异母则称"同爷各娘"。

桐油灯盏:在小铁盘中装的桐油中放灯草点燃以照明的用具。

桐油罐:比喻不求上进的人。

桐子树:油桐树。

铜匠:打造铜器的工匠。

铜钱花:豹的一种,也叫豹虎子。

童男儿:没有结婚的男子。

童子鸡:小鸡儿。

瞳仁:瞳孔、瞳人、瞳神。

统统穿:遍、全部。如:那天忘记锁门了,小偷将家里偷了个~。

统子:被套。

筒:①人的单数,相当于个。如:那~角色,你和他打交道要小心。②用于木材,木材一段叫一筒(量词)。

筒筒骨:棒子骨。

筒筒靴:高筒雨靴。

偷八字:旧时男方暗中了解女方生辰八字。

偷凤水:旧时女婚后无后,与别的男人苟合,以求生子的行为。

偷人:女与男人私通,也称苟合。

偷嘴:偷吃。

头讲:就是讲,表强调。

头巾:包在头上的长布,扎成"8"字形花纹或人字形花纹,是土家族男人的特殊头饰。

头子:①顶撞人。②物品剩下的部分。③物品剩余的部分。

头走头吃:边走边吃。

透气:呼吸。

凸(bao)牙齿:虎牙

涂粪:将人畜粪拌入烧好的火土肥中以增加肥效的农活。

屠户:杀猪为生的人。

土:土壤。土壤有黄~、黑~、红~、盐砂~、鸡眼~、大山~、金刚泥等。

土巴碗:用陶土烧制的粗碗。

土鳖牯:旧时凭做工而发财的人。

土狗儿:(名)蝼蛄。

土话:方言。

土荆条:清明花树。

土蝌蚂:一种形小身如土色的蛙。

土门儿:偏门。

土青布:用靛青把白土布染成的黑布。

土哑巴:沙塘鳢。

土砖:将泥入砖模踩实后晾干的砖。

土砖屋:墙体是土砖的房屋。

土八哥儿:翡翠鸟。

土镖国儿:山烙铁头。

土地佬儿:土地神。

土地屋:土地庙。

土咳蚂:泽蛙。

土块娘:土块。

土楼蜂:土马蜂。

兔儿:兔子。

团年:除夕,全家人聚餐。土家族团年时,紧闭家门,桌上放准备好的鱼肉、合菜、青菜(比喻财产来源清白)等,先敬土王、祖人,放鞭炮后全家人再上桌肃穆地喝酒、吃饭,直到全家人餐毕才开门。

团鱼:山瑞鳖、脚鱼、王八、甲鱼。

抟(tuán)筛:圆形浅框的晒物竹筛,也写作"团筛"。

推粉:磨细粮食或新鲜块根成浆,再澄、晒。

推谷:用丁字耙将倒伏在田塍上的禾苗推入田中,免人畜践踏。

推磨:一人转动上扇磨片,另一人用磨抓加速磨片转动,使磨中物很快被粉碎。

推屎嘎:屎壳郎。比喻做事不主动的人。

推屎爬:又说推屎婆儿。

推子:发剪。

腿杆:腿。

腿喇里:腹股沟。

腿子:特指食用动物的腿。

腿巴子:腿肚子。

腿弯子:膝盖后面的部位。

退退儿:正屋或堂屋后面的小内屋。

退退儿门:退退屋开的门。

退退儿屋:正屋或堂屋后面的小内屋。

退火:刀口烧红自然冷却后便不锋利的工艺。

退水:洪水退去。

退退儿:正屋后延的偏屋。

吞口菩萨:兽头木质浮雕像。挂在大门上方用于避邪驱恶祈福。

托肩:将衣肩加层。

拖板儿鞋:拖鞋。

拖斗:拖车。

拖口:连接打绞木和犁嘴的绳套。桑植叫拖圈(quan)、拖箍。

拖懒杆子:拖着乞讨的棍子,指乞讨。

拖尾巴蛆:爱跟在别人后面的人(贬义),多指小孩。

拖衣褛式:衣冠不整,不讲卫生的样子。

脱把老松:①柄不牢。②模棱两可的话。

脱不得糊:开不得交,无法交差,脱不开身(贬义)。

脱垮:离谱,夸张失实。

脱皮:①脱离关系,摆脱是非。②收支两抵,不进不出。

脱手:①摆脱、脱离(一种尴尬的事)。②凭自己的手写。如:练字从临红模到写影本,最后~写。

脱甩:无牵挂。

脱样子:比照别人的脚或鞋样放大或缩小剪出需要的鞋样子。

驮子:负重的骡马。

坨:团。如:一~泥巴。

坨哒坨:一坨又一坨,极多。

驼肚婆:①孕妇,也称大肚子、出怀。②对孕妇的蔑视。

驼子走路不伸腰:形容一个人搞不明白。

砣子:拳头,也叫捶头。

塔塔儿:平地。

踏公:碰上了别人家小孩出生的人。

踏脚板儿:织机下面,牵动筘上下运动的踏板。

踏螺:脚前掌的纹。

胎卵包:拍马屁。

胎衣:内衣。

太公:曾祖父。

太太:曾祖母。

摊尸:"下榻"的贬义说法。

坛子菜:用坛子腌制的菜的总称。

谈板:讲别人的不足。

痰迷心:神经病(骂人的话)。

炭筛:四方形的筛火土粪用的筛子。

汤果儿:汤圆。

堂屋:正屋中间,供神龛兼客厅的屋。

堂屋门:有的是一块块木板嵌上去的,开门时再一块块取下来;有的是双门或者四扇门。

糖蜂子:蜜蜂。

淘钵:淘米用的陶钵。

讨打发:乞求别人的施舍。

锑壳子:硬币。

提提儿粑粑:将糯米浆放在铁提窝里加豆腐、虾米馅,用油炸成的粑粑,又称"油油儿粑粑""油粑粑"。

天坑:漏斗状的天然溶洞。

天塔:天井里的平地。

天眼:漏斗状的天然溶洞。

田坎:田埂。

田膀头儿:鼬獾。

舔瓢瓜:不好了。

挑枋:挑起屋檐的纵向木枋。

挑卡:裸身。

条干儿:身材。

铁尺:挑枋下面的木枋。

铁匠:打铁的手艺人。

铁壳蛋:壳很硬的蛋。

铁扫帚:用"铁扫帚"(一种植物)扎成的扫帚。

铁抓米儿:蚱。

听壁脚:躲在暗处偷听室内人的谈话。

听凑合:听奉承话。

挺肠:杀猪时,给猪体内充气用的长铁棍。

挺尸:睡懒觉(骂人的话)。

同年爹:老庚的父亲。

同年妈:老庚的母亲。

桐子:油桐果仁。

桐子树:油桐树。

头钹:白族围鼓合奏时,两副钹按节奏插着打,先打的叫头钹。

头发毛:头发。

头里:前面。

头头儿上:最前面。

头子米:①完整的米粒。②也指受了批评、指责。

投沫儿:口水。

图撇脱:图简便,省事。

团鱼:山瑞鳖。

拖面:将小鱼或花椒叶、苋菜叶裹上面粉,加盐用油炸成的食品。是本地的特色小吃,也可以做菜吃。

脱皮脱骨:比喻完全没有关系。

坨巴:①肉疙瘩。②树瘤。

坨坨帽儿:顶上有绒线球的帽子。

砣砣儿:疙瘩。

天干三年吃饱饭,天涝三年饿死人:比喻事物是辩证的。

田怕秋天干,人怕老来穷:秋日天干田里无水便无收,比喻人老了捞不来钱便最怕穷困。

田要冬耕,儿要亲生:以冬耕促丰收,比喻亲生的儿女对父母感情深厚。

偷天卖日头:比喻胆子大、骗术高。

偷王佬儿棉花打(买)王佬儿的糖:偷这个人的差东西换这个人的好东西,比喻骗人手段不一般。

吐出的涎水不能舔:比喻说话要算数,做出的承诺不能反悔。

推不上前,攘不上后:无论怎么帮助总是没有结果,比喻主动性太差。

tià:①动作缓慢,作风疲沓。②下垂。③用作词尾,表示程度。快~~的。

tia:懒散,拖沓。

渣:张开。

七货儿、折果儿:零品。

W

挖:舀、撮、抓等动用。如:~饭, ~瓢米来。

挖锄:一种叶面较窄的挖地的锄头。

挖蔸:①将树蔸挖出作柴。②(贬)把事做绝,不讲人情。

挖耳屎:拨耳垢。

挖蕃薯:挖出土中蕃薯。

挖开亮:天微明时的谐语。即天亮才挖出来。

挖苕不烂戳苕烂:耍阴谋诡计,背后使坏。

挖挖儿:挖耳垢的用具。

挖垸塍:将田塍靠田内的一部分挖去。

挖额骨:额骨向前突出。

挖骨钻岩:挖空心思。

挖周:小孩出生一周年时的一种仪式,让小孩坐在簸箕里,随意抓取摆在旁边的玩具、文具,预测小孩的未来。如果抓到文具就会读书,抓到算盘就会经商。庆贺孩子周岁的活动。

㧤汤:舀汤。

娃娃:① 孩子。②指一些幼小的动物。③画的人物。④对别人表示轻蔑的称呼。

娃娃儿:比喻很小。

瓦匠:泥瓦匠。

歪架儿:也称滤架儿,豆品、蕃薯等加工的用具。可活动的十字木架,上挂布包袱伸入缸内。如:摇动~,将粉碎物中的淀粉浆液过滤至缸中。

歪讲:不依道理说。

歪歪道理:不正当的理由。

歪嘴巴:嘴巴歪斜。

崴(wai):脚踝受伤。如:他~了脚。

崴一个,损一个:偏袒一方,损害一方。

外地腔:外地口音。

外后年:今年后的第三年。

外后日:今日后第三日,也说老后日。

外人:不是与自己关系好的人。

弯背:驼背,脊椎弯曲。

弯刀:月牙形的砍柴的刀。

弯艄(shāo):①停泊船只。②休息、睡觉,短暂停留。

弯弯拐拐:①弯拐,有强调意。②弯弯曲曲。

湾船:停船。

豌豆儿(der):小豌豆。

豌豆酱:蚕豆片喷水盖构叶或茅草到长白霉后晒干,吃时用浓茶、作料泡软的酱菜。

完俺:我或我们。

完妈妈、完爸爸:我妈妈、爸爸。

玩把戏:玩魔术。

玩儿事:把事情看成如好玩一样,很容易的事。

玩狮子:单人玩为玩独狮子,双人玩为玩大狮子的游艺节目。

玩桌子:在桌子上表演双人狮舞的游艺节目。

挽个套套儿:打个活结。

琬俺:我,我们。

碗儿糕:将发酵的米浆入小碗蒸熟后倒出的点心。

万哒其千:形容多,不计其数。

万打其千:形容足够了,宽裕、宽松。

万挂悬岩:山势险峻,岩壁陡峭。

万民:老百姓,也称百姓。

万千的:有很多。

腕指儿:小指。

亡命:(形)不顾性命,不顾危险。

王蜂子:蜇人的小黄蜂。

网:①(名词动用)用网的动作。②牵涉。③获得。

网捕:张网捕鸟兽。

网机儿:将纱绕成把的设备。

网网:① 网。如:头发~。②比喻交际范围。如:他能力强,~好宽。

往扯儿:以前。

忘事:忘记了事情。

旺秤:称定重量时秤杆上翘。表示称量示数多于实际重量。

旺相:同旺,兴旺发达的意思。

望板:天花板。

望水田:地势较高的天水田,也叫干鱼脑壳。

葳:扭伤(一般指脚)。如:一不小心走路把脚~到哒。

椳子:茶几。

围鼓:一种可敲打的圆鼓,是白族群众喜爱的一种民间艺术,每逢红白喜事或者迎接贵宾时都要打围鼓。由一人打鼓、两人打钹、一人打锣、一人打小钩锣共五人合奏。鼓点是指挥的,故名"围鼓"。

围裙儿:束在腰上的裙。

围屋:左右厢房连接横屋,中间有塌或天井。

围腰:(名)围裙。

唯:那。

唯个:那个。

尾巴儿里:①接着。②最后。

尾巴上:终结处,事物的尽头。如:街~。

尾脊骨:尾椎骨。

尾子:尾数。

未必:①不一定。②难道。

喂蒙蒙:给小孩子喂饭吃。

喂唬儿:喂奶。

温温热:不大热(指物体)。

瘟症:风寒湿气所致的病。

稳当:①可靠,做事稳妥。如:他办事~。②不会倒下。如:那块砖放~了没有。

问:①向;②找。如:~你借点钱用下。

问案:庭审。

汶(wěn):淹没。

汶死:淹死。

翁妈:祖母、奶奶。

窝:①藏。②赖。③使温度升高。如:菜不要~到那里,否则会乱掉的。④群。如:两~蜂子。

窝界 pi:不干脆。

窝憋:不开朗,做事不利落。

窝火:①埋火种。②才华被埋没。③压住心中怒火。

窝筐:底小口大的圆形竹筐。

窝坨:许多。如:一~事。

沃作:厉害。

卧单:垫单,又叫床单。

卧死里干:又叫死里干,鼓劲连命都不要了。

乌交巴拱:①品行极坏的人。②乱七八糟的事。

乌扫鞭:乌蛇。

屋场:屋基、人户聚居处。

屋脊:屋顶最高处。

屋里人:(名)指妻子。

屋樑:又名房樑。联结两排栅的横木。古时树砍倒后即不可从上跨过,樑做成后朝下的一方中间绘太极图,两头画符,写建屋年月。上梁隆重,给樑披红,由木工掌坛在上樑时提酒祭祀,说赞词,撒粑粑,主人鸣炮,送红包,众人祝贺,整酒。

屋向:屋的朝向。民间选屋场时有"坐北朝南,享福万年","前要有案山"等。

无常、阎王:相传,无常是捉人魂使人死的神。阎王为主管地狱的神。地狱共有十殿阎王,专惩生前为恶者。

无个:那个。

无哈数:①无计其数。②心里没有底。③不晓得礼数。

无花果树:隐花结果的树。

无落头:比喻做某事后,自己没有剩余的。

无名肿毒:难治的疱。

吴格(gě)、那格:那个。

蜈蚣虫:蜈蚣。

五尺:长的木尺,立于工地,象征鲁班。

五谷:谷物的总称。

五荒六月:指旧时中稻谷成熟前穷人饥荒的农历五月、六月。

五加棒:毒蛇,腹蛇。

五倍子:青肤木。

五步蛇:尖吻蝮。

五子壳儿:子弹壳。

连孽:不受教,也说孽巧、孽僵、涎皮。

武烈:①危险。②严厉。如:这规定~了一点,看能否执行。③厉害、凶恶。

侮马人:逆来顺受,毫不反抗的人。

舞马长枪:讲如何狠,如何厉害。

雾昂承天:浓雾使天地一体,即阴霾天气。

雾罩:雾,又说"罩子"。

娃娃鱼:大鲵。

瓦匠:捡瓦的手艺人。

外儿:外孙。

外后儿:外后天。

弯豆儿八鸽:四声杜鹃。

玩灯:逢年过节、喜庆日子舞的龙灯,打的花灯。

工虫儿蜂:黄蜂。

王家常:①花架子。②不作用的。

尾巴里:最后。

尾巴帽儿:帽子后檐像尾巴的帽子。

味子:诱饵,也指给别人的许诺。

温阳水:温水。

嗡鼻子:说话时鼻音很重。

嗡马人:能力太差的人。

窝豆酱:即"莓豆酱"。

窝棉条儿屎:做事不果断。

卧槽:赖着不走。

卧单儿:床单。

卧蚂虹:惹不起的人。

乌草公:乌梢蛇。

乌马人:能力太差的人。

雾雨子:浓雾形成的细微水珠。

雾罩:山中、地面上的雾气。

外甥不认舅,只看哪个捶头溜:舅甥间矛盾激化后也会对打。比喻当涉及利益冲突时,矛盾不因亲戚关系而不激化。

外头夸大话,屋里瞅豆渣:夸大话的人,不可轻信。

弯竹生直笋:遗传也有突变。

乌焦巴弓:色黑形弓。

无儿一世穷,有儿穷不长:比喻事业必须后继有人。

X

西:哭。

西合儿(huer):险些,差一点。如:他~扳倒哒。

西洋景:万花筒、放洋片。

希挨:捱别人做,意图推托别人,有力不使。如:做事就做事,莫~。

昔日的往常:过去。

息钱:利息。

稀巴烂:稀烂的。

稀布:织得很稀的白布,用作婴儿衣,也用以作孝手巾、孝服,所以也称孝布。

稀饭:米粥。

稀客:不常来的客人。

稀奇:稀罕。

锡酒壶:锡铸的柱形酒壶。

溪沟:河水的支流。

洗雾:蛇交配。

席面子:宴席上菜的规格。土家族人宴客一般为十碗、十二碗;六荤四素或八荤四素。遇大喜事席上出两碗扣肉,称对子碗,说明主人宴客大方或喜庆意义重大。

媳 huer:未婚妻。

媳妇:儿之妻,也称儿媳。

洗活渣:丝瓜心晾干后用以洗碗的物品。

洗敛妈:接生婆。

洗脸盆架架儿:放脸盆的木架。

洗猫儿屁股:给小儿洗脸的谐语。

洗片:洗净小儿脏屎尿片。

洗三:婴儿出生 3 天后在堂屋中洗澡,拜见祖人,用囵蛋滚全身,寓婴儿皮肤如蛋青一样光滑。旧传其他小孩分吃此蛋后将与婴儿关系好。

喜病:有喜,怀孕,也叫害儿病,嗜食酸味食品。

喜得:幸好、幸亏。

系份:应该得到的一部分,也说系该。

系该:自讨苦吃,自作自受。

细打满算:满打满算。

细声细气:形容声音细微。多指说话声小。

虾爬:(名)用竹篾编成的捞鱼虾的工具。

匣匣儿:小匣子

下:①动。如:~手。②煮。如:~面。③摘。如:~桃子。④生。⑤从高处往低处。如:~坡。⑥最差的。如:~等。⑦拆卸。

下巴:下颚。

下摆:上衣下面边缘部分。

下半截:①事物的下半部分。②指身体的下半部。

下苞谷:①玉米成熟后将玉米棒子掰下。②比喻粗心者做事马虎。谚云:猴子~坨——摘一个丢一个。

下菜:在火锅中煮菜。

下场:结果、结束时、到最后。

下场:市镇场期结束,也叫散场、结局。

下蕃薯种:将薯种插入土中盖薄膜使发芽。

下饭菜:好吃的菜。

下个月:即将到来的一月。

下额巴:下颚,土家语。

下黄沙尘:雾霾天。

下烂安药:(惯)说坏话,使坏主意。

下凌:出现冰冻。

下锚:将船上铁锚丢入水中,以固定船只,原称"打锚"。

下手:助手。如:你当我的~。

下手讲:开始说。

下(ha)数:①(名)数目。如:你的东西莫没得~?②底儿、把握。③秩序、规矩。

下水船:顺水而下的船。

下死手:下手用尽全力。

下祀:放柩入墓穴,孝子掩土后,柩伕掩棺。

下堂的:二婚女人。

下雾:起雾,下罩子。

下席:下台,结束。

下烟:土烟叶成熟后用刀削下连把的叶片,再栓在绳子上。

下猪儿:因酒醉而呕吐的谐语。

吓出尿来哒:吓得厉害。也说吓掉魂哒。

吓一餐:骂一顿。

夏布:麻织品。

夏九九:县域内从夏至起的81天逐渐热到最热,然后又渐冷的自然规律。自夏至起每9天为一段,名为"一九""二九"……"九九",有"~"歌:"夏至入头九,扇子拿在手;二九一十八,揭帽穿汗褂;三九二十七,出门汗欲滴;四九三十六,开铺露天宿;五九四十五,热秋似老虎;六九五十四,扇凉进庙祠;七九六十三,床头摸被单;八九七十二,半夜找被儿;九九八十一,开柜拿棉衣。"

仙米粉:将糯米用猪油炒熟后磨粉加糖,土家族人将其当作高级营养品。用黄豆作的称黄豆粉,用粘米作的称米粉子。

先:称已死的长者,~父,~祖。

先个儿:刚刚,刚才不久。

先人:指祖先。

纤:思念。如:好久不见了,好~你。

掀:打开。

鲜活:(形)新鲜,有生命。

鲜肉:肉拌米粉入坛鲊过的肉。

闲话:涉及他人隐私的话。

闲贱:多事。

闲人:无事之人。

闲月:农事少的月份。

挦(xián):①不正经。②纠缠,不易摆脱。③对已杀死的动物用开水烫,然后拔毛。

涎脸:脸皮厚,不怕丑。

涎麻虫:①软体虫。②粘人。

涎水:口水。

嫌皮:讨厌。

嫌弃:讨厌。

显水:暴露。

苋菜:一年生草本植物,叶呈绿或紫红色,叶茎可食。

现:①原来的。如:~话。②剩下的。如:~菜。

现疤:出现疤痕。

现菜:剩菜。

现的:①上一餐没吃完的。②旧的。

现饭:剩饭。

现子:本来就,已经(贬义)。如:我~亏了,你还讲价。

限到:强迫。如:他不~你吃。

陷泥糊田:泥脚深的田。

乡巴佬:贬称乡里人。

乡巴佬儿:(名)(贬)乡下人。

乡巴佬务:农耕春的男女,没有文化知识的人。

相隔儿:刚刚过去时。

相望:吊唁。

相因(应):①便宜,货价低于货值,合算、好处。②挖苦、刻薄的话。

香:护肤品的总称。敬神用的是味~,日用的是白水~。

香背:赴宴前向长辈讲的告辞话。

香瓜:甜瓜。

香火:堂屋正墙上贴的红纸条幅,上书敬奉的神祉。中书"天(天神)地(地祉)国(国家)亲(祖人)师(老师)位(的位置)",右旁写"九天司命太乙府君"(司命菩萨。玉皇大帝派出到户的监察神)左旁写"×氏堂上历代祖先"(祖先神),叫~,并贴对联。

香匠:用水磨成的木料粉作原料做香的人。

香獐:林麝。

厢房:过道屋。

襄公子:脚猪,用于交配的种公猪。

响铳:原始的礼炮枪。在枪管中装火药,管壁有小孔可上引线,用土盖住火药并筑紧,再引爆,响声震天。有三埝铳、六埝铳、九眼铳。

响夹:劈开竹棍一半,成拍而有响声以赶鸡的用具。

响头:磕头着地,并发出响声。

响午:中午。

想多哒:想得太多。

想方设法:想尽办法。

想死哒:极想、特别想。

向:①找、借。②想办法、寻求解决。③傲气。

向短路:企图自杀、自尽。

向方:想办法,打主意。

向起古来讲:想方设法乱讲。

向前年:旧年的前两年。

项圈:戴在小儿脖子上的银圈。

巷巷儿:(名)小胡同,巷形的通道。

像个哈鸡巴卵:像个傻子。

像卵形:非常、很、特别。多用于倒装句。

消停:安静,安稳。

消闲:悠闲自在。

消夜:吃夜点。

小菜:蔬菜的通称。

小肚子:下腹。

小方子:偏方。

小轿:一般轿子。

小眉入眼(ngàn):小气,吝啬已极。

小年:腊月二十四。

小气:气量小,不大方。

小气鬼:吝啬的人。

小气人:吝啬财物的人。

小钎子:铁圈可穿于手指上的双刃自卫武器,也叫抄翘刀刀儿。

小舌:口腔内软腭向下突出的部分。

小神子:①小偷、多疑的人。②正义神,专门偷富济贫的神。不敬则反之。

小手巾:手帕或女人专用巾。

小腿:指下肢从膝关节到踝关节的一段。

小豌豆(der):菜豌豆。

小媳妇:童养媳。

小衣:裤子的总称,有长~,短~。

小椅子:矮小的椅子。

小儿:小孩儿。

小耳锅:小号炖菜的锅。

小料木匠:专门制作家具的木匠。

小幺:比父亲年小的小姑母。

晓得:知道。

晓等:知道,明白。

孝衣:孝子所穿的钉有蔴条、不做边的衣服。

笑得打滚:笑得很。

笑眯:形容笑得眯缝着眼睛。

笑人:令人可笑。

楔:嵌紧脑脑中把柄的小木块。如:在斧头脑上使~,更加好用。

歇:①休息。②住宿。

歇房:卧室,也叫里屋。

歇哈哈儿:休息一下。

歇凉:乘凉。

歇铺:旅馆。

歇钱:住宿费。

歇业:停业。

邪噍:①不受抬举。②不听劝,干坏事。

邪皮拉垮:行为不正。

斜交:不正经的做人,与别人不同。又叫邪教。

斜绞(也可作定语):敬酒不吃吃罚酒的人;牵着不走赶着走的人;自讨没趣的人。

斜绞:脾气犟。

斜皮哪垮:不正经。

鞋底板 :(名)鞋底。也说"鞋底巴儿"。

鞋底子:棕壳子加布壳子再蒙布的鞋底。

鞋面子:研鞋圈壳上蒙的布。旧时,男女相爱后,男买鞋面送给女方,由女方做成鞋,表二人真心相爱。

写斗把字:笔顺写错。

写契:写出卖田地屋宇的文书。

谢媒:旧时完婚后的第一个春节,新婚夫妇携带猪头、新鞋袜等给媒人拜年,感谢其奔走之劳。

心肝肝儿:对儿女的昵称,也叫心上肉。

心寒:①病或祸。如:把衣服穿上,不要逗~(惹病)了。②痼疾,引申为出身成份有问题。

心里有些前你:心里有些相念你。

心悬悬:提心吊胆的样子。

新姑娘儿:新娘子。

新郎伯儿:新郎。

新时大节:从正月初一至正月十五。

新鲜蛋:刚产下来的蛋。

新鲜话:从古以来没有的话。也叫新鲜词儿。

信壳儿:信封。

星子:①天上的星星。②杆秤上的刻度。

醒菢:母鸡孵蛋的表现消失。

醒事:懂事,明白人情事理。

醒水:发觉、省悟、暴露,明白了事实真相。

擤:捏住鼻子用力排出鼻涕。

兴:①准许。如:你悔棋,哪个~!②喜欢。如:你两~开玩笑。

兴菜:种菜的全过程。

兴许:或许。

兴云:天空出现云朵。云有坨子云(高积云)、鲤鱼斑(片云)、钩钩云(卷云)、乌云(雨云)、彩云(五彩云)等。

幸得:幸好。

幸得好:幸得。如:~还在啊!

幸陷:患病,也称有毛窍,小孩生病则说不突(抽)泰、装狗儿。

兄儿:弟弟,也称老弟。

胸口窝:心口。

胸口窝疼:心里疼。

雄黄酒:古历五月初五,是土家人喝~的日子。有"五月五,雄黄酒"之说。喝了雄黄酒,驱邪又去毒,去病又消灾,健康又延年。

雄实:老人身体好,壮实。

修地球:指参加田间劳动。

修面:(动)刮脸。

修屋:建房。

羞子:寄生虫入皮肤形成的硬圆块。

秀和:困难、棘手。

秀卵:骄傲自大爱表现的人。

秀:显摆,炫耀。

袖笼笼儿:袖套。

绣花鞋:女人、小孩的鞋圈前绣花的鞋。

须须索索:①多而烦人。②多嘴多舌。③行为不轨。④不利落。

蓄:①为繁殖而养的牲口。②醮、浸。

蓄口:不随意乱说,不愿或不便说,收敛少说。

揎(xuān):推或打。如:他~了我一掌。

玄子:穿在肉块鱼块上的绳或棕叶。

悬骨:颧骨。

癣:由真菌引起的皮肤病,有癞子、铜钱~、牛皮~等。

学打:学习武功。

雪米子:霰(xiàn),空中降落的白色不透明的小冰粒,常呈球形或圆锥形,也叫冰雹。多在下雪前或下雪时出现。俗谚说:"~打底,安顿柴和米。"意为下~将有长期冰冻。

雪泡:干糯米块油炸的食品,上粘如雪的米粉。

血奔心:费力太大。

血饼:糯米拌猪血灌入干净的猪大肠蒸熟后熏过的菜,也称血粑粑。

血糊淋荡:血淋淋。

血块子:血凝结成的块。

寻菜:在菜园里摘菜。

寻到了:找到了。

迅白:雪白。

蕈:菌类生物。野生~有的可食用,如:枞~、茶树~;有的不可食用,如:灰包~、牛屎~等。

蕈子油:将茶油烧开放入新鲜枞菌而成。~有蕈香,为高级蹉料。

熄火迟:熄灭了的火迟,又称"黑火迟"。

洗白:①为自己洗刷错误。②申辩。

洗三:小孩出生三天后,请外婆或接生婆给新生儿洗澡。

下厨的:厨师。

下饭菜儿:受人欺负的人。

下脚:筑屋基。

下死手:狠狠地、往死里打。

下堂:改嫁。

先个儿:刚过一会。

涎蚂虫:线蛭。

涎水:口水。

涎水兜兜:戴在婴儿下巴的围布,简称"兜兜儿"。

显鸟儿:故意显示自己的某种好东西。

线线儿:物体的边沿。

献毛:宰杀牲口去掉牲口身上的毛。

乡旯旮儿:乡下。

香菜:芫荽菜。

香猪:种公猪。

响榨:用木杆撞击木楔挤压的榨油工具。

想死人:牛笼子的别称。牛套上后,看得见青草却吃不上。

向前儿:大前天。

歇铺:旅馆。

心窝子:胸窝。

辛憾:病灾。

新姑娘:新娘。

新郎公:新郎。

信命:囟门。

星子:星星。

醒辩人:风趣的人。

醒闷:①散心。②放松心情。

醒闷虫:给别人带来乐趣的人。

胸门前:胸脯。

休克固:大华大蟾蜍。

羞子:猪、牛、羊等雌性动物的外阴。

旋(散)窝风:龙卷风。

血粑粑:猪血拌糯米做成的小圆饼。

血豆腐:做豆腐时加进猪血做成的菜品。

行得正,坐得稳,兄弟媳妇身上打得滚:兄弟媳妇即弟媳。比喻作风正派、心无邪念的人,能经得起考验。

行要好伴,住要好邻:好伴侣好邻居十分重要。比喻环境对人的影响很大。

稀泥巴糊不上壁:比喻被帮助的人自身能力太差,怎么帮助也不起作用。

习惯成自然:形容习惯了就会自然而然。

闲时办急时用:早作准备免得临时手忙脚乱。

小本生意赚大钱:投入很少,但回报丰厚。

小洞不补,大洞二尺五:比喻挽救不及时,损失会更大。

小岩头儿打破大缸:比喻事物的作用可以转化,小问题坏大事。

孝顺儿生孝顺子,忤逆子生忤逆儿:道德品质父子相传。

孝子的头,道士的揖:旧礼做孝子见人磕头,道士见佛作揖。比喻事件极为平凡。

邪皮拉垮:不正经。

修得庙来老了和尚:成事的条件并不同时具备。

Y

爷老倌:指父亲、爸爸,也有称爹爹,背称老子、大人、老家伙。

丫宝儿:对小女儿的爱称。

丫妹:对女儿或妹妹的爱称,也称"阿妹"。

丫丫:姑姑,父之姐妹。

丫丫儿:最小的。

丫丫狗儿:小狗,公的叫龙狗儿,母的叫草狗儿。

丫丫鸡儿:小鸡。

丫丫牛儿:小牛的总称。

丫丫椅儿:小椅子。

压茶:两主餐间吃东西以免饥饿。

压床:结婚时铺好新床后,抱一男孩上新床任其翻滚,寓新床上马上有小孩之意。

压山雀:一山之中,总有一只鸟叫得最响亮,叫得最好听,称压山雀。比喻威信高、服众的人。

压哈儿:饿了,在正式开餐前,先找点吃的东西充饥。

压桌:上席的最后一道菜。

鸦鹊:喜鹊。

鸦鹊尾巴:猪草名,其植株形似~,可养猪。

鸭(鸡)母娘:生蛋的母鸭(鸡)。

鸭儿:①小鸭子。②指小孩的阴茎。

鸭母娘:母鸭。

牙:父亲(慈利多用)。

牙巴骨:颌骨,牙关。

牙巴骨劲:①以牙咬物的力量。②喻说话不反悔。

牙齿疼:风火牙。

牙肉:牙龈。

牙猪:小公猪。

伢(nga)儿来:小孩。

伢儿:子女。专指男孩。泛指小孩。

伢儿话:幼稚话。

伢儿跑哒:未成年的儿女夭折。

伢儿鱼:大鲵(慈利多用)。

伢伢:小孩子。

伢伢儿鞋:小孩穿的鞋。

垭口:(名)垭,两山之间可通行的狭窄地方。

娅娅(yaya):姑姑。

烟柴头:未烧尽的木柴。

烟袋杆子:长旱烟袋。

烟袋脑壳:金属烟杯,用以装草烟。

烟荷包:装烟丝的小包。

烟熏:动物逃入洞后以烟熏逼其出洞。

烟子:烟(气体)。

岩(ngǎi)头:石头。

岩:不灵活,如岩石一般。如:磨子~,推一下转一下。

岩[ngǎi]蚌:牛蛙,石娃。

岩板:层子岩、页岩、片岩。

岩板路:旧时乡道、县道均铺岩板,故名,也叫大路。

岩梆:虎纹蛙。

岩锤:软把的铁锤。

岩洞:横溶洞,又叫岩埯。

岩匠:石匠。

岩岢(kě):岩壳,又叫岩兄壳。

岩鲤鱼儿:中华纹胸鮡。

岩碾:由圆形岩碾槽和有两个岩磙的碾架配套而成,由牲口拉动碾架,将破壳后的糙米倒入碾槽,让碾磙碾去糙米上的糠皮。牛拉动的为旱碾,水推动的为水碾。

岩桥:岩板桥。用石块拱成的桥称岩拱桥。

岩塌(塔):铺石板的晒谷场。

岩头:石头的总称。

岩楔:前薄后厚的铁楔,打进石缝使岩石裂开的工具。

盐臭菜:芫荽,也叫香菜。

盐蛋:咸蛋。

檐沟(yān góu):露在地面的承接屋面雨水的排水沟。

檐老鼠:蝙蝠。

檐老鼠儿:蝙蝠。

掩种:用土盖住种子。

眼(ngan)胀:①看得见的劳动进度。②忌妒。

眼睛皮儿:眼皮,有单~和双~之分。

眼睛水:眼泪。

眼睛瞎哒:骂人家眼力不强。

眼睛珠儿:眼珠。

眼皮子浅:没有长远眼光和大局观念。

眼屎:眼眵(chī)。

眼眨毛:睫毛。

厌:小孩肯动,约束不住自己。如:这小子太~。

厌胎:胎生讨厌。

厌物:调皮的孩子。

厌物佬儿:极讨厌的孩子。

堰塘:池塘,塘堰。

秧鸡:生活在稻田中的鸟。

扬叉:Y字形木杈,用以叉柴草的工具。

扬子窝(阳子窝):腹股沟,大腿上部内侧处。

羊儿疯:癫痫。

羊胳疯:癫痫。

羊牯子:种公羊

羊羖子:配种的公羊。

羊角扎:①六。②羊角。

羊脚:未烧透的木炭头,烧起来出烟的那种木炭。

羊咩:羊叫。

羊母娘:母羊。

阳尘(扬尘):室内屋顶或墙上的尘土。

阳沟:屋后及屋边滴屋檐水的沟。

阳历:公历。

阳煤:烟煤。

阳雀:杜鹃鸟。

阳桃:弥猴桃,藤类野生植物。果呈椭圆形,是美味野果。

阳天白日:白天。

阳瓦:盖屋面时有必要将部分瓦的凸面朝上,而另一部分则必须凸面朝卜。凸面向下的是阴瓦。

阳戏:阳花柳。多为永定区(原大庸)的一种戏曲。

阳子:淋巴结。

杨柳:柳树。

炀儿:嵌于灶头的热水设备。

佯:生活作风不严肃,水里水气。

佯心大:不专心。

疡子:(名)指因病变肿大的淋巴结。

洋布:进口布、机器生产的布的总称。

洋瓷(搪瓷):~碗。

洋话:①外语。②不严肃的话。

洋火:火柴。旧中国工业落后,火柴要进口。

洋藿:叶如芭蕉,秋于根部长出锥形红色果实,可吃,野菜之一。

洋蜡:蜡烛。

洋楼:西式房屋,由套间组成。

洋马儿:自行车的旧称。

洋码子:阿拉伯数字。

洋盘:做事不认真而随便,又肯开玩笑。

洋唢呐:①外国唢呐。②比喻出洋相的人。③喜欢开玩笑的人。

洋油:旧时对煤油的称呼。

洋油灯灯儿:以煤油为燃料的灯。

洋芋:土豆。

仰起睡:仰面睡。弯着身子睡叫蜷到睡,俯着身子睡叫趴倒睡。

快:极无精神,没精打采。

快 tia 哒:精神委靡,没精神,没有一点生机的样子。

快巴干:半干。

快不嘎撒(格色):无精打采的样子。

样子:①指面孔。②用厚纸剪的鞋圈、鞋底的模样。分圈样儿、底样儿。剪的人做鞋手艺必高超。

幺:①一。②排行最小的,最后出生的,对最小的子女的爱称,幺儿、幺女、幺幺。③叔叔。同姓父辈中年龄小者,叔叔或姑姑皆可称幺幺。

幺姑儿:排行最小的女儿。

吆喝:①叫卖。②放工、走。

吆喝打吆喝:混日子,做一天和尚撞一天钟。

妖精:(贬)打扮艳丽而不庄重,也比喻作风不正派,行为不合常态。

腰磨:畜力或水力推动的大石磨。

腰上:①腰部。②中间位置。如:山~。

腰盘:打草鞋时系在腰上的"人"字形木棍。

腰条:有一根以上整肋骨的猪腰身肉。

腰子:肾脏。

腰子盆:杀猪盆。杀猪的椭圆形大木盆,又称槽盆。

窑货:陶器的总称。

窑货打窑货:吊儿郎当,不做事,混日子。

摇:慢走。如:等我从家里~到村里,会都开完了。

摇钱树:青钱柳。

摇窝:可摇动的小儿床,摇篮。

摇伢儿:将小儿放入摇篮中摇动促使其入睡。

咬(jiāo)腮:斥人不该乱说。

咬口:①套入马口里以驭马的金属工具。②做事死火,也说"死口"。

咬蛮:勉强、霸蛮。

咬蛆:讲无中生有的话。

咬手:(形)辣手。

舀洗脸水:客人用餐后用脸盆~请其净手、洗脸。

舀子儿:笊篱。比喻能吃的人。

药铺:卖药的商店,分中~和西~。

要得:行,可以。

要是:如果,也说"搞得不好"。

钥匙头:正屋两端建横屋,如旧时钥匙的头而得名。

鹞子翻身:以手撑地脚朝天的人体旋转运动。也叫腾枢。

野葛藤:①指很远的亲戚或关系并不密切者。②指说话扯得远,没讲到点子上。

野鸡:雉。

野老公:姘夫、情夫。也称奸夫。

野鸬鹚:野生食鱼鸟,生活于水上。

野猫儿:团猫、灵猫、九节狸。

野堂客:姘妇。

野羊:苏门羚。

野鱼:野生鱼类。

野葛麻藤:野葛。

野耗:野兽的总称。

野鸡公:环颈雉。

野菊花:野菊。

野老太:情妇。

野猫儿:豹猫。

野猪棚:农民搭建在野地里、山坡上守庄稼的三角形的简易草棚。

叶叶儿粑粑:把糯米浆沥干、捏成小圆团,包上黄豆粉、芝麻,用柑橘叶或芭蕉叶包好蒸熟做成的粑粑。

叶叶儿粑粑:将粑粑的生料用桐叶或芭蕉叶包成一个个的,再蒸熟,因是用叶子包的而得名。

叶子烟:烟叶,也叫土烟。

夜火(huer)虫 :萤火虫。

夜饭:晚饭。

夜壶:小便壶,尿壶。

夜间:夜里。

夜猫子:比喻夜里不睡觉的人。

夜晴:夜晚转天晴。俗说:~不是好晴,强盗不是好人。

夜游:睡后梦中起床走动却不醒。

一百一:一百一十。

一班的:①同辈份。②同一代人、平辈。

一半半儿:50%。

一不鲁苏:全部,无遗漏。

一步步来:逐步进行。

一戳两开:干脆。

一大丈:一群、一伙、一大帮。

一道脚手:一便脚手,指一次性把事做好,不留到下次。

一滴滴:很少很少。

一点钟:一个小时。中午后第一个小时,叫下午一点钟,午夜后,叫半夜一点钟。

一堆:(副)一起,一块儿。

一对打锣叟:两个人是同样的货色。

一对时:经过 24 小时。如:甜酒经过~才做成。

一多半:一大半,多于 50%。

一儿上好:与原来一样。

一刚刚儿:一会儿。

一搞:①动辄(动不动)。②加又,表示经常。

一搞哒:有时。如:他~又去那里。

一亘天:整天;整个白天。

一亘夜:通宵;整晚。

一瓜锤搕哒:全垮了,报废了。

一哈:一齐。

一哈哈儿:一会儿;一拍拍儿;一杯烟的功夫;一口气;一眨眼的功夫。

一号水:同一路货色,贬义词。

一合:①明白、清楚。②落实。

一豁水:同一类的。

一家伙:一下子。

一尬神:一个样子。

一口气儿:一会儿。

一块脾:同一个脾气性格,贬义词。

一亮亮儿:天刚亮。

一路来:向来,长期以来,从来中,素来。

一妈胡、一趴胡:不清楚,模糊。

一摸不摁手:①办事顺利,能干。②随便可以抚平,不当回事。

一陌生:从不相识。

一炮个:十个。

一批水:一类的人,含贬义。

一票剿:一下子全部打击或解决。

一起:①共同。②一同。③一共。

一日三,三日九:一天一天,渐渐地。

一少半:少于50%。

一甩手:五。

一天:成天,整天。

一天到黑:从早到晚。

一天到头:一天到黑。

一窝坨:很多很多。

一向:①可指某一段时间。②许多日子。

一一合合:特可靠。如:她讲话做事~。

一早:老早,很早。

一乍:头一次。

一展平:到处都一样平坦。

一铳药:脾气火爆如火药一触即发。

一篙子打一船人:以点概面,一概全体。

一叭:一堆(多指粪便、呕吐物)。

一包子劲:劲头很足。

一杯烟时候儿:时间很短。

一鼻屎嘎:一点点。

一抄把:足足一把。

一大码:一大堆。

一港港儿:较短的一会。

一根根儿:一根。

一股子劲:劲头很足。

一哈:①一次(一下)。②统统。

一哈哈儿:一会儿。

一号水:一路货色。

一合水:一座四合院。

一码:一堆。

一面水:另有一面屋顶的房子。

一命的:一年的。

一气气儿:一会。

一匙匙儿:一勺。

一砣:一块。

一砣的:一个地方的。

一窝疯:只生一窝猪仔就阉了的母猪。

一窝蜂:捕鱼的工具,挂许多大钩小钩的拦网。

一仗:一群。

一只夫(糊):①独眼。②一目失明,也叫单照。

一百二十个不愿意:比喻极不情愿。

一儿一女一枝花,多儿多女多冤家:一儿一女幸福,儿女太多成冤孽。

一篙子打一船人:比喻处理问题绝对化,不能区别对待。

一个"×"(某姓氏)字掰不破:因为同姓,便关系密切,是不能随便分开的。

一个鼻孔出气:形容某些人臭味相投而混在一起。

一个锅要补,一个要补锅:指一方有需求,另一方正好可以满足。借指寡妈子遇到单身汉。

一个鸡蛋吃不饱,一个名声背到老:干的坏事虽小,但一生都会没有好名声。

一个萝卜一个埯:萝卜与长萝卜的埯一一对应。借指岗位和人员,正好一一对应。

一个模子里倒出来的:相似度很高。

一根草儿一滴露水:每一种事物都有其独特的生存方法。

一行服一行,泥巴服瓦匠:世上一物降一物。

一回生二回熟:只有接触,才会了解。

一家人不说两家话:既是一家人就应想到一处,因其利害关系是一致的。

一家养女百家求,九十九家打空手:家有女,许多有同龄男孩的人家会来求婚,但百家中会有九十九家落空。比喻需求矛盾突出。

一揭三把火:揭一次烧水的锅盖,再烧开水要花加倍的火力。比喻干扰未成功的事,会费力更大。

一就二便:顺便且两全其美。

一粒高客子屎坏一锅粥:比喻小问题影响全局。

一娘养九子,九子九个样:虽是一娘所养的子女,但子女模样、性格不尽相同。比喻成长的条件虽然相同,但长成的结果不一样。

一人做事一人当:比喻不推卸责任。

一日三,三日九:一日虽只三次,三日便有了九次。意为逐日积累,集少成多。由数量的增多,引起质的变化。

一扫帚扫得一门旮旯儿:形容价值低的东西数量多。比喻人无专长,难以被人重视。

一是一,二是二:客观存在,不容改变,只能实事求是。

一条牛也是看,两条牛也是看:比喻同时做相同的两件事,不会增加负担。

一碗水覆一碗水:经手的事如一碗水倒入另一碗中,仍是一碗水,比喻做事不沾光。

一五一十:源源本本。

一夜不宿,十夜不足:一个晚上不睡,耽误了休息,再睡十个晚上精力仍不充足。比喻不能轻易打乱生活规律。

衣包:无用的人。

衣篙:晾衣的竹篙。

衣架架儿:①晒衣架、挂衣架。②比喻人穿衣服的样子。

衣架子:① 撑在衣服里,晾晒、悬挂衣服的用具,多用竹、木、铁线、塑料做成。②指骨架,身材。

依(宜)合:可靠、稳当。

仪扣:①始点。②工作面。

姨嗲:姨父。母之姐夫或妹夫。

姨爹:父的姨父。

姨爹:姨父。

姨儿:母之妹。姨姨、姨。

姨嘎嘎:母亲的姨母。

姨嘎公:母亲的姨父。

姨姐儿:夫称妻的姐,姨姐。妻子的姐姐。

姨妹儿:妻子的妹妹。

姨姐夫:姨姐的丈夫。

姨妈:母亲的姐姐,姨母、姨娘。

姨妹夫:姨妹妹的丈夫。

姨妹子:夫称妻的妹为姨妹、妹。

姨婆婆:父的姨母。

胰子油:猪胰子油拌草木灰做成的洗涤剂。

移尸下塌:将亡者遗体抬至堂屋右方地上,又称打地关。

以疯作邪:故意歪干,装风卖傻。

以烂为烂:有了缺点、错误、坏处,任其自流,甚至有意朝更坏的方面发展。

易得:容易。

意哒:怎么,怎样(桑植麦地坪多用)。

意合:①可靠。如:做事~,我们不要管他。②确定。如:明天~,我去桑植。

意里:日里,白天。

阴兜人:内向、善于闷在心里想名堂的人。

阴瓦:屋顶上,盖在椽子上面,凹面朝下的瓦。

阴阳天:时晴时雨的天气。

阴把人:内向的人。

阴缸粑粑:粘米、糯米各半推浆后,炒熟一半掺入另一半生浆中,发酵后蒸熟的粑粑,因曾在陶缸中发酵故名。

阴河:地下河。

阴历:农历、旧历、古历。

阴煤:①无烟煤。②白煤。

阴米:糯米蒸熟后风干而成,是做炒米的原料。糯米蒸熟后的干粒,叫阴米,作炸徽子或炒炒米用的。

阴米粥:用阴米煮成的粥。糯米泡三天后蒸熟晒干叫阴米。

阴米子:晒干后的糯米饭粒

阴舞阳干:做事马虎不卖力,阳奉阴违。

阴消:暗地里消失了。不知不觉没有了,消失了。

荫浸:没有阳光,又凉又潮。

引路幡:道士为亡者做的~,让亡者不迷路。上书亡者生辰、忌日,生死地。安于小竹竿顶端,道士挥动为亡人引路,也称引渡幡。

引窝蛋:引诱母鸡下蛋的蛋。

引伢儿:带小孩。

瘾客:(名)吸烟成瘾的人。

印色:印泥。

盈七:旧传从亡者卒日起,每七天过一个阎王殿受罚,后人要祭亡人。如撞上带七的日子,受罚更重。"五七"(35天)后再请道士超度亡人。

影无踪:不见踪影。

影形:踪迹。

硬到哒:食物卡在喉头。

硬讲:态度强硬地说。

硬气:刚强有骨气。

硬肘(zhù):①硬而结实。②同"硬梆",比喻有骨气。③老人身体好。

佣钱:中介费。

油:①作风散漫。如:~里~气。②不在乎了。如:工作~。

油炒:将食物放油锅中炒熟。

油炒饭:饭加油炒成。

油光凌:凌片上有油的光泽。

油亮扒儿:将含松油多的木块点燃以照明。

油盐罐罐儿:两个或三个小罐连在一起的装油盐的陶罐。

油炸:将食物放油中炸熟。

油摺扇:纸扇。

油子:米中长的黑壳虫。

有哒:怀孕了。也叫"猫儿咬到哒",古称婴儿为毛毛,"毛"与"猫"同音。

有点点儿:表示程度轻微。

有个母母儿:有点头绪,心中有数。

有儿:①没什么本事。②没多少。

有经路:有原因。

有来往:关系好,常相互走动,遇红白喜事等,相互送礼

有卵用:毫无用处。

有娘养无娘教:骂十分讨厌的小孩说话、做事不得体,没大没小,缺少教养。

有悟性:有理解力。

有喜:①怀孕,也称身怀六甲。②出怀。

宥柔:放纵,对错误任其发展。

纡(yu):弄弯。

淤血:因静脉血液回流受阻所引起的一种循环障碍。淤血部位表面开始呈暗红色,以后逐渐变为青紫色。

盂兰会:对亡者的悼念活动,子女亲属必到场。

鱼不动虾不跳:各方面的工作做到了家,很完备,风平浪静,熨贴平稳。

鱼翅冠:鱼鳍。

鱼儿菜:有鱼香的菜。

鱼儿辣椒:将鲜大红辣椒去籽填入糯米粉放入坛中使酸,再用油煎熟的菜。

鱼脬:鱼鳔。

渔鼓筒:本地说书的一种形式,边拍渔鼓筒边讲故事,边说唱的表演。

榆蜡树:蜡树。

玉圈子:玉镯。

芋头:芋。如:有~娘,~儿之分。

遇缘:①正巧碰上。②缘份好。

遇在:二者选一或多者选一。

冤孽:顽皮又可爱的孩子。

袁大脑壳:袁大头。

原封原样:原有的样子,最初的样子。

圆把:①继续完成。②周全下场。

圆盆:烤火盆

圆尾:猪臀部带尾巴的肉,多砍成圆形。

圆哉:事办完办好。如:这事~了。

缘法:机缘、缘分。

约伴:邀伙伴。

月半:农历七月初七至七月十五,又称为鬼节。~迎祖先亡灵回家后,天天以蘸饭、烧纸、上香等祭祀;十五晚烧~纸送走,以示后人对已故祖先的怀念。

月工:整月为雇主做工的人。

月亮粑粑:月亮。

月亮长毛:月晕。

月母子:坐月子的妇女,刚生小孩的女人,其夫则称月公子。

月起月落:上弦月早起早落,下弦月迟起迟落。

月缺月圆:月亮由缺到圆到缺为农历一个月。不见月出为朔(初一);弯月到圆月,月弦在上为上弦(初七至十四);圆月为望(十五至十七);半圆月到弯月,月弦在下下弦(十八至廿九)。

月头:上旬。

月尾:下旬

月中:中旬,月中间。

月娃儿:刚出生的孩子。

月伢儿:刚生的小孩,也称毛毛。

月猪儿:出生不久的小猪。

抈(yuè)草把:将干草缠成小把子。

晕:头昏。

匀净:(形)平稳,均匀。

匀盘:压紧棉花的圆盘。

熨:用火烤湿竹或木材使变软后再弯成需要的角度制成家具。

熨斗:加热后熨压衣服使之平整的铁斗。

鸦片客:①吸毒的人。②比喻瘦削无力的人。

鸭棚:牧鸭人住的竹制帐篷。

鸭鸭:小孩阳物。

牙巴骨:齿床。

牙床:有木雕花板的床。

芽芽儿:小孩儿。

芽芽儿朋友:小孩儿朋友。

呀:父亲。

烟袋儿杯杯儿:烟袋锅。

岩板儿:石板。

岩骨:石头。

岩匠:石匠。

岩亢:悬崖。

岩壳鸡:勺鸡。

岩廊壳:石头窝。

岩那壳:石头窝。

岩塔:屋前铺上石板的平地。

岩屋:石洞。

盐鸭蛋:咸鸭蛋。

檐老鼠儿:蝙蝠。

掩塍:在田的外坎或四周用泥堆的埂,用来保住田里的水。

眼睛水:眼泪。

眼眨毛:睫毛。

眼珠子:眼球。

厌物:大家都讨厌的人。

砚碗儿:砚池。

燕麦渣:喜欢惹麻烦,大家都讨厌的人。

央巴干:没有干透。

央巴太阳:多云天气,阳光不强烈。

央巴天:阴天。

秧鸡子:白胸苦恶鸟。

扬尘:墙壁、屋顶上的蛛网沾上灰尘,形成的絮状物。

羊叉:烧火土粪时用来叉柴草的木叉。

羊根儿疯:癫痫病人。

羊牯子:公羊。

羊母娘:母羊。

阳春:农事、农活。

阳沟:房屋四周的排水沟。

阳晴沫儿:白天。

阳雀儿:指杜鹃鸟类。

阳瓦:屋顶上,盖在椽子上面,凹面朝上的瓦。

疡子窝:股沟。

洋霍:莲花姜。

洋马儿:自行车。

洋祥人:诙谐的人。

洋芋:马铃薯。

洋芋片片儿:将马铃薯切成薄片晒干而成。

痒痒儿树:紫薇。

幺宝儿:小儿子。

幺儿:最小儿、女的爱称。

幺姑儿:排行最小的姑母。

幺姑娘:小女儿。

幺婆婆:爷爷最小的弟媳。

幺婶娘:排行最小的婶娘。

幺幺:姑姑、叔父。

窑货:陶器的总称。

咬生蛮:十分勉强。

舀饭:盛饭。

钥匙头:正屋一端有横屋的居民样式。

鹞儿:大杜鹃的一种。

鹞子:游隼。

夜哒:晚上。

夜饭:晚饭。

夜干:夜晚。

夜壶:男人晚上小便的陶壶。

夜火儿:萤火虫。

夜晴:晚上满天星光,预示会下雨。如谚语:晚上星星稀,明天好晒衣;晚上星星密,
明天雨滴滴。

夜雨:晚上下的雨。

以疯作邪:借故歪来。

印扇:木房板壁的一种形式,先做木框,中间嵌入木板,壁面平整。又叫"落躺"。

印扇门:木门的一种,门的四周有术框,中间嵌入木板。

硬邦邦:很硬。

硬神:①硬挺住。②咬紧牙关坚持。

硬昼:①物体很硬。②比喻人讲信用。

油嘎子虫:蟑螂。

油股子:泉水鱼。

油油儿粑粑:即"提提儿粑粑"。

油渣儿:炸干了猪油后剩下的焦脆的板油或者侧油。

油榨房:用土法榨植物油的作坊。

芋头:芋。

峪:山谷。

远来人:外地人。

月坝壳:田里放水的缺口。

月儿:婴儿。

越花:更加。

越劲(紧):更加。

云盘大脸:形容脸庞宽。

牙齿疼不是病,疼死哒没人问:旧时认为人的牙齿疼不是病,就是牙齿疼得很厉害也没人过问。其实大与小有辩证关系。

牙齿也咬舌头:比喻关系再好也有可能产生矛盾。

伢儿看极小:从小孩时的表现可预测其将来。

伢儿无六月:婴儿脱离母体不久,对外界温度变化不敏感,即使热天也不会感觉到热,所以,不能穿得太少。比喻习惯的改变需要相当长的时间。

眼不见为净:比喻少看少管少烦恼。比喻视而不见为上。

羊肉没吃得惹一身骚:比喻想得好处反而惹上了麻烦。

养儿不读书,就像喂头猪:不送儿女读书,就像养的猪。比喻父母要让儿女学知识,儿女长大才有能力。

幺儿幺女命肝心:最小的儿女是父母最疼爱的,因他们是尽肠兀(断肠儿)。

要铧打破锅:锅是做铧做成用来煮饭炒菜的,是不能打破的。比喻为达到目的,常要做出一些牺牲。

要死不断气:比喻事物结尾很难。

爷有娘有不如自己有,哥有嫂有不能动手:亲人的财物都不是自己的,只有自己有了财物才是真有。

夜间睡到一千条路,早晨起来寻现路:比喻幻想不能解决实际问题。

艺多不富家:形容手艺多但无特长,难以使自己的家庭富裕。

油劲盐力:土家族人认为吃油才有劲,吃盐才有力气。

有红有白:形容人的肤色好。

有借有还,再借不难:讲信用才能得到别人的信任。

有理走遍天下,无理寸步难行:比喻有理才能办好事。

有事不怕事,没事不惹事:比喻勇于担当,但不惹是生非。

有事才装香,无事喊老张:"对神装香"意为有求于神。"喊老张"意为不敬重神,即有事才敬重神,无事便对神毫不客气。讽刺那种平时不尊重他人,有事就去求他人的人。

鱼见鸬鹚刺也软:鸬鹚能捉住水中的游鱼,是鱼的天敌。比喻遇到强敌必然害怕。

冤家宜解不宜结:要消除怨恨,莫结冤仇。

冤有头,债有主:比喻解决问题要找主事的人。

远水救不得近火:比喻解决紧急问题要以最近处的条件来操作。

晕头打脑:头昏眼花。

Z

攒钱:存钱,把钱存入银行。

呷把:①马上。②齐根割去。如:你怎把大蒜~割了。

杂巴儿:一点也不…

杂粮饭:米中掺杂粮煮的饭。有蕃薯饭、绿豆饭、粟米饭、红薯丝饭等。

砸鱼:砸石头震晕水中石下的鱼以捕捉。

咋样:怎么样?

栽:将秧子~入窝中的移栽方法。

栽蕃薯:将剪的薯藤插入土中。

栽跟头:①翻连儿跟头、空心跟头的游戏。②在某件事情中出了问题。

栽瞌睡:打瞌睡。

栽树:植树,或指移栽小树。

栽田的:农民,也称打土块的、务农的、抲锄头把的、抲犁(牛)尾巴的、啃土的。俗谚"七十二行好买卖,赶不到栽田打土块。"

栽岩:从岩上掉下去,比喻遭受挫折,失败。

栽脏:强加罪名,也叫"害人"。

栽竹子:将竹子砍去颠,带土挖出蔸做娘竹移植。

载:叠在鞋壳子上用线固定住。

载得:①值得。②应该。③值得拥有。

宰:①欺骗、杀价。②哄骗、戏耍。

崽:孩子。

崽儿:幼小的动物。

崽崽:儿子、小孩、初生的或幼小的动物。

再:①不论怎么。②或者。③从来,总。

再……么得:无论什么。

再那门:无论怎样。

在行:指小孩听话,懂规矩,不乱来,懂事,会做事,听话,守规矩。

在么都有:一切齐全。

在早:以前、从前。

攒 pa:换地方。

攒把劲:使出更大的力。

攒劲:努力。

攒敛:节约。

錾錾(zán zán)儿:錾子。

錾子:装有木把手的钢錾。

遭晃手:①遭人算计。②误入圈套。

遭雷打:咒人被雷击。

遭子:受到打击。

糟孽:可怜。

凿子:木工工具,~的主要用途是使加工件产生与它件相连的埝。

早伴:清早与人见面的招呼语。

皂果树:树的果实叫皂果,皂果有去污功能。

灶房:灶烘屋、厨房。

灶鸡子:生活在厨房,触角很长的昆虫。

灶头:灶台。

造孽:可怜。

造孽巴希:很可怜的样子。

竿草:金鱼藻。

甑箅儿:甑中隔住被蒸物的木板。

甑袱儿:蒙在甑箅上的稀布。

扎把把儿不放声:完全不做声。

扎背:大竹背笼。背笼还有柴背笼儿、洗衣背笼儿、站背笼儿、新姑娘背笼儿等。

扎咐:嘱咐。

扎齐草:将脱粒后的禾杆扎成"人"形把子。

扎实:①(形)牢靠、稳当,用力,着实。②内容多,分量重。③能干,厉害④特指病情严重。

扎鞋底:用针穿索儿将鞋底—针针扎紧。

扎银针:在穴位上扎入银针治病,即针灸。

扎:张开、裂。

揸(zha):①张。②裂。

喳喳哇哇:形容讲话多,乱讲话,话多、肯讲。

渣渣草草:比喻指琐碎的、没有价值的东西。

渣渣儿:比喻孩子很小。

渣渣瓦瓦:零零碎碎、琐琐碎碎。

渣子柴:砍下的灌木或树木枝、叶。

渣滓:垃圾。

踏虚脚:跨步不实,滑了脚。

轧:挤。

乍码:开始、开头。

夯(zha)麻口口儿:天微明,好像黑暗张开了口。

夯皲:皮肤冻开口。

炸肚:胃破裂。

炸箍:事办坏了,出了问题。

炸雷:突然爆发、声音响亮的雷。

炸鱼:将爆炸物投入水中以震死鱼虾。现在河中禁止炸鱼。

榨房:榨油厂。

斋姑:不吃荤的女人或信佛而不出家的女人。

摘茶籽:采摘茶子树上的茶果。

窄逼:穷困,不宽余。如:他手头~,帮助他一下。

寨:(指小孩)好动、顽。

沾粉:洒在面片上使之不沾连的干面粉。

沾相赢:沾光。

拃(ka):拇指与食指伸直时两指尖间的距离。如:五~多。

展劲(攒劲):带劲、起劲,使劲。

展平:很平。

展牙巴劲:斗嘴。

崭:~新的。

站桶:幼儿站的圆木桶。

张摆:诋毁。说人家的不是。

张眉张眼:形容惊惊慌慌的样子。

张你二寸半:不理人的意思。

张声:(动)作声,多用于否定句。

章子:印、戳、私章。

樟树:香樟。

长辈:老辈,也说大一辈、大两辈、大一班。

长不像冬瓜,短不像葫芦:骂人长得不像样子。

长脚蚊:(名)蚊子。

长年:长工,整年为雇主做工的人。

长袍子:右边开襟的长衫。

长(zhàng)三只手:对小偷的称呼。

长天舌头:手指尖上红肿化脓。

长(zhàng)尾巴:小孩过生日,叫长尾巴。

长陷病:慢性病,也说"老病"。

长翳(yì)子:眼中出现白点的病。

掌板:作坊或建筑工地的技术负责人、师傅头儿,又叫掌墨师傅。

掌盘(菜盘):盛放食物的长方形大木盘。

掌作:主持、掌握、负责。

丈人佬:岳父、丈人、岳老子、九尺五(谐称)。

仗火:战斗,打仗。

帐篙儿:挂帐子的竹杆。

帐檐子:挂于两帐门上方的绣花帘。

帐子:蚊帐。

胀鼓鼓:(形)鼓鼓囊囊的样子。

胀气:胃内壁有气体而感到受压,也比喻生闷气。

招供:供认罪行。

招呵:①接待客人。②提防。

招呼:(动)招待。

招火:①仔细、小心。②注意、小心、提防、警惕。③照顾、伺候。

招架:提防。

招郎上门:招赘,女方无兄或弟,或因家无劳动力,将男方招作上门女婿。一般子女随母姓。

招郎女婿:赘婿,也叫上门女婿,贬称倒插门的。

招牌:①挂在商店门口,写有商店名称的牌子,是商店标志。②比喻骗人的幌子。

爪子痒:喜欢乱动手。

找不到停:不懂,什么都不知道。

找得到:知道。

找老事不是好老事:①叫别人做事,不如自己动手去做。②不要主动找事做。

找老事不是好老事:找别人的事,自己是被动的,并不处于有利的位置,因此不是好事。

照蛋缩水:将孵化中的蛋用灯光照或放在水中看是否缩动。一可测定蛋是否受精能孵出小鸡。

照看哈:照顾、关心。

照夜火:渔船晚间举火集鱼,下网捕捉。

照直:照实际。如:~讲,说实在的。

罩罩帽儿:帽前有檐的帽。

罩子:①雾。②上身罩衣。

嗺嗺:奶水。

遮货皮:衣服。

遮言遮语:说话遮遮掩掩。

折床:叠被子,整理床铺。

折耳根:(侧耳根)蔌菜。又叫猪鼻孔,鱼腥草。

折耗:损耗。

折尿筋:排尿时突然被迫中断而屙不出的现象。

折事:顶事。

者:①躲开。②推托。③拖延。如:这事你不要~了。

这边:位置近指。如:屋~、树~。

这个点部儿或这个点迹儿:这个地方。

这门:①这么。②这桩。

这头:这边。

做数:定下来了不会改变。

针鼻子:针头穿线的小孔。

针脚:针缝的密度。

针线筐筐(pǒ)儿:装针线等的小篮。

真果:确实。

砧板:切菜板。

斟酒:①请客喝酒吃饭,表示祝贺。家有喜事,请亲朋好友庆贺。②把酒往杯子里倒,筛给你喝。

枕:枕头。如:有方~、圆~、木~。

阵仗:①气势。②战斗。

争食窝:后胳子中部。

蒸:将食物放箅上,放在锅中蒸熟。

蒸蛋:蛋羹。如:~是将蛋去壳加适量清水搅匀蒸成。

蒸笼:圆形多层放在锅上蒸菜的竹器。

掟子:(名)拳头。

整肚子:吃饭,也说喂脑壳。

整米:将谷脱壳成米的过程。有砻谷、碾米、筛糠、筛米等工序。

整人:旧时办案刑讯逼供,其法为打、铐、枷、吊燕儿扑水(四肢悬空人身向下)、吊半边猪(吊人的一边手和脚)、指甲中钉竹签、站站笼、示众、背火背篓等,以苦打成招。

整田:泛指翻耕农田的一系列农活。

正边:正面。

正二八经:正正经经。

正讲:作古正经说。

正经话:正派话,说实在的。

正身:①衣服的主要部分。②身体前面。

正手:右手。

正屋:堂屋两旁的屋。

正月:农历一月的又名。

正月十五:元宵节。

汁(zhě)儿:乳、奶。

汁儿包:乳房。

枝枝:枝丫,丫杈。

栀子:栀子树、黄栀子。其果实为黄色,既可入药,亦可作染料。

直肠子:说直话的人。

直戆(gáng)子:比喻直爽的性情或指性情直爽的人。

侄儿:兄弟之子,也称侄子、侄侄。

侄女:兄弟之女,也称侄丫头。

值钱:货价高出成本钱。

止咳:服药中止咳嗽。

止疼:服药止住疼痛。

止泻:服药中止腹泄。

止血:服药中止出血。

纸浆:稻草秆碾碎后的浆。

纸马铺:扎纸人纸马的铺子。

指老壳:指甲。

指 ger:手指。

指腹为婚:旧时两孕妇间商定为亲家的行为。产儿同性别,则认为干儿干女;产儿异性则订婚,多为亲朋好友间所为。

指梗斗儿:指头。

指梗儿:手指头或脚趾,手指,有大~,食~,中~,无名~,小~。

指梗花:凤仙花。

指梗壳:指甲。

指拇儿:指头。

指指戳戳:①指手画脚。②动手动脚。

制服:各行业正装。

治本:除病根,否则为治标(不断根)。

雉鸡:白冠长尉睢,毛美尾长。

中毒:毒物使人体发病或死亡。

中风:急性脑血管疾病的统称。

中间(当中):事物的正中。如:大路~、院子~、学堂~、溶~、河~。

中间讲:开始和结尾之间说。

中间人:中介。

中间午时:中午。

中界(gai):中午。

中意:满意。

忠厚人:不越轨的人,也叫本分人。

盅盅儿:茶杯。

肿哒:肿。

众人巴户:所有的人。

重(chong)菜:菜苔晒干切细炒熟入钵压紧使酸的干菜。

重话:语重心长的忠言,很严格的话。

重孙儿:孙子的儿女,专指男孩。

重孙女:孙子的女儿,又称重孙丫头。

重阳:九月初九,又称丛阳。今为老人节。

周年:人死一年后,后人祭奠。

周围拦散:四周,附近。

妯儿娌姝:兄弟的妻子间的互称,也称姐儿、妹姐。

珠算乘法:~有三种:一是破头乘:从被乘数的第一位数乘起;二是留头乘,从被乘数的第二位乘起;三是斟(tiǎo)尾乘:从被乘数的最后一位数乘起。

猪板栗树:仿栗。

猪儿蛇:毒蛇。

猪牯子,(脚猪):种公猪。

猪楼:猪舍。

猪母娘:母猪,产过小猪的母猪。

猪脑壳:愚蠢如猪的人。比喻傻瓜、笨蛋。

猪食桶:提猪食的小木桶。

竹床:凉床。

竹枪:竹筒上装弹力强的弓,以弓射出筒内"子弹"的玩具。

竹筒水:山洪暴发时溪中水如竹筒中喷出,冲力很大。

竹纸:半透明的纸,用于写红模儿。

主菜:荤菜。

主人家:主人。

蛀节:手指关节发炎红肿。

抓把撒把:没计划,大大咧咧,随便。

抓灰不是,抓火不是:急得不知怎么办好,急得没办法。

抓米儿:蚂蚱,又叫蝗虫。

抓米:蚱蜢。

抓米鸛:啄木鸟。

抓药:到药铺按处方买药。有水药、丸药、中药、西药等。

抓子儿:一种分输赢的游戏,抓石子,用抓、招、灌等记分,桌上或地上放若干小石子儿,用一只手一边抛一边抓。

拽:丢。

专意:(形)专心、专注。

砖夹子:研用铁丝做成的梯形挑砖工具。

转赶消:消化极快的人。

转阳:复苏、转好。如:天气~。

赚钱:赚取利润。

赚头:利润。

桩:项。如:两~事。

桩巴:半截。

桩巴龙:烂仔(崽)。

桩子劲:腿劲、站劲。如:他~不错,站着推他却推不动。

装巴裤子:半截裤或裤腿短的裤子。

装大:故作傲慢。

装狗儿:小孩生病(饰语)。

装新衣:男女结婚时穿的衣服。

壮猪:肥猪,也称猪壮时间长的。

撞到:碰到。

撞到卵哒:(粗话)倒邪霉了

锥:(动)刺、扎、蜇。

坠人:排便不畅。

拙弄不拙气的:笨手笨脚。

捉:①加上,添加。②抓住。

捉肥猪:绑架。

捉嘎佬儿:拐小孩的人。常用于吓唬小孩。

捉虼蚤:在被子中~并口死。

捉人:捕人。

捉羊儿:扮羊妈妈的小儿率扮小羊的小儿与扮"虎"的小儿斗智斗法的游戏。

倬膘:猪增肥。

卓儿:①现在。②马上。

斫(zhuǎ)子:①斧头(又叫三斤半)。②碓码的前部分。③屈手指卷手掌做成往内刮的动作,叫斫。④后脑壳长,叫斫子脑壳。

斫(zhuó)子火:猎枪,也叫铳(chòng)(土家族语)。

斫棒:本意斧头把,引申为笨拙者。

酌:放、添、加。

啄(zhuǎ):①用喙捡食食物。②用脚踢。

啄(zhuǎ)米儿:蚱蜢。

啄(zhuǎ)木倌:啄木鸟。

啄瞌睡:打瞌睡。

啄米鹊:啄木鸟。

子:把。如:两~白线。

子本:①老实。如:他是个~人。②个性文静、本分。

子子本本:个性文静、本分。

子笨:老实,不胡作非为。

子姜:嫩生姜。

子母灰:柴灶烧柴后留有余烬的灰火。

子女:儿女的总称,也称伢儿俺。

姊妹:①指姐妹。②指兄弟姐妹。

紫布:用天然黄色的棉花纺的纱,用手工在木织布机上织成的黄色土布。

自家:自己。

自讲神:经常自言自语的人。

自生桥:长岩石倒在山涧上形成的自然桥。

自叶儿:蝉。

棕匠:生产棕制品的工匠。

棕壳子:用棕片糊成的硬片,作鞋底内衬,也称底壳子。

棕树:棕榈树。常绿乔木。

棕叶子扇:嫩棕叶晒干露白后织成的扇。

鬃毛:马脖上的长毛。

总成:促成,建议、推荐,成全。

总账:①算账。帐的种类:~、分账。②一起解决。

走方郎中:四方游走的医生。

走风:走漏消息。

走脚:腹泻,也叫跑脚。

走码:连接垛子的墙。

走痞:运气不好。

走人家:赴宴。走亲戚。

走窝:指牲畜发情。

走作:出了问题。如:做事要谨慎,~不得。

祖人:自己的先祖,也叫先人、先民、祖先,神龛上供有祖宗神像、祖宗神主牌,节日必祭。

祖人手里:指老祖宗生活的那个时代。

祖先人:祖宗。

钻刺笆笼:刺笆笼,指长满荆棘的灌木丛。比喻历经坎坷、干苦差事。

钻天打迷孔:想尽办法。

钻钻儿:钻子。

嘴巴詈(lì):骂人责骂,也称为唒嘴。

嘴巴笨:不善于说话。

嘴巴敞:把不能说的话也说出来。

嘴巴臭:①口臭。②讲是非小话,揭人隐私,讨厌,不中听。比喻爱说得罪人的话。

嘴巴乖:会讲奉承话。

嘴巴会讲:善于语言表达。

嘴巴贱:无的说出有的来。

嘴巴角角:嘴角,也叫嘴巴角里。

嘴巴你莫多:你莫多嘴。

嘴巴皮儿:嘴唇。

嘴巴稳:不当讲的话不讲。

嘴皮:嘴唇。

昨日:昨天。

左撇子:用左手比右手方便的人。

作:①编造。如:不必~,大家都知道是假的。②做作,故弄玄虚。

作不到数的:不行的。

作呕:想呕、作涌、干瓯。

作用:有效。

作越坝:堵住水田田塍上的出水口以保水。

坐班房儿:①判刑后按刑期坐牢。②犯事后关在班房中。

坐家:住家。

坐轿子:坐在轿中让人抬着走。

坐膀:猪臀部。

坐膀儿:猪屁股尖。

坐商:有固定门面、天天营业的商人。

坐堂郎中:药铺中为病人开处方的医生。

坐桶:冬天坐的保暖木桶。

坐席:上桌。也称坐上席位,即准备吃饭。

坐月:生完孩子要在家一个月不出门。

做瞅儿:小儿脸部器官凑成怪样子的游戏。

做戳戳生意:什么赚钱卖什么,无固定经营范围。

做工的:出卖劳力的人,旧时指长年(长工)、月工、零工、脚夫、轿夫、奶妈等。现在泛指普通劳动者。

做过场:①并不真心的做某事,只是出于某种原因应付做事。②故意做作。

做过脚:在背后做小动作,使坏。也有走过场之意。

做好事:做道场。旧时道士超度亡灵的法事,时间短的有开路、打招请、隔夜卜坛;时间长的有绕棺三天、好事七天等,由丧家视家境而定。好事的内容一般有起好事、请神、请水、打响荐、奠酒、诵经、张榜、扬幡、摆面人(无常)、绕棺、封闭、放路烛(夜晚道士引孝子沿路插点燃的蜡烛,以度亡灵),开方破狱(救亡者出地狱),破血湖城(救女亡者出血湖),行香(到附近庙宇求神护佑亡灵),祭车夫(嘱运物注意安全)封斋、开斋、送神、送水、烧纸、散好事等。

做敬:暗中给人穿小鞋。

做圈子:按圈样儿把布剪成鞋圈子再用针缝好。

做山:砍树做柴。

做生:庆祝生日。成人年龄为五的倍数为亘生,否则叫散生。散亘生才~祝贺。生日前晚杀羊、放鞭炮。男做进,女做满。老年人散生亘生都可做。小儿生则称长尾巴,谚云:"伢儿生一餐打,大人生一餐嘎(肉)"。

做生意的:各类商人的总称。

做事:①请客设宴。②工作。

做手艺的:手艺人。包括泥木瓦匠、岩匠、漆匠、裁缝、屠夫、补锅匠、待诏(理发匠)、铜匠、铁匠、油匠、厨师等手工业者。

做秧田:将田平好苗床,放尽水,踩成厢,以备撒种。

做衣:缝衣。

做那种事:男女之间发生不正当关系。

做纸:写起诉书。

栽阳桩:倒立、前滚翻。

攒劲:努力。

攒敛:节俭。

灶房:厨房。

灶锅:固定在灶上没有提耳的铁锅。

灶孔:灶膛。

燥热:闷热天气。

扎扎儿:瓶塞。

渣豆酱:用豆渣发酵制成的干菜。

炸箍:①事情办糟了。②露馅了。

醡辣子:玉米粉拌辣椒腌制而成的菜品。

醡肉:放在坛子里腌制了的酸肉。

醡鱼:放在坛子里腌制了的酸鱼。

沾干:占便宜的意思。

站柜:像人站着那么高的装衣物的木柜子。

掌坛:有宗教资格的、做某场法事的总负责人。

掌作:在某件事或活动中负责安排、指挥。

丈干:本指物体的长短,多用来指人的年龄。

丈佬儿:岳父。

丈母娘:岳母。

仗鼓舞:桑植白族独有的一种民间舞蹈,因所用的道具形似瘦身的仗鼓而得名,已经列入国家非物质文化遗产名录。

爪爪儿:手掌、手指的合称。

找不到廷:不知道其中的奥秘。

罩衣:穿在棉衣外面的衣服。

者麻人:对一件事或人的一种可爱又可怜的感觉。

赈祝米酒:生小孩后的庆祝喜宴。

镇板:木地板。

镇潭鱼:本指沉在潭底的鱼,比喻最后得到的好处。

争食窝:后颈窝。

正屋:正面的房屋。

汁儿:乳房,奶水。

芝麻沫沫儿:将炒熟的芝麻磨成细粉,加盐、辣椒或者糖做成的馅儿。

织鸡公:白冠长尾雉。

止煞:①消除灾祸的一种宗教手段。②借指对某件事务的一个交代、搪塞。

指个儿:手指。

指脑儿壳:手指甲。

志陈:讲信用。

中半截:①病名。②肿肚子的病人。

中该:中午。

中干:中间。

中柱:木房子中间最高的柱子。

周正:四平八稳,周到完整。

妯妈:妯娌。

肘子:火腿。

株芽子豆腐:用株树果实做成的豆腐。

猪儿:猪仔。

猪儿蛇:尖吻蝮。

猪牯子:种公猪。

猪楼:猪圈。

猪楼门:猪舍的门,厚木板做成的。

猪母娘:母猪。

猪屎岩:即"鸡屎岩"。

竹笼:竹林。

主杠:抬重物时最长最粗的大木杠。

主梁:堂屋中柱正上方的横梁。

主事:某项工作、活动中的负责人。

祝英台:紫寿带鸟。

抓米儿:蝗虫。

抓木官:啄木鸟。

抓抓儿鼻子:鼻尖成钩状。

抓子:斧头的别称。

抓子火:火枪。

拽把坨:身材矮小的人。

转角楼:正屋一端有横屋楼房的民居。

桩巴球裤:短裤。

装饭:盛饭。

壮:肥胖。

壮陀:胖子。

撞棒槌:说话作事直来直去,不晓得转弯的人。

撞杆:一头有铁箍,吊起来撞击木楔榨油的粗木杆。

撞头七:原意指人死后头七天闹鬼最凶,碰见了最倒霉。比喻顶风作案受到了惩罚。

紫木灰:柴草刚燃完,还有很高温度的灰。

自嘎:自己。

走脚:即"走胎"。

走胎:幼儿患疳积等毛病后,面黄肌瘦,迷信的人认为这个小孩的灵魂已经走向别处,要另外投胎去了,也称"走脚"。

钻山嘎:穿山甲。

嘴巴皮:嘴唇。

作古正经:很正经的。

作数:①算数;②完成的好;③以此为准。

作月坝:把田里放水的缺口封住。

坐床:兄亡弟取嫂,弟亡兄取弟媳。

坐卡:在山里打猎时,派人在野兽必经之路端枪守在那里。

唑孽:可怜。

做过场:故意作弄人。

做腊水:在冬泡田里铺上绿肥。

在家不搭人,出门无人搭:搭人,即与人结识交往。在家里不结交别人,出了门便没有别人结交你。

凿子雕不出肉来:借对瘦人的叙述说明某些人一无所有。

长草短草一把挽到:长草短草可缠在一起。比喻长长短短、恩恩怨怨,一切可不讲。

长疼不如短痛:比喻痛下决心立即解决问题。

胀死的舅子,饿死的姑爷:妻子当家对娘屋里的人厚,对待夫的亲戚薄。比喻以权徇私。

只听见楼板响,不见人下来:比喻只说空话,不见实际行动。

只晓得肉是嘎嘎,饭是莽莽:"嘎嘎""莽莽"为肉和饭的土家族语,意为不懂事只晓得享受。

只有瓜连籽,没得籽连瓜:比喻父母时常牵挂儿女,儿女却不一定常常牵挂父母。

只有买错的,没得卖错的:事物的被动者处于劣势,事物的主动者处于优势。

猪不吃,狗不闻:形容丑到极点,坏到极致。

捉到黄牛当马骑:比喻在有限的条件下,只好用不合格的人勉强替代合格的人才。

走三家不如坐一家:比喻工作时面上跑不如深入一个点好。

左讲左对,右讲右对:拒绝教育、不听劝告,强词夺理。

做事不问落头,打架就揣捶头:做事不问原委,盲目参与就会吃亏。

做事要分三起三慢:做任何事都要分清轻重缓急。

第二部分 张家界方言的特色

一、概 况

张家界方言属西南官话。全市又大致分成两类方言,一类是俗称"民家佬腔"的白族方言,另一类是俗称"客腔"的土家族等民族方言。白族方言区多在桑植县境中南部,以马合口、芙蓉桥、走马坪、洪家关、刘家坪白族乡为中心,为典型的白族方言。客家方言分布在全市其余各地,以桑植澧源镇一带代表典型的客家话,它接近与之邻界的永定区(原大庸)、永顺、龙山的方言。其他有些方言点,分别因其地理位置不同而与湖北、石门、永顺、慈利等地的方言也接近。全市又多是少数民族聚居地,除白族外,还有土家族、苗族等十多个少数民族。慈利县城关、江垭、溪口、龙潭河等小方言区,其音素基本上也与普通话一致,只有音差较大,溪口至龙河湾一带与永定区(大庸)桑植方言接近。全市各民族都使用汉语,语音、词汇、语法都接近普通话。差别最大的是语音,其次是词汇。词汇主要是口头用语,一些方言词和少数民族语汇只在口头保留使用,语法则无多大差异。随着社会经济文化的不断发展,普通话逐步推广普及,各方言区的语言与普通话的差异日渐缩小,语音更接近普通话,方言词汇被普通话词汇取代。很多地方中老年人现在还用白族、土家族对话,哭嫁、唱山歌。如慈利江垭、桑植马合口、芙蓉桥话和永定区沅古坪方言等。

方言也是张家界人的文化财富,很多人也在研究,1999 年出版的《湖南省志·方言志》和高等教育出版社出版的《湖南普通话训练与测试》也对张家界方言的声调进行了分类,只是后者调名为阴平、阳平、阴上、阳上、去声;前者调名为阴平、阳平、上声、去声,其调值为 35、213、53、33;2009 年出版的《湖湘文库》将张家界方言的声调亦分为四类,调名、调值为:阴平 35、阳平 15、阴上 41、阳去 43。综观以上书籍对张家界方言的调类、调名、调值的确定情况,笔者根据张家界方言语音的客观实际,认为《湖南省志·方言志》对张家界方言的调类、调名、调值的确定更符合张家界方言的客观实际,故本书采用了《湖南省志·方言志》对张家界方言调类、调名、调值的确定方法,给张家界部分方言注了音。

我们研究描述的方言,尽量借用汉语拼音注音,有些音节和拼读规则是普通话中没有的,某些特殊音节采用国际音标并用方括号标明。

二、语 音

(一)声母
张家界方言的声母大部分与普通话一致,明显差异是"f、h"混淆,"n"都读成

"l",少数地区"zh、ch、sh"读成"z、c、s",此外,比普通话多一个声母"ng"。

1.除语气词如"唉、嗯、呀"等之外,普通话零声母的开口呼韵母和一部分齐齿呼韵母,方言都用"ng"作声母(音节后的阿拉伯数字表示调值,下同)。以桑植方言为例:

汉字	普通话	桑植客家话	桑植白族话
矮	ǎi	ngài 51	ngāi 55
安	ān	ngān 55	ngàn 31
欧	ōu	ngōu 55	ngòu 31
思	ēn	ngēn 55	ngèn 31
额	ě	ngé 35	ngǎ(入)
鸭	yā	ngá 35	ngǎ(入)
眼	yǎn	ngàn 51	ngān 55

2.f 和 h 混淆,f 声母除与 u 相拼的音节外,大都读成 h,而在 h 声母与 u 相拼的音节中,又把 h 读作 f。例:

汉字	普通话	客家话	白族话
发	fā	huā 35	hua(入)
分	fēn	hūn 55	hùn 31
锋	fēng	hōng 55	hòng 31
放	fàng	huáng 35	huàng 51
呼	hū	fū 55	fù 31
湖	hú	fū 33	fù 51
浒	hú	fù 51	fú 55
户	hù	fú 35	fú 22

3.l 和 n 不分,n 声母大都读成 l 声母,如"拿、那、奶、男、奴、内、年、诺、你、宁"等都成 l 声母。

4.少数地方如桑植五道水地区将卷舌音 zh、ch、sh、r 读成舌尖音 z、c、s、[z],如"张"读作:zang"厂"读作 cǎng,"人"读作(zen),"热"读作(ze)。

5.各方言还将 j、q、x、g、h 有些字混淆,如"象"读作 jiang,"祥"读作 qing,"艰"读作 gan"讲"读作 gang,"限"读作 han,等等。(各小方言区调值不同,因此不标调,下同)。

(二)韵母

张家界桑植方言的韵母与普通话比较,比声母之间的差异大,情况较复杂。

1.在单韵母中,桑植方言一般不用 e,e 都读作 ê,或变成 uo。例:

"格、得"分别读作 gê、dê;

"可、个"分别读作 kuo、guo。

2.u 和 u 行的韵母,在有些普通话音节中,单韵母 u 前加上 r 构成复韵母,或者加 o 构成复韵母变为方言;而有些以 u 开头的复韵母音节在方言中都去掉了 u。例:

"朱、出、书"分别读作 zhru、chru、shru;

"粗、土、都"分别读作 cou、tou、dou;

"寸、端"分别读作 cen、dan。

3.个别小方言区如桑植五道水,将 ü 都读作近似 u 的音,而且声母也变化为卷舌音:zh、ch、r 等。例:

鱼–rú 12　雨–rǔ 312　元–ruán 12

女–rǔ 312　决–zhué 35　去–chū 55

4.桑植廖家村等一小部分方言区,将 ü 都读成 i。例:

鱼–yī22　雨–yì 51

元–yān 22　女–lì 51

5.后鼻韵母 ing、eng,各方言都读作前鼻韵母 in 和 en。个别地区如桑植廖家村,将后鼻韵母 ang 读作 án,如"上"读 shán 35,"帮"读 bán 55,"床"读"chuān 22"等等。在有些音节中,桑植方言又把 eng 读成 ong。例:

英–yin　请–qin　生–sen　成–chen,　风– hong　仍– ren　朋–pong,猛–mong

6.还有些普通话音节,在方言中或改变韵母,或连同声母也改变。例:

汉字	普通话	方言	汉字	普通话	方言
北	běi	bai	岩	yán	ngai
寻	xún	xin	跨	kuā	ka
牛	niú	you	旋	xuán	san
鞋	xié	hai	瞎	xiā	ha

7.典型白族方言将普通话"ou"韵母多半读成"ê"韵母,例:

汉字	普通话	白族话	汉字	普通话	白族话
蔸	dōu 55	dê 31	厚	hòu 51	hê22
斗	dǒu 214	dê 55	口	kǒu 214	kê55
豆	dòu 51	dê 22	楼	lóu 35	lê51
沟	gōu 55	gê 31	呕	ǒu 214	ngê55
狗	gǒu 214	gê 55	偷	tōu 55	tê31
猴	hóu 35	hê 51	走	zǒu 214	zê55

有一部分音节如 kou(抠、扣)、zhou、chou、shou、you、sou、rou,白族话与普通话的韵母一致。

8.方言中保留了部分古声韵现象,特别是白族,还保留了人声字的读音。例:

斜-xia,削-xüo,说-shuê,恶-wo,国-guê,江-gang,没-mê,蛇-sha,些-xia。

(三)声调

声调的差异最大,一是各方言区与普通话之间,二是各方言区相互之间。就客家方言来说,城郊已有阴平、阳平、去声,阴平中又分低和高两调;桑植县西北地区有五声,比城郊区多一个上声调。白族话的语调更复杂,各小方言区都在五种调以上,古汉语的入声大多保留在白族方言里。土家族民众一部分融入客家,有些与白族融合,保留土家民族语言的极少。

普通话、客家方言(城郊区)、白族方言声调对照如下:

汉字	普通话	客家话	白族话
安	ān 55	ngān 55	ngàn 31
姑	gū 55	gū 55	gù 31
飘	piāo 55	piāo 55	piào 31
缺	quē 55	qué 35	que(入)
财	cái 35	cāi 22	cài 51
禾	hé 35	huō 22	huò 51
棉	mián 35	miān 22	miàn 51
国	guó 35	guê 35	guê(入)
厂	chǎng 214	chàng 51	chāng 55
雪	xuě 214	xié 35	xie(入)
请	qǐng 214	qìn 51	qīn 55
走	zou 214	zou 51	zê 55
大	dà 51	dá 35	dāi 22
闷	mèn 51	mén 35	mēn 22
志	zhì51	zhí35	zhì 51
够	gòu 51	góu 35	gòu 51
托	tuō 55	tuó 35	tuo(入)
脚	jiǎo 214	juó 35	jue(入)
得	dé 35	dé 35	dê(入)

说明:(1)除古入声字外,普通话阴平调客家话仍读阴平,有一部分变为阳平,白族话都读去声(低去)。(2)普通话阳平调,客家话读阴平(低平),白族话读去声(高去)。(3)普通话上声调,客家话读去声,白族话读阴平(高平)。(4)普通话去声调,客家话变阳平,白族话一部分读去声(高去),一部分读阴平(低平)。(5)入声字在普通话中派入四声,在客家话中读阳平。

从上述中还可以看出两个特点:一是典型客家话中没有上声,而阴平调却分成两类高平(55)和低平(22);二是白族话也没有上声而多去声,去声中分高去(51)

和低去(31),除保留部分普通话去声字读音外,普通话的阴平与阳平都转为白族话的去声,因此外人听来,白族话去声字多,字音粗重,感觉十分明显。

(四)其他音变

1.普通话表音不准确的形声字,方言中有些仍按声旁读音。例:

吃–qi,qie　瞎–ha　核–hai　课–kuo　迫–pai　翅–zhi

2.普通话表音准确的形声字,方言中有些表音不准确。例:

遍–pian　弹(子弹)–tan　雌–zi　拌–pan

3.儿化音。一般名词和形容词在口语中均可儿化,但单音节的必须重叠。例:

箱—箱箱儿(xiang xir)

水—水水儿(shui shur)

桌—桌桌儿(zhuo zhur)

白—白白儿的(bai br di)

轻—轻轻儿的(qin qr di)

有些方言形容词,可单用,也可重叠儿化(声调以客家话为准,下同)。例:

糯(nuó 35)—糯糯儿的(物质很粘)。

趴(pā 55)—趴趴儿的(食物熟透松软)。

怏(yāng 55)—怏怏儿的(没精神)。

面(mián 35)—画面儿的(食物松软带粉质)。

三、文字、词汇

(一)文字

张家界方言都使用汉字,有些方言词没有相应的汉字可书写,只在口头保留,或借用同音汉字书写,也有少数汉字专门表示方言词,一般是地名。

例:溪–qi(有"人潮溪""芭茅溪"等地名)。

洛–nuo(有"三屋洛""杨家洛"等地名)。

垉–bao(有"走马坪碾子垉""竹叶坪刘家垉"地名)。

(二)词汇

一般的方言词汇张家界都通用,大部分没有相应的汉字可记,只能借用汉字表音。

1.名词(含方位词)

麻麻儿亮:黎明。

阳青白日:白天。

中介(gai):中午。

煞(sa)黑:黄昏。

马映:彩虹。

罩子:雾。

凌梗儿:冰凌条。

凌片:薄冰块、冰面。

垴上:山坡顶。

凹(kui)里:低洼处。

桟巴:底层。

皮头:上层、上头。

桟里:内层、底层。

塲(yi)口:农作或手工操作的起始处

剌(la)缝:缝隙、裂缝。

剌(la)子:建筑物的夹道。

磉(sang)礅:屋柱下方的石礅。

地枋脚:房屋底层地板下面的空间。

斫(zhua)子火:火枪。

会头:婚嫁喜事。

门头:红白喜事。

斫(zhua)子、三斤半:斧头。

碓码:舂米、加工粮食用的器具。

梭筒:吊在火坑上挂炊具的竹筒。

衬架(ke)儿:火坑中煮饭用的三脚铁架。

枷担:套在牛脖子上耕田地用的木架。

巴衣儿:无袖无领的上衣。

抵抵儿:顶针

沿边:包在布鞋底周边的布。

绰绰儿:帽子前部突出的前沿。

鼻卷:栓住牛鼻子用的栓。

嘎(ga)公:外祖父。

嘎(ga)嘎、嘎婆:外祖母。

幺(yao)幺:叔叔或小姑。

大大(儿):姑妈。

后家(ga):娘家。

佬佬、佬宝儿:男孩的昵称。

水子:本意指失效的子弹,借指不起作用或不正经的人。

四眼人:孕妇。

懒始皇：用"秦(勤)始皇"的反义,谓大懒汉。

火眼睛：眼睛发炎或比喻仇人。

尖脑壳：吝啬鬼。

老太：老婆、妻子。

萝卜花：一目(眼)因坏瞳仁而瞎的人。

一只夫、单兆：瞎一目(眼)的人。

嚼经客：能言善辩或强词夺理的人。

侮马人：懦弱无能的人。

糯米砣(tuo)：比喻懦弱无主见的人。

空脑壳：头脑简单易受骗的人。

直肠子：直爽的人。

木脑壳：比喻笨蛋、傻瓜。

人来疯：喜在外人面前炫耀的人。

挑(tiao)胯(ka)：一丝不挂、光身子。

黑眼疯：晕病。

脸包：面颊。

指梗儿：手指或脚址。

汁(zhe)儿、汁儿包：乳汁,乳房。

倒拐子：手肘。

阳子窝：大腿与小腹交汇处。

鸟(diao)儿：男性生殖器,特指小孩的。

客膝垴儿：膝盖。

连巴墩儿：小腿内侧。

螺者骨儿：脚踝骨。

阳子：淋巴结。

梁儿骨干(gan)：小腿骨。

呼(hou)包：患气喘病的人。

曲(qiu)肠儿：蚯蚓。

叫叫儿：蛐蛐儿、蟋蟀。

蛴米儿、夜牯子儿：蝉。

盐老鼠：蝙蝠。

蛇母娘：蛇。

麻龙子儿：蝌蚪。

高客：老鼠。

摆脑壳虫：孑孓。

绿(lou)蚊子:苍蝇。

沙蚊子:一种小如细沙的吸血蚊。

夜火儿:萤火虫。

回屎夹(ga):屎壳螂。

团鱼:鳖、脚鱼。

锯巴鱼:鳜鱼。

土牙(nga)巴:一种褐色细鳞的鱼。

趴佬儿、巴岩(ngai)儿:贴身石底的小鱼。

厄(nge)牯:一种无鳞的鱼。

咻咳胞:癞哈蟆。

啄(zhua)米儿:蚱蜢。

脚猪:种公猪。

龙狗:公狗。

猪:公猪。

米猫儿、细猫:雌猫。

粗猫儿:雄猫。

蒙羊:不生育的母羊。

肘子:猪、羊宰杀后一只后腿连臀部砍下的肉块。

和渣:黄豆磨成浆糊后加切细菜叶煮成的菜。

起炸:油炸豆腐。

牛头薹:马尾葱。

扯根菜:菠菜。

精豆:四季豆。

阴米儿:经蒸熟后拌油晾干的糯米食品。

炒米:爆糯米或爆阴米。

包谷花儿:爆玉米花儿。

蕃薯:红薯。

汤果儿:汤圆。

北瓜:南瓜。

冬笋:茭白。

壳叶儿:生笋或玉米棒的外衣。

枞树:松树。

柏枝树:柏树。

木籽:乌柏籽实。

旋(san)栗儿树:类似板栗的一种树。

桐麻树:梧桐树。

2.动词

歹:吃、痾、做、搞等通用动词。

斗把:挑拨、搬弄是非。

嚼腮:斥人随便乱说。

招伙、招架:提防。

喜挨:推托。

渥:掩、蒙、覆盖。

担:用肩扛(挑水不说"担水")。

惯使:放纵、娇惯。

即可始:开始。

把子:以为、认为。

跶:嬉戏好动。

蚩蚩戳戳:乱动扰人。

向框:想办法、打主意。

自短路:寻短见。

喷口白:说大话。

扳:摔倒、跌跤。

蚩、蚩起:①伸出。②指使。

粗伙:怂恿、恭维。

日弄:耍弄、蒙骗。

掉牙巴骨:斥人扯谎,斥人造谣生事。

逗巴儿:亲嘴。

掌座(zuo):主持。

绞伙:合伙。

栽羊桩:翻筋斗。

使怯(quo)宝:捉弄人。

做过场:使手脚、设圈套。

踹(zhuai):蹲下。

冤(yuan、yue):使身体或器物弯曲。

趄(que):用手折断:

掐(ka、ka):①抓住。②用指甲掐东西。

犟:挣扎,倔强不听人劝导、固执。

祸(huo):有毛的东西刺激人皮肤。

巴:①粘贴。②烫。

恰(qia):躲藏。

汶:淹。

嗷(ngang):①出声地哭。②蚊蝇、器物的"嗡声"。③牛叫。

呼(hou)、起呼(hóu):斥人无理的炫耀行为。

走草、起草:雌性兽类发情。

喊春:雌猫发情。

冒栏:猪、牛发情。

上场(yi):上工地开始劳作。

醒水:醒悟,知道真相或真相大白。

哈人:搔人痒处使人难受。

汲(ji):把液态东西向外挤出。

劁(jian):阉割。

宰:骗。

捞:拿,泛指动手。

3.形容词、副词

白斥拉嘎:苍白。

黑黢麻嘎:漆黑。

松活:轻松。

乖致:漂亮。

邋遢:脏、不清洁。

怏:没精神。

阆(lang):体态瘦长。

刮毒:阴险刻薄。

尖:吝啬。

见尽、过于:过于计较,丝毫不让人。

穷悚:纠缠不清、啰嗦。

索利、亮索:干净、整洁。

拐:诡诈、狡猾。

拐哒:危险、坏了、糟糕。

孼且(qie):不听招架、无理取闹。

疲:反映慢,拖沓。

恪(ge)、恪固:固执。

扮子:专门、故意。

单里、单另:再、另外、重新。

紧、紧到:总是、老是。

连不连:连连。

吊:吊儿郎当,吊里吊气

扯常:经常。

暗合:恰巧、恰好。

消会儿、稀会儿:差一点儿。

4.代词

(1)表人称

嗡:我,我们(桑植廖家村地区方言)。

个儿、自家:自己。

顽:俺、咱们、我们。

他俺:他们(俺作词尾)。

大使:大伙儿、大家。

(2)表指示,"门"作词尾与"么"音近义同

迨里、迨儿:这里、这儿。

迨门:这么。

那门:那么。

那下(ha)儿:那里。

(3)表疑问,"门""得"为词尾

么得:什么。

哪门:怎么。

舍个、啥个:谁。

5.助词,只有时态助词与普通话有别

到、到起:着如:听到、听到起、拿到、拿到起,相当于听着、拿着。

哒、啊的、哒的:了、过。如:吃哒,来啊的,听哒的,相当于吃了、来了、听过。

6.特殊位置方言

……边:旁边。山~、水~、塘~、路~、街~、塌~、火坑~、锅~、手~、那~、这~。

……边边上:最靠边的地方。山~墙~、桥~、塌~、眼睛~。

……而……之:形容到达的程度。啾而拐之(极亲热),糊而统之(极糊涂),假而马之(特假)。

……后头:后面。山~、屋~。

……里:里面。山~、河~、屋~、柜~、碗~、手~、脚~~、心~、书~。

……面前:前面、前方、前头。树~、屋~、山~。

……头:面。上~、下~、高~、前~、后~、外~、里~、这~、那~、皮~。

……以……:……的。路以上,屋以西。

……之……:……的……。路之下、屋之旁、山之顶。

7.特珠口语方言对应

哎个咋滴:惊讶。

巴水:热水。

白卡卡:苍白。

扮子那门搞地:故意。

包你尿滴:叫嚣。

踩雄:性生活。

扯板筋:歇斯底里的叫喊。

打背赞:小人,到背后说人坏话。

打洞儿走:方向,从这边走。

打密孔:游泳。

打破:离间别人。

打秋火:蹭别人饭吃。

打挑嘎:裸体。

大痞:粗心大意。

大使莫搞哒:使气,大家别做了。

倒拐子:手肘。

癫哒:①高兴。②发疯了。

兜兜儿:内衣。

斗祸:挑起矛盾。

对面火烧山有我卵相干:不服责任的态度。

放人嘎:姑娘找男朋友。

风车架子:形容人清瘦。

赶场:逛街赶集。

赶山:上山打猎。

刮毒得狠:阴险毒辣。

拐舔卵哒:心眼。

怪阔;扭捏。

惯实:错误教育子女的方式,溺爱。

哈嘛批:蠢货。

化生子:咒骂别人的话。

火眼睛:仇人。

见尽:起意见了。

绞火:姘居。

紧到:执着。

精嘎儿:瘦肉。

肯日温:倒霉。

老把式儿:老公老头子。

落皮脱壳:累坏了。

码头:地方。

蚂映:天上的彩虹。

毛骚:轻狂的生活态度。

莫奈何:无奈。

哦朗骨:河里的哦卵石。

屁儿啰索:拖泥带水。

屁儿胀:吃饱了没事干。

起炸:油炸豆腐。

秋娘怪:轻挑。

然合:恰到好处。

使雀宝:幽默,恶作剧。

爽尿滴:舒服。

水子客:流氓。

死心:称赞。

抬杆子:争吵。

舔卵哒:突发事件,没做成。

退退儿屋:小偏房屋。

歇哈气:休息。

盐老鼠儿:蝙蝠。

快快儿地:没精神。

窑货:陶瓷器皿。

一抹黑地:不明白。

长尾巴:过生日。

着伙倒:警告、小心。

罩子:蒙胧轻雾。

赈祝米酒:生小孩请客。

8.澧水船工号子

澧水船工号子(也称船工号子),2006 年被列入第一批国家级非物质文化遗产名录。编号为 II-33。在内容上歌词和船工的生活密不可分,多以反映船工们的生活和劳动场面为主题。例:太阳出来红满天,船工汗水湿衣衫,山高水险不用怕,步步蹬稳往前爬。

也有发牢骚以缓解劳动压力的歌词。例:高山乌云即刻到,拉纤好比过天桥,泥烂路滑难行走,汗水雨水流成槽。

也有唱爱情的。例:大河溜溜泽水,走白溜溜的浪;河边溜溜的二姐,搭拜溜溜的上,风儿吹来河儿秀,情哥搭信要鞋穿,从领唱到合唱全是衬词的。例:太阳(哪的个)出来(呀哎),红似(啊的个)火(啰呵),驾起(呀的个)船儿(哪哈),走红(哎)河(啰呵呵呵)。

9.哭嫁歌

女儿哭:哎呀,我的爹、我的娘,铜盆打水透底清。女儿今朝离双亲。唉呀我的爹、我的娘,父母养来父母生,今朝女儿放歌声,女儿不能天天孝父母,好比浮萍未定根。

娘哭:唉呀,我的女儿、我的宝,你是娘的肉,你是娘的崽。不是爹娘心肠硬,不是把你赶出门,树大要分枝,女大要嫁人。如今女儿长成人,离爹离娘去成亲,好好生活伴新人。

10.上梁歌

农村修木房上梁完毕,木匠登上房顶,抛糍粑粑或糖果、圆饼,他边撒边唱,下面围观者都纷纷争抢撒来的粑粑:争抢者越多,越激烈。主人越高兴,认为以后家庭幸福、兴旺、好兆头。

上梁甩糍粑粑歌

一手粑粑甩在东,代代儿孙在朝中。
二手粑粑甩在南,代代儿孙做朝官。
三手粑粑甩在西,代代儿孙穿朝衣。
四手粑粑甩在北,代代儿孙出角色。
五手粑粑甩中央,代代儿孙状元郎。

11.儿歌

（1）

大月亮,小月亮,
哥哥起来做篾匠,
嫂子起来纳鞋底,
婆婆起来舂糯米。

（2）

推粑粑,接嘎嘎(外公、外婆)
推粑粑,接嘎嘎,嘎嘎不吃酸粑粑。
推豆腐,接舅舅,舅舅不吃酸豆腐。
推和渣,接姨妈,姨妈不吃酸和渣。
推高粱,接幺娘,幺娘不吃酸高粱。

推粉粉儿,接婶婶儿,婶婶不吃酸粉粉儿。

(3)

聋子壳,扁担夺,夺出血来我有药。

什么药?

柑子皮、辣椒沫,辣得心里不快活。

另加狗皮大膏药。

什么膏? 蛋膏。

什么蛋? 皮蛋。

什么皮? 牛皮。

什么牛? 水牛。

什么水? 井水。

什么井? 水井。

(4)指纹歌

一脶(luo)穷;二脶富;三脶四脶穿破裤;五脶六脶蹲到田坎上守鸭母;七脶八脶骑到马上上谷箩;九脶单,做大官;十脶全,中状元;十脶消,挎金包。

注:脶(luo),指纹,成螺旋形的叫脶,有缺口的叫筲箕。

(5)忌讳

正月不捡鹰爪鸟,

二月不捡花手巾,

三看不见蛇喜舞,

四月不见人成双,

五月不捡河虾鱼。

12.猜妹子(谜语)

三头六耳四脚行,一半畜牲一半人。两耳不听凡人话,四耳听到鼓掌鸣。

谜底:舞狮子

弯弯拐拐一条溪,一对明月照江西,小姐坐在云盘里,阳天白日逗鬼迷。

谜底:旱碾

高小姐个个受伤,竹小姐用力捆绑,木小姐稳坐中央,灰小姐赶出家门。

谜底:高粱苗子扫帚

一只脚咚咚叮,两只脚报五更,三只脚坐火炕,四只脚守槽门。

谜底:碓码 鸡公 撑架 狗子

一条大乌蛇,牙齿二三百,走路沙沙响,出来就落雪。

谜底:锯子

小小娃娃穿金甲,世上只有他为大,小姐见他花不绣,皇帝见他打拱手。

谜底:稻谷

木做弯弓铁做弦,两边站的活神仙,雷公哼哼不下雨,雪花飘飘在眼前。

谜底:双人拉弓锯

黑脸包承相,坐在高台上,扯开八卦阵,专捉飞天将。

谜底:蜘蛛网

一个鸡蛋,滚到西山,我想取去,觅得盘缠。

谜底:月亮

远看一匹马,近看无尾巴肚里六块叶,口里吐黄沙。

谜底:风车车谷

弟兄七八个,共床黑被窝,钻进驼背汉,被窝被撕破。

谜底:剥桐籽

八月十五去,五月端午回;盘缠都用光,剩个打锣槌。

谜底:大蒜

头顶白发姜子牙,口衔红须笑哈哈,身披柳叶步步高,脚踏莲花是哪吒。

谜底:百合

一条白龙下乌江,四面八方发毫光,白龙吃尽乌江水,水吃干哒龙就亡。

谜底:桐油灯

紫色树儿开紫花,叶叶只得手板大,紫花开谢结紫果,紫果里头装芝麻。

谜底:茄子

七尽围圆尺半高,正好对齐姐的腰,腰身弯来屁股翘,前头好似雪花飘。

谜底:播簸箕

四根柱头起高楼,水浒三关在上头,人家都说皇帝大,皇帝见他也低头。

谜底:洗脸架

生在青山桠对桠,神仙赐给老人家,上山下坡都得力,亲生儿女不如它。

谜底:拐杖

团团圆圆一座城,四面八方紧关门,有事就把肝肠挖,无事做个倒关门。

谜底:匍菜坛子

团团圆圆一座城,四四方方千多门,打赤膊的钻过去,穿起衣服难通行。

谜底:筛米

李家两个姑娘,般高般大般长,喜欢和人亲嘴,百样滋味都尝。

谜底:筷子

树是竹子节,叶是扁担叶,树顶把花开,腰里果子结。

谜底:包谷

一对弯腰汉,挨到门边站,放帐我不管,收帐我上前。

谜底:帐钩

生在青山叶排排,死在火里挖土埋,埋了三天才断气,挖出骨头到处卖。

谜底:烧木炭

两个伢儿一般高,天天起来捡柴烧。

谜底:火钳

讲个讲个,一手提两个。

谜底:油盐罐

留侯私宅墙基址。

地名谜底:张家界

穷人面前一枝花,富人面前不爱它,五荒六月没见哒,冬天腊月又现哒。

谜底:火儿疤

九洲万国共一家,遍山遍岭种棉花。今年棉花干断种,明年无种开现花。

谜底:雪

冬来冬生,春来不生。巅往下生,兜往上生。

谜底:凌根儿(冰)

槽槽(曹操)留下一根枪,不上灰尘发豪光。造枪本是闲时(寒、汉时)造,败枪就是晴时(秦始皇)黄。

谜底:凌根儿(冰)

有手无脚,有嘴无脑壳,有底装不了货。

谜底:犁辕

以上这些文字词汇都是方言的重要组成部分,表达了既定的事实与哲理,也反映了劳动人民的生产生活与文化活动。

13.不能借用汉字表音的方言词语(举例以"~"代替本字)

pā 55:俗称"~场"。

cèn 51:①用手往下压,整人叫~人。②做,如:~事。

hê 22:蠢、傻。傻瓜称~包。

gā 55:胜过、压过、控制,与"枷"义近,如:我~得住他。

bu 55:瘪、凹陷如:球~了

kuí 35:①瘪,凹陷。如:这地方~下去了。②低地、低处,如那个~里。

piàn 51:同"铲"义。如:~草。

piē 55:①名词,竹制或木制的用具。如:把棉花放到~子上晒。②动词,趔趄,俗称~脚。

nò 51:①舌头在口腔内回旋的动作。②说话舌头不听使唤叫打~。③做事不利索,叫~糊。

mān 22:壁上或水面一层很薄的浮生物,如蜘蛛~子。

pài 51:①量词,两手侧伸的长度叫一~。②动词,如:用手~一下长度。

pōng 55:义同"喷",如~香。

bià 51:副词,表程度极其。如:~淡的。

gāng 55:扬起(指烟雾、尘土)。

chuāng 22、chua 35:淋,如:~雨。

chài 51:踩,如:用牛~瓦泥。

gā 55 gan 55:①有分寸。②估计

shuān 22:扯闲话,如:~白话。

chuāi 35:①赖着不动。②硬塞给别人,如:把东西~给他。

chuāi 55:①同"揣"。②砸,如:把核桃~破。

qué 35:同"蹶",牛奔驰叫起~子。

gà 51:小儿叫肉为~~~~儿。

mōng 55:小儿叫饭菜为~~。

guāi 55:小儿玩具称~~儿。

māi 55:同"掰"。

làng 51:推(人)、摇动(液体)。如:~他一掌。

piē 22:蹦、挣扎,如"鱼儿~上岸。"

liá 35:滑脱、脱落。如:锄头把~了,他做事往后~。

lóng 35:缩进,如:把手~进衣袖里。

tāi 55:向上托,俗语斥人巴结叫~卵包。

diá 35:垂下,垂头叫~脑壳。

tià 51:①迟缓、没精神,慢吞吞的人叫~皮,没精神叫快~。;②垂,眼皮下垂叫眼睛皮~起。

liá 51:说话嗲声嗲气。如:~起个腔板。

záo 35:用脚踩。如:~他两脚。

shī 55:①承接。如:用桶~屋檐水。②挨、挨打叫~家伙。

zhuái 35:①用弯曲的手指中间关节处打人,一般对付小孩。如:我~你一家伙。②名词,手指弯曲的中间关节处叫~子。

tié 35、tao 22:捆、绑,如:把手~起。

shuá 35:跑,飞跑叫飞~。

tōng 22:量词"个",称人则含贬义。如:那几~坏家伙。

四、张家界方言语音分析

(一)声母

普通话声母共有 21 个,当地方言声母总数为 22 个,没有普通话的舌尖中音 [l],而另有唇齿音 [v] 和舌根音 [ng]。其他声母都相同。

1.[l]读成[n]

当地方言没有声母[l],如普通话中的力、历、立、里、利、离、仑、兰、蓝、龙、隆、卢、录、路、令、老、劳、列、良、两、凉、连、炼、脸、廉、林、鳞、罗、洛、类、刺、腊、流、留、累、雷等字的声母[l],都读成了鼻音[n]。

2.[n]读成[r]

这种情况不多,只有可数的几个字。如浓[nóng]–[róng]、挠[náo]–[ráo]等。

3.[f]和[h]相混

当韵母是[a、an、en、ang、ei、eng]时,一般将声母[f]读成[h]。如发、伐、法、饭、帆、烦、反、分、奋、愤、方、防、房、飞、非、肥、丰、风、封、锋等;当韵母是[u]时,又将声母[h]读成[f],如乎、呼、胡、葫、糊、湖、狐、壶、虎、唬、忽、囫、户、护、浒、互等。

4.送气音和不送气音相混

不送气音有时读成送气音,如将"傍"的声母[b]读成[p];"概、溉"的声母[g]读成[k];"秩"的声母[zh]读成[ch];"昨"的声母[z]读成[c]。应送气有时又读成未送气,如将"扛"的声母[k]读成[g];"企"的声母[q]读成j;"翅"的声母[ch]读成[zh]。

5.声母[zh、ch、sh]有时读成[z、c、s]

将"争、挣、睁、铮、筝、峥、狰、净、狰"等字的声母[zh]读成[z];"初、础、楚、衬"的声母[ch]读成[c];"师、狮士、仕、似、事、侍、瘦、生、甥、牲、省"的声母[sh]读成[s]。声母[sh]有时又读成[ch],如将"售、暑、署、曙、薯、黍、鼠、束"等字的声母[sh]读成[ch]。

6.声母[j、q、x]有时读成[g、k、h]

将"夹、家、奸、间、艰、减、阶、皆、街、解、介、界、疥、戒、诫、届、讲"的声母[j]读成[g];"敲"的声母[q]读成[k];"虾、瞎、闲、衔、限、项、陷"的声母[x]读成[h];"械"的声母[x]读成[g]。

7.声母[l]、[n]在韵母[u]前一律读成[r]

将"吕、驴、旅、律、虑"和"女"等字均读成[ru](成音后声调有所不同)。零声母[u]音字如"鱼、雨、玉、语、羽、与、宇、预"等互加了声母[r],读成[ru](成音后声调有所不同);零声母"晕、云、匀"等字,[yún]读成[rún];"孕、运、韵"等字[yùn]读成[rùn]。

8.声母[j]在韵母[u]、[uan]、[ue]、[un]之前,一律读成[zh]

如"居、据、菊、桔、举、沮、句、俱"等字均读成[zhu],"捐、卷、倦"等字均读成[zhuan],"决、绝、倔"等字均读成[zhue],"军、君、菌"等字均读成[zhun](成音后声调有所不同)。

9.声母[q]在韵母[u]、[uan]、[ue]、[un]之前,一律读成[ch],如"区、去、取"等字均读成[chu],"权、全、劝"等字均读成[chuan];"缺、阙、瘸"等字均读成[chue],"群、裙"等字均读成[chun](成音后声调有所不同)。

10.零声母字前加声母。除了上面讲到的零声母[u]音字加声母[r]读成[ru]音外，还有某些零声母字加了独特的方言声母:"乌、无、五、物、舞、吴、误、务、武、屋、午、雾、污"等零声母字加了声母[v]，读成[vu](成音后声调有所不同)。

"兀、员、园、原、运、怨"和"月、阅、悦、越"等零声母字加了声母[r]，分别读成[ruan]或[rue](成音后声调有所不同)。

"疑、业"等零声母字加了声母[n]，分别读成[ní]和[niē]。

"爱、哀、挨、埃、鸭、岩、咬"等零声母字加了声母[ng](在普通话中,[ng]只充当韵尾,不充当声母)，如"哀"读成[ngái]，"鸭"读成[ngá]，"咬"读成[ngáo]，"昂"读成[ngáng]。

(二)韵母

普通话共有 39 个韵母，当地方言只有 36 个韵母，没有普通话的后鼻韵母 eng、ing、ueng。

1.无后鼻音[eng]、[ing]、[ueng]

(1)韵母[eng]的异读:

[eng]读成[en]，如"正"[zhēng]→[zhēn]。

[eng]读成[ong]，如"丰"[fēng]→[hōng];"讽"[fěng]→[hōng]:

[eng]读成[ang]，如"泵"[bèng]→[bàng]。

[eng]读成[in]，如"棱"[léng]→[lín]。

[eng]读成[un]，如"横"[héng]→[hún]。

(2)韵母[ing]的异读

[ing]读成[in]，如"病"[bìng]→[bìn];"顶"[dǐng]→[dǐn];"平"[píng]→[pín]。

[ing]读成[uen]，如"荧、营、"[yíng]→[yún]。

[ing]读成[en]，如"明"[míng]→[mén]。

(3)韵母[ueng]的异读:

[ueng]读成[ong]，如"翁"[wēng]→[wōng];"瓮"[wèng]→[wōng]。

2.韵母相混

(1)[ai]、[o]读成方言韵母[e]

说明一下，方言韵母[e]的音值不同于普通话的韵母[e]。只相当于普通话韵母[ie](耶)后面那一半，和英语单词 bed(床)的元音相似。下面所谈方言韵母[e]的音值都是如此。

普通话中某些[b、m、zh]与[ai]相拼的字，[ai]读成方言韵母[e]，如:"白"[bái]一bē;"百"[bāi]→[bē];"麦"[mài]→[mē]; 脉"[mài]→[mē];"摘"[zhāi]→[zhē],"宅"[zhái]→[cé],"窄"[zhǎi]→[zé]。

普通话中某些[b、p、m]与[o]相拼的字。[o]读成方言韵母[e]，如:[b]声母中的"伯、泊、舶"[bó]→[bé];[p]声母中的"迫、魄"[pò]→[pè];[m]声母中的"默"[mò]→

[mé]。

（2）普通话韵母[e]有时读成[uo]，如：[ge]“哥”[gē]→[guō]；“课”[kè]→[kuò]；“喝”[hē]→[huō]。

（3）普通话韵母[o]有时读成[u]，如[f]声母中的“佛”[fó]→[fú]；[u]有时又读成[o]，如[s]声母中的“塑”[sù]→[sò]。

（4）[mu]音节全部字都读成[mo]，仅声调不同。

（5）[i]作韵头时往往读成[u]，如“鲜”[xiǎn]→[xuǎn]；“显”[xiǎn]→[xuǎn]；“弦”[xián]→[xuán]：

（6）[u]或[uo]读成[ou]

[u]读[ou]，如：“竹”[zhú]→[zhóu]；“嘱”[zhǔ]→[zhǒu]；“初”[chū]→[cōu]；“楚”[chǔ]→[cǒu]；“梳”[shū]→[sōu]；“叔”[shū]→[shōu]；“苏”[sū]→[sōu]；“读”[dú]→[dóu]；“土”[tǔ]→[tǒu]；“祖”[zǔ]→[zǒu]。

[uo]读[ou]，仅[s]声母中的“缩”[suō]读成[sōu]。

（7）[ie]、[ian]有时读成[āi]，如：“阶、街”[jiē]→[gāi]；“岩”[yān]→[ngāi]。

（8）[ao]、[üe]有时读成[io]，如：“药”[yào]→[yō]；“约”[yuē]→[yō]；“掠”[lüè]→[liō]；“学”[xué]→[xió]。

（9）[u]有时读成[iou]，如：“欲、育、狱”[yù]→[yōu]；“曲”[qǔ]→[qiū]。

3.丢失韵头或韵尾

（1）丢失韵头

[ao]丢失韵头[a]读成[o]，如：“剥”[bāo]→[bō]，“薄”[báo]→[bó]；“烙”[lào]→[lò]，“着”[zháo]→[zhò]：

[ia]丢失韵头[i]读成[a]，如：“夹、家”[jiā]–[gā]；“减”[jiǎn]→[gǎn]；“衔”[xián]→[hán]；“限”[xiàn]–[hàn]。

[iou]→[iu]）有时丢失韵头[i]读成[u]，如：数词“六”不读[liù]，读[lù]（实际读成[nu]）。

[uei]丢失韵头[u]读成[ei]，如：“堆”[duī]→[dēi]；“对”[duì]→[dèi]；“推”[tuī]→[tēi]。

[uan]丢失韵头[u]读成[an]，如：“短”[duǎn]→[dǎn]，“团”[tuán]→[tán]，“暖”[nuǎn]→[nǎn]，“乱”[luàn]→[làn]，“钻”[zuān]→[zān]；“算”[suàn]→[sàn]。

[uen]丢失韵头[u]读成[en]，如：“村”[cūn]→[cēn]，“吨”[dùn]→[dèn]，“抡”[lún]→[nén]，“闰”[rùn]→[rèn]，“孙”[sūn]→[sēn]，“吞”[tūn]→[tēn]，“尊”[zūn]→[zēn]。

（2）丢失韵尾

[ei]丢失韵尾[i]读成方言韵母[e]，如：“北”[běi]→[bē]，“没”[méi]→[mé]。

4.添加韵头

当地方言给普通话以[an]或[en]为韵母的部分字,分别加上了韵头[u],如:"烦,凡"[fán]→[huán]、"反"[fǎn]→[huǎn]、"饭"[fàn]→[huàn]。

(四)声母韵母全改变

有时,声母和韵母全改变,如:"日"不读[ri],而读[ér];"去"不读[qù],而读[tí];"凸"不读[tū],而读[bǎo];鞋不读"xie",而读"hǎi"。

说明:当地方言的读音具有鲜明的时代性,善于接受新生事物。如牙的读法,传统读"nga",牙齿、门牙、扳齿、凸(方言读[bao])牙齿这些词中的"牙"都是读"nga";但牙刷、牙膏这些词中的牙没有读"nga"的,因为这些词都是现代词汇。

(三)词汇

当地方言虽说和普通话比较接近,但是,汉字却难以准确记录当地方言中的诸多词语。比如,若有人问:"张三的屋在哪里?"答曰:"屋? 连 pa 都没得哒。"意思是说,连屋场(屋地基)都没有了。有时也说"血 pa",意为"出生地",也指"留有血痕的那一块地方"。普通话中没有一个汉字能表达 pa 所代表的这个意思。再比如,某个东西很脏,就说"真 naide";某个婴儿若是喜欢哭、不好照看,就说"这个伢儿真 nuonlan"。普通话中也没有词能表达 naide、nuonian 这些意思。此外,当地方言还有一种独特的词尾弱读儿化音,比如:"弟儿"说成"弟 ber","牛儿"说成"牛 nger","豌豆"说成"豌 der"("豆"单独作为一个词时不说成"der"),等等,普通话中也没有汉字能准确记录这种儿化音。下面就一些常用的方言词语分类说明之(用汉字记录,个别地方加拼音字母表示)。较易理解的方言词语未附例句,而较难理解的词语附了例句。

五、方言语法分析

当地方言的句法与普通话相同,但词法有某些特点。

(一)部分双音节词的词素互换而意义不变

要紧=紧要;匀均=均匀;齐整=整齐;人客=客人;鸡公=公鸡;鸡母=母鸡;饭菜=菜饭;天晴=晴天;夜半(三更)=半夜(三更)。

(二)形容词表示程度的方式有两种

1.单音节形容词加前缀 j

辉青(很青);晴黄(很黄);刮成(很成);刮苦(很苦);刮酸(很酸);清甜(很甜);瘪淡(很淡);朗轻(很轻);朗软(很软);hě 重(好重);梆硬(很硬);风快(很快)等。

2.单音节形容词加后缀

绿茵哒(很绿);滑溜哒(很聪明);圆溜哒(很圆);拐死哒(很狡猾);肉奶哒(很肥);甜蜜哒(很甜);酸溜哒(很酸);香喷哒(很香);白晶哒(很白);脆崩哒(很脆);

毛肤哒(很粗糙);光居哒(很光滑)。

(三)动词后缀"常"的用法

当地方言中,为了增强音声的韵律感,加强语气,单音节动词后面往往加上词缀"常",其义相当于"头",起副词作用,但没有实在意义。"想常"相当于"想头","看常"相当于"看头"。但适用性比"头"更广,构词能力很强。如,喝常、洗常、玩常、坐常、打常等。常常与"没得"搭配,构成否定句式,例:那把卵椅子一爬歪歪起,没得坐常。意思为,那把椅子歪歪斜斜,不好坐。

(四)儿化音的独特构成

儿化音在当地方言中比较普遍,但较之普通话的儿化音相去甚远。单音节名词"儿"化有下面个特点。

1.多数畜禽名称"儿"化时,[儿]前加[ng],读成[nger],如:牛 nger,猪 nger,羊 nger,马 nger,狗 nger,鸡 nger,鸭(方言读[ngd]) nger,鱼 nger 等 8 个词,但猫儿、兔儿等不加[nger],即不说猫 nger。兔 nger。此外、驴、骡、鹅当地很少养,也就没有这种儿化的读法。

2.身体的部分器官部位名称有加 nger 的读法。鼻子,读成鼻 nger;指头,读成指 nger。

3.单音节物品名称"儿"化时,一般是[儿]前加该名词的声母,如:
把 ber,疤 ber,板 ber,伴 ber,瓣 ber,棒 ber,包 ber,杯 ber,本 ber,钵 ber,布 ber;槽 cer,草 cer,铲 cher,车 cher,尺 cher,秤 cher,虫 cher;袋 der,带 der,担 der,单 der,蛋 der,凼 der,刀 der,灯 der,薁 der,斗 der,堆(方言念[dei])der,朵(方言念[do])der;盖 ger,杆 ger,竿 ger,肝 ger,杠 ger,篙 ger,格 ger,梗 ger;钩 ger;沟 ger;坎 ker,客 ker,坑 ker,扣 ker 篮 ler,廊 ler,浪 ler,牢 ler,棱 ler,笼 ler,垄 ler,篓 ler,链 ler(这一组中的[ler]实际读成[ner]);毛 mer,帽 mer,门 mer,磨 mer,末 mer;耙 per,牌 per,盘 per,泡 per,袍 per,盆 per,篷 per,捧 per,坡 per,铺 per,筛 sher,衫 sher,扇 sher,升 sher(量词手 sher,丝 ser,岁(方言念[sei])ser,索 ser,锁 ser,声 sher,绳 sher;塔 ter,塌 ter,台 ter,摊 ter,滩 ter;汤 ter,坛 ter;套 ter,藤 ter,桶 ter,筒 ter,头 ter,坨 ter,炭 ter,爪 zher,罩 zher,针 zher,桌 zher,枝 zher;弯 wer,碗 wer.网 wer,味 wer,窝 wer,屋 wer,舞 wer;盐 ver,秧 yer,叶 yer。

此类儿化词,有的可以看成是对附加式双音节合掉词尾"子"之后构成的,如:刀子→刀 der。凳子→凳子,盘子→盘 per,柜子→柜 guer,刷子→刷 shuer,等等。复合式双音节合成词,也有去掉后面一个字,再儿化的情况。生日→生 ner;记号–记 jer。

另有一个特例,"东西"一词,在当地有"儿"化的读法,"儿"化时读作"东 xier",这样读的时候,词义不再是物品,而是炫耀拥有物品的珍稀、昂贵,或吹嘘自己的手艺超群。常用句式——"你看我这东 xier!""ge 东 xier!"

几点说明：

1.上面所列单音节名词都可以直接与普通话的"儿"字相搭配，其基本意思不变，只是经方言"儿"化后，多少带有"亲昵"或"小"的感觉；但有的单音节名词虽可以用方言"儿"化，却不可用普通话"儿"化，比如，可以用方言说成"表bier"（老表的呢称），却不可用普通话说成"表儿"。

2.不是所有的单音节名词在方言"儿"化时都是加该名词的声母，有的是变了声母的，如"弟ber"（不说"弟dier"）；

3.以韵母[i]（或韵母中含有[i]）拼成的单音节名词，方言"儿"化时，"儿"前还要加韵母i，如：边bier，鞭bier，辫bier，柄bier，底dier，蒂dier，颠dier，点dier，店dier，碟dier.钉dier，顶dier，尖jier，茧jier，件jier（量词），桨jier，节jier，斤jier，理lier，粒lier，帘lier，亮lier，料lier，面mler，苗mler，庙mler，命mler，皮pier，片pier，篇pier，瓢pier，瓶pier，旗qier，签qier，枪qier，屈tier，天tier，条tier，亭tier，戏xier，匣xier，线xier，箱xier，心xier，芯xier。

4.某些以韵母[ong]、[u]（或韵母中含有[u]）的单音字名词，方言"儿"化时，"儿"前还要加韵母[u]，如：船chuer，锤chuer，花huer，画huer，环huer，谎huer，灰huer，会huer，火huer，盒（方言念[huo]）huer，孔kuer，空kuer，弓guer，篓guer，鼓guer，褂guer，乖guai，拐guai，块kuai，官guer，管guer，罐guer，柜guer，棍guer，缺quer，书shuer，闩shuer，水−huer，毫zhuer，锥zhuer，眼nger（"眼"方言读[ngan]，"儿"化读音时霞义为"小孔"，词义为"眼睛"时没有"儿"化读法）。

5.某些副词也可这样构成"儿"化音，如慢mer（慢慢地）；悄qier（悄悄地）；轻qier（轻轻地）；麻mer亮（天微明）；将jier黑（天刚黑）。

六、方言语音研究分析

（一）韵母e

在张家界方言中，韵母只能像打嗝之声，没有音素作用。如：普通话中的e音节，在慈利方言中读o、huo或ngê；当其与g、k、h拼为音节时，其读音相当于慈利方言中的ê、o或ou。（下列各例读音顺序：普通话—慈利话。"入"表"入声"）。

e：俄è—ǒ

额：é—ngê（入）

遏：è—huó（入）

ge：哥gè—guó

格：gé—gê（入）

Ke：苛kē—kuo（入）

克kè—kê

窠:kē —ó

克:kè—kê

课:kè—kuě

he: 喝 hē —huó

核:hé— hê

荷 hè — huě

赫:hè — hê(入)

(二)零声母的开口呼韵母,一般用 ng 作声母。例:

爱:ài — ngǎi

傲:ào ——ngáo

鸭:yā—nga(入)

岩:yán — ngǎi

眼:yǎn —ngan

安:an —ngàn

欧:ōu —ngóu

牙:yá —ngǎ

雁:yàn — ngān

(三)l、n

与其它区县也不分,以 n 为声母的音节与以 l 为声母的读音相同。例:

la:拉、辣、腊

na:那、拿、纳

慈利方言都读 la

li:丽、里、立

ni:泥、你、逆

慈利方言都读 li

(四)f、hu

与其他区县也不分,以 f 为声母的音节,与以 hu 为声母者一般读音相同。

fa:发、伐、法

hua:华、划、话

慈利方言都读 hua

fei:飞、非、肥

hui:灰、辉、回

慈利方言都读 hui

(五)语音包容量大

语音包容量大,除上述所举方言一个音节能包含普通话两个音节者外,还可

以一个音节包含3至4个音节。例:

lou:娄、陋、漏

lu:卢、录、路

nu:奴、孥、怒;

慈利方言都读 lou

lan:兰、览、蓝

nan:男、南、难

luan:恋、孪、乱

nuan:暖

慈利方言都读 lan

(六)张家界方言

张家界方言声调有阴阳上去入五个声调,与普通话同调者很少,异调者很多,因而调差的幅度大,各音节间的调差变化约有如下两种情况:

1.调差变化混乱的

边、鞭:biān — bián　　（1调变2调）

蝙、编:biān — biàn　　（1调变4调）

贬、匾:biǎn — biàn　　（3调变4调）

变、遍:biàn — biǎn　　（4调变3调）

2.调差变化有迭变规律的

人、仁:rén — rěn　　（2调变3调）

忍:rěn — rèn　　（3调变4调）

认、任:rèn — rēn　　（4调转1调）

偷:tōu — tóu　　（1调变2调）

头、投:tóu — tǒu　　（2调变3调）

透:tòu — tóu（入）　　（4调转入声）

(七)部分多音多调字

部分多音多调字在张家界方言中只读一个音调:

剥 bāo(剥皮)

剥 bō(剥夺)

慈利方言只读 bo(入)

薄 báo 薄纸

薄 bá 浅薄

薄 bò 薄荷

慈利方言只读 bō

哄 hōng 哄笑

哄 hǒng 哄骗

哄 hòng 哄闹

慈利方言只读 hòng

(八)普通话中声旁表音不准的形声字

在张家界方言中有普通一部分仍按声旁读音。例:

吃:chí— qi(入) (乞:qǐ)

翅:chì—zhǐ (支:zhī)

杭:háng — kǎng (亢:kàng)

逊:xùn — sěn (孙:sūn,慈利读 sēn)

(九)音差较普遍

1.单音字的音差

矮:ǎi — ngài

晨:chén — shěn

概:gài — kài

敲:qiāo — kāo

粟:Sù — xiu(入)

鄙:bǐ —pì

常:cháng — shǎng

阶:jiē — gái

瞎:xiā — ha(入)

鞋:xié — hǎi

2.多音字的音差

合:①gě — guo(入);②hé — huō

解:①jiě — gài;②jiè — gǎi;③xiè — gài

乐:①yuè — yó;②lè — lùo(入);⑨yào — ngāo

(十)部分两调的单音节形容词,其两调间的音义对应与普通话相反。例:

好人:hǎo — hào 少:shǎo — shào

爱好:hào — hǎo 少: shào — shǎo;

(十一)助词不读轻声:

"了(le)"读 liào,"得(de)"读 de(入)"过(guo)"读 guǒ,"着(zhe)"读 zhuō。

(十二)调差

在慈利西部龙潭湾、三官寺至溪口一带,调差较为显著,主要为第四调字增多。普通话、县城话与西部话在声调上大致构成三级递升的情况。

例字	普通话声调	县城话声调	龙潭湾等一带声调
人	rén	rěn	rèn

男	nán	lǎn	làn
天	tiān	tián	tiàn
盐	yán	yǎn	yàn

(十三)调差和音差

在慈利城关镇等方言中只有调差的部分字,在县西北或县东南方言中,同时呈现音差和调差。

字例	普通话	城关方言	县西北方言	县东南方言	附 注
主	zhǔ	zhù	gù		
出	chū	chu	kù		
入	rù	rú	wú		
犬	quǎn	quàn		chuàn	
去	qù	qú	chú		去、入不分
女	nü	nǜ	rù		
雨	yü	yù		rù	雨、雨、鱼不分

(十四)张家界方言在乡村残留着古汉语词汇

1.斩(zhǎn – zhàn):方言一般说"砍柴、砍肉"慈利方言一般说"斩柴、斩肉"。

2.宿(sù、xiù、xiú – sou、xiù):方言一般称留客"住宿"为留客"歇",慈利方言说留客"宿(xiǔ)入声"。

(十五)其他

1.一般称"街(jiē)"为 gái,九溪称之为 gér;一般称"江垭"为 jiáng yà,九溪称之为 gáng ngèr。

2.慈利东岳观等地"牛、油"不分,把"牛(niǔ)"说成 yǒu。

3.慈利洞溪、武陵源索溪峪、龙潭河等地"买、卖"不分,前两地都说成 mài,后一地都说成 māi。

4.金岩一带把"暑、署、薯(shǔ)"都说成 chu。

5.张家界方言"四、十"不分,把"十"说成 sī,把"四"说成 sǐ。

七、张家界方言的造词根据

" 年生草本植物,茎蔓生,开白色或紫色的花,荚果长方形,扁平,微弯。种子白色或紫黑色。嫩荚是普通蔬菜,种子可以食用和做药材,命名为扁豆。"普通话给这一植物命名的根据是荚果形状"扁平"这一实物的形状。张家界方言则是根据这一实物的果实"微弯"如眉,定名为蛾眉豆。同是根据形状但观察点不同,命名便也不同。因为事物的特点多,造词时可能选取其特点之一而不是全部作根据,相应地也就选用了不同的语素。这样就形成了不同的词形。

(一)张家界方言中造词根据有多种,现举例如下(每一组中,前面是方言词语,后面括号内为普通话词语):

1.描绘形状的:弯刀(柴刀)、枞毛儿(松针)、丫丫儿(小的)、鸡蛋枣儿(枣子);

2.表现颜色的:白果(银杏)、红光岩(铁矿石)、黑醃菜(干菜)、青荡蔓(苔藓);

3.区分属性的:蜂糖(蜂蜜)、蕃薯糖(麦芽糖)、叔伯兄儿(堂弟);

4.区别用途的:歇房(卧室)、杵路棍(手杖)、赶山狗(猎犬)、过年货(年货);

5.说明原料的:米儿茶(茶)、白米粥(稀饭)、糖坨(糖食);

6.描写声音的:逗波(接吻)、爬爬车(手扶拖拉机)、岩梆(石蛙):

7.体现气味的:打屁虫(臭虫)、金香柚(柚子);

8.交代时间的:夜饭(晚餐)、中觉(午觉)、早书(晨读);

9.突出动作的:赶山(打猎)、喊窝(发情)、开溜(溜走)、慢漫游(摩托);

10.说明性别的:羊羖子(公羊)、米猫儿(母猫)、牯牛(公水牛)、骚鸡公(雄鸡);

11.运用修辞方法的:不如法(生病)、送老(对方父或母逝世)(以上用于避讳);芋头娘(弱势而子女多的妈妈),蠢棒(愚蠢得像木棒一样的人)(以上用于比喻)。

(二)有些语言是劳动人民根据时事编写和口头说理的,或描述事物发展规律比喻的,用现代话讲,叫格言。比如:

时政类:吃水不忘掘井人,幸福不忘共产党。改革开放,有钱有粮。上梁不正下梁歪,中柱不正倒下来。国乱思良将,家贫思贤妻。善恶到头终有报,只有来早或来迟。国清民自安,家富儿孙娇。树正不怕影子斜,官清何愁民不富。兄弟不和邻里欺,将相不和邻国侮。美不美,故乡水;亲不亲,故乡人。好儿要当丁,好铁要打钉,当了三年兵,钝铁也成金。精忠报国,人人有责。

事理类:利斧砍倒树,真理说倒人。脚跑不过雨,嘴犟不过理。人怕理,马怕鞭,蚊子怕薰烟。有理可服君王,无理犟不过婆娘。劈柴劈小头,问路问老头。树各有枝,人各有长。好大的腿缝好大的裤。山山有精鸟,村村有能人。

修养类:是非终日存,不听自然无;来说是非者,必是说做人。借人家的牛,还人家的马。行善不图回报,图报就莫行善;滴水之恩,报以涌泉;知恩不报非君子,恩将仇报是小人。只有大意吃亏,没有小心上当。路遥知马力,事久见人心。让人不为弱,让他闯别个;话到舌头留半句,事到理上让三分。为人莫作亏心事,半夜不怕鬼上门。小时偷针,长大偷金。桑木犁辕从小定,高超技艺自幼练。宝剑锋自磨砺出,稻花香从苦寒来。

社交类:会交友的交岩匠铁匠,不会交友交盗贼流氓。人害人害不倒,天害人草不生。十个指头不一般,人各有长短。黑鸡生白蛋,家家有长短。冤家宜解不宜结,挚友宜精不宜多。好酒不怕陈,朋友不怕旧。打人一拳,伤人一心;伤人一语,犹如刀锯。好言一语三冬暖,恶语一句六月寒。不会烧香得罪神,不会说话得罪人。说话人短,记话人长。逢人且说三分话,未可全抛一片心。当面教子,背后教妻。好话不出门,恶话传千里。贤媳两头瞒,刁媳两头传。和得邻居好,如同捡个宝。

勤俭类:勤快勤快,有酒有菜。外面要有个捞钱手,屋里要有个聚宝盆。常将有日思无日,莫把无时当有时。有吃莫乱花,记得戍子年吃糠粑。小孔不补,大孔二尺五;一针不补,十针难缝;新三年,旧三年,缝缝补补掌三年。成家犹如针挑土,败家犹如浪推沙。从俭入奢易,从奢入俭难。勤俭持家,锦上添花。人无远虑,必有近忧。

婚姻类:男儿无妻家无主,女儿无夫屋无梁。满堂儿孙抵不上半路无妻。一夜夫妻百日恩,百日夫妻似海深。夫妻相亲,铁可成金;夫妻反目,黄金成木。家花没有野花香,野花没家花长。少是夫妻老是伴,一日不见满地转。婚姻前世修,种子隔年留。

劝孝类:养儿防老,积谷防饥。父母在不远游,游必有方常问候。屋檐水点点滴,点点滴进原孔内。儿女不孝双亲,等如自掘坟坑。娇儿不孝,娇狗上灶。敬土地得谷,孝父母得福。百善孝为先,万恶利是源。

(三)方言的不同构词方式

方言与普通话比较,构词方式的不同,主要体现在音节、语素顺序等方面。

现举例如下(注:—号前为方言词,—号后为普通话词。)

(1)方言为单音节词,普通话为双音节词,但意义相同。

牢—坚固　　　　　　孙—孙儿

搲(wā)—舀出　　　　荞—荞麦

生—固执　　　　　　饭—米饭

悭—吝啬　　　　　　跟—随着

(2)方言为多音节词,普通话为单音节词,但意义相同。

侊俺—我　雪米子—霰　葶子—葶

鸡儿—鸡　夜火虫—萤　团鱼—鳖

赖得—脏　螺狮壳—螺　乌龟—龟

(3)方言与普通话的词语的语素顺序不同,但词义相同。

鸡母—母鸡　鸡公—公鸡　钱纸—纸钱

要紧—紧要　齐整—整齐　人客—客人

(4)方言与普通话的词语的形式不同,但词义相同。

该—欠　　　　铲子—铁锹　　熨帖—妥当

豌豆—蚕豆　　架势—开始

搲—舀　　　　伢儿—小孩　　眼障—嫉妒

(5)方言与普通话的词语的语素有相同的有不同的,但词义相同。

北瓜—南瓜　脑壳—脑袋　河路—银河

涎水—口水　赶场—赶集　岩头—石头

告信—告诉　精怪—妖怪　将才—刚才

(6)方言与普通话的同一词语语义有别。(注:/号前为普通话义项,/号后为方言义项。)

1)词语义项转移

"姑娘"未婚女子。特指女儿。/慈利指已婚女子。也特指妻子(堂客)。

"爹"父亲。/叔叔。

"强盗"使用暴力夺取他人财物的人,也称为"抢犯"。/小偷,暗中窃取他人财物的人。

2)词语义项增加

"步"脚步,行走时两脚间的间距;阶段;地~,境地;踩等义项用脚~丈量地面距离;旧长度单位,五尺为一~;等义项。方言增加了暗中观察的义项。如:我~了好久,小偷终于出现了。

"客气"有在交际场合有礼貌;说谦让的话,表示礼让等义项。方言加增了:(摆设,装饰)气派;穿着打扮入时;有派头(出手大方)等义项。如:这次接待好~。(属误用到通用)

"乖"有小孩机灵,伶俐;不淘气;听话等义项。方言增加了青少年漂亮的义项,如:你看而今的这几个伢儿都~。

"街上"有街道,街市两义项。方言增加了"城市"的义项。

"摸"有用手接触;抚摸;以手取;窃取;探求;试着做或了解;暗中活动义项。方言增加了"慢"的义项。如:做事不要~。

"捡"只有"拾取"的义项。方言增加了收藏的义项。如:把东西~起。

3)词语义项减少、变化

"闹"有人多而喧闹;吵嚷,争吵,戏耍,耍笑;表现或发泄;发生疾病,荒和不好的事情;也有从事某种活动和"搞"的义项。/方言有为……而热闹的义项。如:~房和"毒害"的义项。如:"农药是~人的"。

"落"有降落的义项,如~泪、~山、~潮、~价、~花。/方言有~雪、~雨、~凌末子、~雪砖、~叶的搭配,却无~泪、~价的搭配。

"喝"有把液体咽下去的义项,如~汤、~水、~茶、~酒。/方言常说"吃酒"属"喝"的义项缩小;也说"~烟",属"喝"的义项扩大。

八、方言特点分析

张家界方言句法与普通活基本相同,但词法有以下特点:

(一)双音词词素

部分双音词中,词素的位置互换而意义不变

要紧:紧要 匀均:均匀

人客:客人 齐整:整齐

（二）人称代词

人称代词单数的第二、第三人称与普通话相同,但第一人称为完(wan)",其复数概加"俺(ngǎn)"。

单数:第一人称完(我)。

复数:完俺(我们)。

单数:第二人称你。

复数:你俺(你们)。

单数、复数:第三人称他,他俺(他们)。

（三）形容词表示程度的方式

1.单音形容词加前缀。如飞青(很青)晴黄(很黄)、刮苦(很苦)、刮酸(很酸)、听甜(很甜)、瘟淡(很淡)等。

2.单音形容词加后缀。如:绿茵嗒(很绿)、滑溜嗒(很聪明)、乖伤嗒(很漂亮)、圆溜嗒(很圆)、懒死嗒(很懒)、肉奶嗒(很肥)、甜蜜嗒(很甜)、香喷嗒(很香)、白晶嗒(很白)脆绷嗒(很脆)、毛拂嗒(很粗糙)等。

3.单音形容词重迭加后缀表程度。如:窄窄儿的(很窄)、浅浅儿的(很浅)、脆脆儿的(很脆)等。

（四）名词"儿"化

有以下特点:

1.畜禽名称"儿"化时,"儿"前加 ng,如:猪 nger,牛 nger,鸡 nger 等。

2.单音节物名"儿"化时,"儿"前加该名词的声母。如:盆(pén)per、碗(wǎn) wer、桶(tǒng) ter 等。

九、方言的词语源流

（一）古词古音

方言比普通话保留了更多的古词古音。如:

"斩"义项为砍,砍断。方言已将"~"说成"砍",如:"~柴,~肉,~树"等。但慈利桑植仍说"~柴","~肉",只是声调不同于古音。

"宿"有住宿的含义。方言称留客住宿为卸,而桑植西部仍说留客住"宿"为"~一夜":

"怡(chì)"蠢。《说文解字》:"~,癡貌,从人,台声:读若騃。"桑植方言中仍说"~""~宝"(蠢人)。

"䜋 lang"瘦。方言仍沿用。如:"你这个伢儿怎么这样~"

在方言中沿用的古词有:

"后生"小伙子。唐·寒山诗《三百三首》:"三五痴~,作事不真实。"

"亲朋"亲戚朋友。杜甫《登岳阳楼》:"~无一字,老病有孤舟"。

"人才"相貌,身材。《三国志》六十五回:二者~出众:'

"受寒"受冷。元·黄云石散曲《水仙子·回家》"可无机不~。"

"匠人"技工。《墨子·天志》(上):"譬若轮人之有规,~之有矩。"

" 翘"指头或木棒头轻点。汉《说文解字》:"~,椎击物也。"

"栖(xi)遑"可怜的样子。元·秦简夫杂剧《东童老》(上):"不信好人言,果有~事。"

除以上所举,还有"輼"(滚)" 撸"(捞)"声气""祸""谲"(骂人)等这些方言中的古代汉语词并非古代书面流传,而是一代代传承祖先的口语,为古文化的沉积。严格地说,它们是传承词。如"谲"在普通话中早已被"骂"所代替。所以"谲"应是古词,如"謇"(口吃)"攒"(集中)"攒敛"(积少成多)也都是这一类。

再是方言中有的传承词与普通话的书面形式完全相同,意义也相同。但方言的读音比普通话更古。这有两种情况:一是只读古音,如"阶""街""该",有的方言读 kái,有的方言读 gái。"戒""介","鞋";二是有古今两种读音。"张家一家"中的"家"前读 ga,后读 jia:在"架时吵架"(快要吵架了)中前者读 gā 后者读 jiā;"伏下伏击"中前者读 pū 后者读 fú。上面的例字前读音为古音,后读音为今音。今音已与普通话的读音相近。

(二)渗透融合

在汉语方言的大环境中,张家界方言中很多也融合了其他方言和民族语。方言中的"刁嘴""斗把""包圆""以疯作邪""充里手""乱坨""坐莞""拐场""拢边""周正"原是长沙方言词;"变卦"(改变主意)"不见得""干仗"(打架)"忽悠"。舞马长枪""寻思""兴许"就是东北方言词;"麻利"(利索)"抹""栖遑""停当"就是西安方言词;"不得劲儿""擦黑""日弄人"就是河南方言词;"挺尸""一色水"就是扬州方言词;"扁毛畜生""赤膊""荡马路""墨之黑""磨洋工""温吞水" 就是苏州方言词;还有 "宝气""背时""角孽""撒脱""笋子炒肉"(孩子挨竹条打)"相赢""洋马儿"就是成都方言词;"一帮子""一趟平洋""进一句,出一句"就是上海方言词;再是苗语的母语词47个中有"啉(你)眊""海史""搞场""郎场""凹""凸"。"绊""逮"(吃)"眯攻"(潜水)"惹施"和土家语中的"嘎嘎""嘎儿"(肉类)"铳"(火药枪)"洛"(锣)"梭里"(干净)'派奈"(脏)"麻些""告锄"(小锄)"割"(锯)"乎"(喝)'嘎"(鸟嘴夹住)"下哈巴"(下颚)等词早已成为张家界方言中常用词语。

张家界方言已与异地方言和其他民族语言融合了。普通话是中国文化的主流,让方言流传,因为方言文化也是历史的一部分,值得读与研。

附一 张家界谚语

B

八九七十二,行人口吹哨儿。

八月十五云盖月,正月十五雪打灯①。

白露无雨,百日无霜。

百日连阴雨,总有一朝晴。

百闻不如一见,百见不如一干。

病急乱投医,逢庙就烧香。

不吃酒,脸不红;不做贼,心不惊。

不担三分险,难练一身胆。

不当家,不知柴米贵;不生子,不知父母恩。

不经冬寒,不知春暖。

不看人亲不亲,要看理顺不顺。

不摸锅底手不黑,不拿油瓶手不腻。

不磨不炼,不成好汉。

不怕百事不利,就怕灰心丧气。

不怕鬼吓人,就怕人吓人。

不怕虎狼当面坐,只怕人前两面刀。

不怕路长,只怕志短。

不怕怒目金刚,只怕眯眼菩萨。

不怕人不敬,就怕己不正。

不怕山高,就怕脚软。

不怕学不成,就怕心不诚。

不怕学问浅,就怕志气短。

不是你的财,别落你的袋。

不挑担子不知重,不走长路不知远。

不图便宜不上当,贪图便宜吃大亏。

不下水,一辈子不会游泳;不扬帆,一辈子不会撑船。

不要骑两头马,不要喝两头茶。

不在被中睡,不知被儿宽。

---

①农历八月十五月不明,或被云遮盖,则第二年正月十五有雪,或阴有雨。

C

菜没盐无味,话没理无力。

菜能吃,糠能吃,气不能吃;吃能让,穿能让,理不能让。

菜无心必死,人无心必亡。

草若无心不发芽,人若无心不发达。

草遮不住鹰眼,水遮不住鱼眼。

铲起锅巴凑饭多。

秤不离砣,公不离婆。

秤不离砣,客不离货。

秤砣虽小,能压千斤。

秤砣虽小压千斤。

吃不穷,穿不穷,算计不好一世穷。

吃饭吃米,说话说理。

吃过的馍馍不香,嚼过的甘蔗不甜。

吃人的嘴软,论人的理短。

吃要吃有味的,说要说有理的。

吃一回亏,学一回乖。

池塘翻水鱼浮面,暴雨洪水眼前现。

愁人苦夜长,志士惜日短。

出门看天色,进门观脸色。

船头坐得稳,不怕风来颠。

船稳不怕风大,有理通行天下。

春分无雨勤管田,秋分无雨勤管园。

春冷雨,夏冷晴;冬雾晴,夏雾雨。

D

打柴问樵夫,驶船问艄公。

打空拳费力,说空话劳神。

打人两日忧,骂人三日羞。

打铁的要自己把钳,种地的要自己下田。

大寒三场雪,来年得好麦。

大路有草行人踩,心术不正旁人说。

大人望栽田,小儿望过年。

大蛇出洞,大雨咚咚;

大暑热得慌,四个月无霜。

歹马害群,臭柑豁筐。

胆大骑龙骑虎,胆小骑猫骑兔。

胆大走遍天下,胆小寸步难行。

当家才知盐米贵,出门才晓路难行。

当着真人,别说假话。

刀伤易治,口伤难医。

灯不拨不亮,理不辩不明。

灯不亮,要人拨;事不明,要人说。

地面回潮,雨水会到。

爹不识耕田,子不识谷种。

东北风,雨祖宗。

东扯日头,西扯雨;南扯北扯长大水①。

东虹(gáng)日头西虹雨,南虹北虹涨大水。

东擎日头西擎雨。

多锉出快锯,多做长知识。

多鸣之猫,捕鼠必少。

E

儿不嫌母丑,狗不嫌家贫。

耳听为虚,眼见为实。

二月初二冷,荞麦不狠;

二月初二热,一斤种子收一百。

二月初一落,树木一道活;

二月初一晴,百花开两层。

F

发回水,积层泥;经一事,长一智。

发誓发得灵,监房无罪人。

放虎归山,必有后患。

逢贵莫赶,逢贱莫懒。

---

①这里指闪电现象。

G

隔行如隔山,隔行不隔理。

狗老钻灶,人老颠倒。

狗咬人,有药治;人咬人,没药医。

谷怕午时风,人怕老来穷。

谷要自长,人要自强。

鼓不敲不响,理不辩不明。

光说不练假把式,光练不说真把式,连说带练全把式。

H

寒露不出真不出,霜降不黄真不黄。

好茶不怕细品,好事不怕细论。

好儿不要爷田地,好女不穿嫁时衣。

好鼓一打就响,好灯一拔就亮。

好汉不吃闷头亏,好鸟不钻刺笆林。

好汉凭志强,好马凭胆壮。

好汉做事干到底,好马登程跑到头。

好酒不怕酿,好人不怕讲。

好男不争财和产,好女不争嫁时衣。

好女不要出嫁衣,好男不要爷田地。

好人争理,坏人争嘴。

好药难治冤孽病,好话难劝糊涂虫。

和气生财,忤逆生灾。

狐狸总要露尾巴,毒蛇总要吐舌头。

虎不怕山高,鱼不怕水深。

虎瘦雄心在,人穷志不短。

黄鳝出走,有雨不久。

谎话讲不得,庄稼荒不得。

会攒的攒八月,不会攒的攒六月。

会走走不过影,会说说不过理。

火怕掀,人怕搬。

火烧乌龟肚内疼。

火要空心,人要忠心。

J

击水成波,击石成火,激人成祸。

鸡大飞不过墙,灶灰筑不成墙。

鸡公陪不得马跑。

鸡公陪不得马跑。

鸡上笼早,明天天气好。

家人说话耳旁风,外人说话金字经。

家无主心骨,扫帚颠倒竖。

见强不怕,遇弱不欺。

娇儿不孝,娇狗上灶。

椒辣口,蒜辣心,辣椒辣成痰迷性。

脚跑不过雨,嘴强不过理。

脚踏十字稳,不怕棒槌滚。

脚正不怕鞋歪,心正不怕雷打。

叫化子怕过烂板桥。

叫化子舍不得过烂板桥。

经得广,知得多。

经一番挫折,长一番见识。

惊蛰不动风,冷到五月中;

惊蛰冷,秧打滚。

惊蛰冷,秧打滚;

惊蛰热,秧上节。

井里蛤蟆井里好。

井越掏,水越清;事越摆,理越明。

揪不干的抹布。

九九八十一,黄狗歇荫地。

九月九,蛇钻土。

久病无孝子。

久住坡,不嫌陡。

君子报仇,十年不晚。

君子报仇三年,小人报仇眼前。

K

开水不响,响水不开。

砍柴砍小头,问路问老头。

砍柴上山,捉鸟上树。

看佛警僧,看父警子。

看人挑担不吃力,自己挑担步步歇。

糠多嚼不烂。

刻薄不赚钱,忠厚不折本。

刻薄成家,终无久享。

口记不如淡墨。

筷子拗不住床厅,虼蚤顶不起铺盖。

狂风专打上水船。

L

腊月二十八,又打粑粑又浇腊。

浪再高,也在船底;山再高,也在脚底。

老姜辣味大,老人经验多。

老马识路数,老人通世故。

老牛肉有嚼头,老人言有听头。

老人不讲古,后生会失谱。

老伢(nga)儿,小伢儿。

雷公先唱歌,有雨也不多。

犁里不着耙里着。

理不短,嘴不软。

力大养一人,智大养千口。

立春晴、一春晴;立春雨,连春雨。

立冬打了霜,来年干长江。

立秋一日,水冷三分。

立夏不下,犁耙高挂。

立夏不下,犁耙高挂;

立夏前,好种棉;立夏后,好种豆。

伶俐人一拨三转,糊涂人棒打不回。

留得青山在,不怕没柴烧。

六九五十四,吹风如扎刺。

六月雨儿隔田墈。

龙头起,蛇尾甩(读 lia 入)。

路不平,众人踩;事不平,大家管。

路是弯的,理是直的。

路有千条,理只一条。

碾谷要碾出米来,说话要说出理来。

稻多打出米,人多讲出理。

论旁人斤斤计较,说自己花好稻好。

萝卜拌(pan)成肉价钱。

M

麻雀落田要吃谷,狐狸进屋要偷鸡。

马看牙板,人看言行。

蚂蝗听水响,蚊子听巴掌。

蚂蟥听不得水响。

蚂蚁搬家蛇过道,倾盆大雨即将到。

蚂蚁迁窝,洪水会多;

馒头云,天气晴;豆荚云,天大晴。

满堂的儿女,赶不上半路夫妻。

芒种芒种忙忙种。

芒种雨绵绵,夏至要旱田。

猫鼠不同眠,虎鹿不同行。

猫洗脸天要晴,狗夜叫天要变。

没钱时挨饿,有钱时耀阔。

没有锯不倒的树,没有敲不响的钟。

门前蛤蟆叫,种谷下几道。

猛虎不处劣势,雄鹰不立垂枝。

棉絮云,雨快临;钩钩云,雨淋淋。

明人不做暗事,真人不说假话。

莫把黄牛当马骑。

木尺虽短,能量千丈。

N

男儿出门口是路。

男人无志,钝铁无钢,女人无志,乱草无秧。

能大能小是条龙,只大不小是条虫。

泥巴萝卜,吃一截揩一截。

泥鳅涌波,风雨必多;

娘痛儿,路样长;儿痛娘,线样长。

娘想儿,长江水,儿想娘,扁担长。

鸟贵有翼,人贵有志。

鸟往明处飞,人往高处去。

鸟惜羽毛虎惜皮,为人处世惜脸皮。

宁吃开眉粥,不吃皱眉饭。

宁打金钟一下,不打破鼓千声。

宁给好汉拉马,不给懒汉作爷。

宁给穷人一斗,不给富人一口。

宁叫钱吃亏,不叫人吃亏。

宁叫心受苦,不叫脸受热。

宁救百只羊,不救一条狼。

宁可荤口念佛,不可素口骂人。

宁可明枪交战,不可暗箭伤人。

宁可认错,不可说谎。

宁可身骨苦,不叫面皮羞。

宁可身冷,不可心冷;宁可人穷,不可志穷。

宁可无钱,不可无耻。

宁可一日没钱使,不可一日坏行止。

宁可正而不足,不可邪而有余。

宁可做过,不可错过。

宁肯给君子提鞋,不肯和小人同财。

宁伸扶人手,莫开陷人口。

宁死不背理,宁贫不堕志。

宁愿折断骨头,不愿低头受辱。

宁做蚂蚁腿,不学麻雀嘴。

宁做穷人脚下土,不做财主席上珍。

牛大压不死虱。

牛无力拖横耙,人无理说横话。

P

螃蟹上岸,风雨造反。

泡雪上树,丰年稳固。

陪着牯牛晒日头。

劈柴看纹理,说话凭道理。

皮鞭伤肉,恶语伤心。

Q

七九六十三,行人把衣单。

七落八不落,九落似瓢泼。

七晴八不晴,九晴放光明。

欺山莫欺水,欺人莫欺心。

欺山莫欺水。

千补万补,不如饭补。

千金难买心,万金不卖道。

千学不如一看,千看不如一练。

清明要晴,谷雨要淋。

清贫常乐,浊富多忧。

蜻蜓低飞屋檐边,必有大雨雷电闪。

晴带雨伞,饱带饥粮。

穷莫失志,富莫癫狂。

穷人不攀高亲,落雨不爬高墩。

穷要喂猪,富要读书。

秋分天晴必久旱,秋分有雨兆丰年。

秋前十二无谷割,秋后十二满坪黄。

蚯蚓出洞,有雨必凶。

蚯蚓滚泥雨滴滴。

去走北,雨没得。

劝人终有益,挑唆害无穷。

R

让人一寸,得理一尺。

人爱富的,狗咬穷的。

人不哄地皮,地不哄肚皮。

人不在大小,马不在高低。人往高处走,水往低处流。

人多出正理,谷多出好米。

人横有道理,马横有缰绳。

人见利而不见害,鱼见食而不见钓。

人靠心好,树靠根牢。

人靠自修,树靠人修。

人老心不老,身穷志不穷。

人怕放荡,铁怕落炉。

人怕理,马怕鞭。

人怕没理,狗怕夹尾。

人怕没脸,树怕没皮。

人怕没志,树怕没皮。

人怕私,地怕荒。

人怕一当面,树怕一墨线。

人怕引诱,塘怕渗透。

人凭志气,虎凭威势。

人起心发,树起根发。

人前若爱争长短,人后必然说是非。

人生一世,草生一春。

人是实的好,姜是老的辣。

人往大处看,鸟往高处飞。

人无理说横话,牛无力打横耙。

人心不足蛇吞象,贪心不足吃月亮。

人心换人心,八两换半斤。

人要实心,火要空心。

人要心强,树要皮硬。

人有恒心万事成,人无恒心万事崩。

人有志,竹有节。

人越嬉越懒,嘴越吃越馋。

人在福中不知福,船在水中不知流。

人争气,火争焰,佛争一炷香。

认理不认人,帮理不帮亲。水大漫不过船,手大遮不住天。

认理不认人,不怕不了事。

日出日没胭脂红,不是雨来便是风。

日晴夜雨,陈谷烂米。

入山不怕伤人虎,只怕人情两面刀。

S

撒网要撒迎头网,开船要开顶风船。

三百六十行,行行出状元。

三九不冷,三伏不热。

三天吃一只羊,不如洗脚再上床。

三月三,蛇出山,扯白蒿,扎蛇眼。

三月三、九月九,无事不到河边走①。

桑木犁辕从小熨。

碜磴出汗,有水煮饭;

砂锅不捣不漏,木头不凿不通。

山高流水长,志大精神旺。

山高有攀头,路远有奔头。

山上野鸡叫,大雨要停了。

烧的香多,惹的鬼多。

烧纸包盐,久后必穿。

少时夫妻老时伴。

舌头是肉长的,事实是铁打的。

身穿三尺衣,说话无高低。

生人不生胆,力大也枉然。

生意钱眼前花,狂风吹不倒犁尾巴。

绳锯木断,水滴石穿。

十月夜长,睡死懒婆娘。

十月雨绵绵,高山也是田。

使心用心,反害自身。

是蛇一身冷,是狼一身腥。

树老半空心,人老百事通。

树老根多,人老识多。

树老根子深,人老骨头硬。

树怕剥皮,人怕伤心。

树怕烂根,人怕无志。

霜兆晴天,雪兆丰年。

水不平要流,理不平要说。

水落现石头,日久见人心。

水深难见底,虎死不倒威。

水退石头在,好人说不坏。

水往下流,人争上游。

睡觉不点灯,早起头不晕。

睡觉莫睡巷,最毒穿堂风。

睡前洗脚,胜吃补药。晚上开窗,一觉都香。贪凉失盖,不病才怪。

---

①指这几天有降雨涨水情况。

说话看势头,办事看风头。

四方有云如猪羊,谨防大水冲屋梁。

四九三十六,河水浇蜡烛。

四月八,吃枇杷。

四月八落,吹破牛角打破锣;

四月八晴,洪水上高坪。

酸菜坛出泡,明天有雨到。

T

贪图小利,难成大事。

坛口封得住,人口封不住。

天不生无用之人,地不长无名之草。

天干无露水,老来无人情。

天门山的雨跑到屋,子午台的雨晒得谷,潭口的雨淋得哭①。

天凭日月,人凭良心。

天气闷热,要雨就得。

天上鲤鱼斑,晒谷不用翻。

天上无云不下雨,世间无理事不成。

天上有钩钩云,三日雨淋淋②。

天上有云打架,必有大雨下③。

天天待客不穷,夜夜做贼不富。

天无二日,人无二理。

天无一月雨,人无一世穷。

天下的弓都是弯的,世上的理都是直的。

天下无难事,只怕有心人。

田螺开口浮水面,风雨即将在眼前。

偷吃不肥,做贼不富。

偷来钱,两三天;血汗钱,万万年。

偷嘴猫儿不改性。

头对风,暖烘烘;脚对风,请郎中。

头伏萝卜二伏荞。

①天上起了鱼钩似的云块,未来三日内有降雨。
②这里指受地形影响形成的夏天降雨。
③当天空中云层涌动,东走西串,未来三日内有降雨。

头伏有雨,伏伏漏;头伏无雨干死豆①。

头回上当,二回心亮。

土地佬儿打伞,荞麦成光杆。土地佬儿打扇,斗种十八石。

土地佬儿打伞,荞麦光秆②。

W

外面夸大话,屋内干(吃)豆渣。

外头要个捞钱手,屋内要个聚宝盆。

晚上发霞,干死青娃③。

乌云带红光,定有冰雹降。

乌云接日低,有雨在夜里④。

乌云接日高,有雨在明朝;

屋檐水点点滴,点点滴在现窝里。

屋檐水点点滴到现窝里。

无理心慌,有理胆壮。

无志山压头,有志人搬山。

蜈公出,水满屋。

五月凉风涨大水,六月凉风老天干。

五月南风长大水,六月南风干断溪。

五月种芝麻,劈顶一朵花。

雾上山坡,等水开锅;

雾罩下坪,晒死懒人。

X

行为不正经,舌头短三分。

瞎子喊街,见钱眼开。

夏不睡石,秋不睡板。春不露脐,冬不蒙头。白天多动,夜里少梦。

夏至无雨见晴天,有雨在秋边。

先打雷,后落雨,落个大露水。

先睡心,后睡人,睡觉睡出大美人。

---

①入夏过伏,若头伏下雨,则后几伏也有雨;若头伏无雨则主伏旱。

②意为农历二月初二土地菩萨生日这天落雨,这年荞麦一定失收。

③指早晚东方霞光现象。

④太阳西落时,有乌云跟在后面跑的现象。

香花不一定好看,会说不一定能干。

小菜半边粮。

小寒天气晴,来年好收成。

小满不满,芒种不管①。

小人记仇,君子感恩。

小人记仇,君子长志。

小时偷针,大了偷金。

小暑看苗,大暑吃谷:

星星密,雨滴滴。

星星稀,干断溪;

秀才饿死不卖书,壮士穷途不卖剑。

学好千日不足,学坏一日有余。

学好三年,学坏三天。

雪米子打底,安顿柴和米。

雪米子打底,准备柴和米②。

Y

眼大肚子小,争起吃不了。

眼睛不识宝,灵芝当蓬蒿。

燕子高飞见天晴,展翅低翔天见阴。

燕子聚会,要涨大水。

阳光反照,晒得鬼叫③。

养儿不读书,如同养个猪。

药农进山见草药,猎人进山见禽兽。

要吃辣子栽辣秧,要吃鲤鱼走长江。

要铁用打破锅。

要想睡得人轻松,切莫脚朝西来头朝东。

要知山中事,乡间问老农。要知父母恩,怀里抱儿孙。

一点一个泡,大雨还没到。

一个虼蚤顶不起一床被窝。

一个和尚挑水喝,两个和尚抬水喝,三个和尚没水喝。

---

①立夏若不下雨,则天旱;小满这天若不下雨,芒种也不会下雨,气候变化是有一定周期性的。

②如果先下雪米子后落雪花说明未来有雪,三五日难晴。

③阳光反照指西山落霞。

一个鸡蛋吃不饱,一身臭名背到老。

一好遮不了百丑,百好遮不了一丑。

一黑一亮,大雨有三仗。

一回经蛇咬,三年怕草绳。

一九到三九,冻死老黄牯。

一理通,百理融。

一年算得三次命,无病也要变有病。

一瓶子水不响,半瓶子水乱晃。

一人不说两面话,人前不讨两面光。

一人说话全有理,两人说话见高低。

一人修路,万人安步。

一人作恶,万人遭殃。

一日黄尘三日雨,三日黄尘九日晴。

一日黄尘三日雨,三日黄尘涨大水①。

一山出虎,百家猪死。

一时强弱在于力,万古胜负在于理。

一天吃一头猪,不如床上打呼噜。

一问三不知,神仙没法治。

一心想赶两只兔,反而落得两手空。

一正辟三邪,人正辟百邪。

一字两头平,戥秤不亏人。

以势服人口,以理服人心。

银钱如粪土,脸面值千金。

有儿穷不久,无儿久不穷。

有斧砍得树倒,有理说的不倒。

有话说在当面,有事摆在眼前。

有理摆到事上,好钢使到刃上。

有理不可丢,无理不可争。

有理不怕势来压,人正不怕影子歪。

有理不在言高,有话说在面前。

有理的想着说,没理的抢着说。

有理说实话,没理说蛮话。

有理赢,无理输。

---

①受北方冷空气影响,春季出现黄尘现象,不日则有降雨。

有理走遍天下,无理寸步难行。

有钱莫买腊月货。

有钱难买回头望。

有钱难买腊月货。

有钱难买五月干,有钱难买六月旱("旱"读 han,涝义)。

有山必有路,有水必有渡。

有上不去的天,没过不去的关。

有势不可使尽,有福不可享尽。

有心烧香,不论早晚。

有雨山戴帽,无雨出山腰①。

有志不在年高,无志空长百岁。

有志不在年高,有理不在会说。

鱼儿跳,有雨到。

雨打元宵节,影响豆和麦。

远处怕水,近处怕鬼。

远水不救近火,远亲不如近邻。

愿为众人死,不为一人亡。

月亮打伞,晒破岩板;月亮长毛,大雨冲壕。

月亮戴棚,干死螃蟹。

月缺不改光,箭折不改钢。

云走东,有雨也不凶。

云走南,雨成潭。

云走西,骑马穿蓑衣。

Z

早晨发霞(hǎ),等水烧茶;晚上发霞,干死蛤蟆。

早晨发霞,等火烧茶;

早上地罩雾,快去洗衣服②。

早睡早起,怡神爽气,贪房贪睡,添病减岁。夜里磨牙,肚里虫爬。

枣儿花心多。

炸雷雨不长,闷雷雨长久。

长草短草,一把挽到。

---

①指雾和山的关系,山顶罩雾有雨。

②地上起雾,说明天气晴朗。

涨水蛤蟆叫,大雨就要到①。

枕头不选对, 越睡人越累。

枕头回潮,有雨明朝。

正月逢三亥,猪 nger 当作牛 nger 卖。

正月雷打雪,二月雨没得,三月无秧水,四月秧上节。

正月莫捡鹰打鸟,二月莫捡花手巾。

正月有元宵,二月有花朝(二月十五为花朝日),打湿花朝脚,四十八天夜雨落。②

只给君子看门,不给小人当家。

只可救苦,不可救赌。

只可救人起,不可拖人倒。

只可劝人家圆,不可劝人家离。

只怕不勤,不怕不精;只怕无恒,不怕无成。

只要自己上进,不怕人家看轻。

只有千里的名声,没有千里的威风。

只有上不去的天,没有过不去的山。

只有修桥铺路,没有断桥绝路。

知过不难改过难,言善不难行善难。

知足常乐,终身不辱。

知足称君子,贪婪是小人。

知足得安宁,贪心易招祸。

蜘蛛高高忙结网,连日久雨转晴朗。

纸做花儿不结果,蜡做芯儿近不得火。

志大养千口,力大养一人。

志高品高,志下品下。

重阳无雨看十三,十三无雨一冬干。

煮饭要放米,讲话要讲理。

住要好邻,行要好伴。

自称好,烂稻草。

自己做错不算数,别人做错打屁股。

自家的肉不香,人家的菜有味。

走不完的路,知不完的理。

走路不怕上高山,撑船不怕过险滩。

---

① 有一种山蛤蟆,老百姓称之为"涨水蛤蟆",只要它"咕咕"一叫必有大雨。

②花朝日落雨,春天雨水多。

走路怕暴雨,说话怕输理。

做事循天理,出言顺人心。

做贼瞒不得乡里,偷食瞒不得舌齿。

做贼偷葱起,贪污揩油起。

附二 张家界歇后语

A

肮脏他娘哭肮脏——肮脏死了。

B

《百家姓》去掉赵——开口就是钱。

白布掉进染缸里——河水洗不清:白布染色后无法复原。比喻人受影响后不能改变,也比喻受冤后无法平反。

搬锄头进油房——挖枯(苦)。

搬下扇磨:喻做事输理或占下风。

半夜吹唢呐——哪里哪里("喇哩喇哩"的谐音)。

半夜里吹唢呐——哪里哪:比喻两个事物之间的距离很远。

蕔(bao)鸡母娘长獠牙——恶起来哒:蕔(bao)鸡母娘护小鸡,很凶,似长獠牙的野兽。喻本来凶恶的人更凶恶。

抱鸡婆头上长角——恶腮哒。

背起伢儿找伢儿——没得数:要找的东西竟在自己身上背着。比喻心中无数。

鼻孔喝水——够呛。

蝙蝠身上插鸡毛——你算什么鸟。

跛子(bai zi)的屁股——俏("翘"的谐音)得很。

跛子的屁股——翘(俏)货。

布告贴在楼顶上——天知道。

C

擦粉进棺材——死要面子。

裁缝不带尺——存心不量(良)。

苍蝇采蜜——装疯(蜂)。

草鞋棒打月娃——有加减的。

茶壶里的水——滚开。

唱戏的腿抽筋——下不了台。

车祸——乘人之危。

陈阳绊的爷(ya)——一个独的。

吃饱了的牛肚子——草包。

吃奉子菜——爱奉承。

初次学待诏(指剪头发),遇到个盘腮胡——难下手:比喻不知如何对待新事物。

穿起袜子过河——快活得一截截儿:比喻只顾眼前,不管长远。

炊事员行军——替人背黑锅。

春哥敲门——蠢(春)到家了。

从河南到湖南——难上加难。

D

打屙屎主意——找借口。

打话平伙——光说不行动。

打娘骂爷——出于本性:不良行为的产生是因为本质太坏。

打小算盘:怀有私心,计较小利。

打长喊:斥人高声喊叫。

大火烧竹林——一片光棍。

大人不记小人过——宽宏大量:形容度量大,才能包容别人。

戴起碓凹(kui 入)舞狮子——费力不讨好。

戴起碓坬舞狮子——戏又不好看,人又吃了亏:碓□很沉重,是春米的,不是用来舞狮的纸狮头。戴起它舞狮子不仅不好看,人又受不了。比喻方法不对,效果适得其反。

吊死鬼打粉插花——死不要脸。

东扯葫芦西扯叶——离题:讽刺言谈总是脱离问题中心的行为。

豆腐掉得灰池里——拍,拍不得;打,打不得:比喻出了问题却不接受教训,还自以为是拒绝教育。

豆腐掉进灰堆里——吹不得拍不得。

豆腐掉在灰池里——拍不得,打不得。

豆芽菜炒虾米——死了扣的。

豆芽菜炒虾子——死勾结。

豆芽菜炒蝦子——死扣:比喻二者有扣得紧的条件,相遇时更扣得紧。

碓坬里打蛇——冤灭:蛇在碓□里被打死是蜷着死的,"蜷""冤"谐音。比喻人受冤。

碓码坑里屙屎——稳妥妥的。

碓窝子做帽戴——顶当不起。

E

屙不出屎怪茅厕——错怪,借口责怪人。

屙屎不出来——怪茅厕:借口错误。

二家河的光棍儿——不对客。

二十一天不出鸡——坏蛋。

G

擀面棒吹火——一窍不通:擀面棒为实木棒,不可吹火。讽刺什么问题都不懂的人。

干岩骨掉进茨蓬里——无挂无碍:干岩骨表面光滑且沉重,茨挂不住。比喻在复杂的环境中不受牵连。

钢岩骨抹桌子——硬挺硬。

岗岩骨抹桌子——来硬的。

搞架子:整人(多指暗中)。

告化子背米不起——自讨的:坏事是自找的。

告化子不吃腊肉——哪里有:最好的东西谁不要?

告化子烤火——只往怀里扒:讽刺不顾别人利益只为自己谋私的行为。

告化子走夜路——假忙:比喻忙碌有时只是一种假象。

隔壁王家妈下花狗儿——得你:比喻做好事你出了力的谐语。

狗儿烤火——有加减(ga gan)(有分寸)。

狗行千里吃屎——本性难改:讽刺那些恶习不改的人。

狗咬刺猪——无法下口。

狗咬叫花子——畜牲也欺人。

狗咬皮影子——没一点人味。

狗子吃牛屎——图多。

狗子吃牛屎——只图多:无用的东西占有得多,毫无价值。

狗子舔米汤——没得道(次)数:重复的次数太多令人生厌。

狗子咬刺猪子——不好下口。

狗子坐大轿——不识抬举:旧时大轿木是上等人坐的,却让狗坐轿。比喻不应有的尊重没必要。

狗子坐轿——不是人抬的。

寡妈子驮肚(怀孕)——碍情面不过:寡妇按理不会怀孕,但却怀了孕。比喻做了再丑的事也要公开。

关篾匠筐野鸡——糟蹋一个好势口:传说一姓关的篾匠拿起背篓想罩住草丛中的野鸡,哪知野鸡早飞了。比喻处理问题的方法不恰当,便没有效果。

棺材里伸手——死要钱。

H

好吃婆娘不留种——顾前不顾后:不图长远,只顾眼前。

好打架的牯牛——没得一张好皮:喜欢惹事的讨不到好。

何家山的鬼——专门迷熟人。

和尚拜佛——经常(长)。

猴子戴凉帽——假充人:假充人的并不是人。

湖北的麻花——反绞起的。

湖北的麻花——反揪(扭):比喻专唱反调。

花黄牯,黑卵子——各是各条筋:外在的表现由内在因素决定。

火烧乌龟——里面疼:处境恶劣,内心痛苦。

J

鸡公屙屎——头上硬:比喻做事像公鸡屙屎头硬尾软。

嫁鸡随鸡,嫁狗随狗——无可奈何:旧时婚姻关系,由丈夫主导,妻子只能服从。

犍牯爬牛——搞个气不愤:喻条件不具备,只有决心也无结果。

脚板底下抹桐油——溜之大吉:比喻问题无法解决时开溜。

叫花子唱山歌——穷快活。

叫花子借算盘——穷打算。

叫花子走夜路——假忙。

叫化子背米不起——自讨的。

叫化子背米——自讨的。

叫化子不吃腊肉——哪里有。

叫化子唱雪花飘——穷快活。

叫化子烤粗糠火——往怀里扒。

叫化子请客——穷对付。

叫化子请长年——陪站。

金弹子打鸟——因小失大。

津市的爆竹——没音信("引信"的谐音)。

颈项上抹猪油——砍脑壳的相。

九正佬儿背家伙——生打死挨。

九正佬儿的犁辕——买得不值(值钱)驶得直。

K

看衣服行事——狗眼看人。

糠簸簸儿跳到米簸簸儿里——越来越好:境遇从差(糠簸)到好(米簸)。比喻处境变好;处境变差,则比为"米簸簸跳到糠簸簸里"。

裤裆里起火——裆燃:"裆燃"即"当然"的谐音。喻应当如此。

裤子失火——裆燃(当然)。

胯下起火——当然(裆燃)。

L

腊肉骨头——有啃头。

癞蛤蟆扯呵欠——好大的口气。

癞蛤蟆吃豇豆——下不得场("肠"的谐音)。

癞蛤蟆躲端午——躲得初五躲不到十五。

癞子戴斗笠——磨头:癞头的人无头发戴上斗笠是受磨,比喻活受罪。

癞子的头发——稀一点儿。

癞子的头发——有根数:比喻自己稀有的东西心里有数。

癞子脑壳上加疮——更加倒霉。

老肥猪上屠——挨刀的货

老鼠子啃锣钹——恨铜不过。

老鼠钻牛角——自寻绝路。

冷水泡茶——慢慢浓:比喻事物有一个渐变的过程。

两口子拜年——多有一礼。

两只肩膀抬张嘴——走到哪里吃到哪里:比喻身无分文到处吃喝,无所顾忌。

刘明灯提拔赶三(外甥)——没安好心。

六月间穿棉衣——有不过:反常的穿衣是因为穷困。喻指导思想的错误造成恶果。

六月间接丈母娘——搭嘴巴空:旧时六月闹饥荒,此时接岳母是不合时宜的。比喻言不由衷。

聋子的耳朵——摆饰:比喻已经无用的东西只起装饰作用。

聋子的耳朵——配相。

聋子会悖话——一悖悖天大:聋子听不清别人的话,而将别人说的话误听成风马牛不相及的话。

箩筐淘虾米——一个也走不脱:箩筐有掩但只可漏水,用它淘虾米,虾米跑不脱。比喻已在其中,脱身不了。

骆驼生驴子——怪种。

落雨躲在堰塘里——处处是水:处置危机时,措施不当,结果会很坏。

落雨挑稻草越挑越重:比喻外在的干预导致问题的解决越来越困难。

M

麻索子串豆腐——提不得。

马儿山的龙灯——越舞越转去哒。

马褂上穿背心——隔(格)外一套。

马夹哄吃腌菜——哄呀哄呀:鼻腔残缺者吃腌菜时好像说"好呀好呀"。喻对事物的态度模糊。

马屎果儿——皮面光:做事只图外表好看。

蚂蚁子爬到簝箕里——处处是门槛:比喻做事处处遇到困难。

麦杆儿吹火——小气。

猫儿攀饭甑——跟狗子攀一活:比喻自己费力使别人得利。

猫儿尾巴倒扫——倒打一把。

茅厕坑里的干岩骨——又臭又硬:坏得不可救药。

茅厕坑里的岗岩骨——又臭又硬。

茅厕坑里放爆竹——扎实("炸屎"的谐音)。

茅厕里题诗——臭秀才茅房里打灯笼——照屎(找死)。

茅厕坑里的搞屎棍——闻(文)也闻不得,舞(武)也舞不得。

门旯旮里的簸箕——背到簸:讽刺有话不敢当面说的行为。

门槛上剁鸡巴——一刀两断:比喻彻底断绝关系。

庙里的菩萨——宜远不宜近:喻骗得了不知情的远处人,骗不了知情的近处人。

庙里的菩萨——有人抬的:菩萨为泥塑木雕,靠人抬,比喻出面的人背后有人支持。

木排带信——靠不住。

N

脑壳上包棉絮——拼命撞:比喻为了实现愿望,不论成功与否都要努力干。

脑壳上长疱,脚板底里灌脓——坏透了:比喻事物已彻底变坏。

脑壳想偏哒——一个败相:最想做成的事没办成,会念念不忘,并导致了体态的改变。喻某些不切合实际的想法要适可而止。

泥巴萝卜——吃一截,揩一截:吃带有泥巴的萝卜,吃了已揩泥的一截再揩去一截泥巴又吃。比喻做事无计划。

尿脬打人不疼——气胀人:打得疼不疼无关紧要,挨打就是受辱。

牛栏关麻雀——进出自由。

牛栏里关麻雀——直进直出:做事忽视了客观条件便得不到预想的结果。

牛皮做锅盖——七翘八 que:材料不适合,做不出合适的产品。喻人心不齐,办事不成。

牛屁股后面念祭文——空话。

牛屎虫搬家——滚蛋。

女儿拜寄娘——多一礼:本是娘的女儿,却去拜娘为干娘。讽刺做的事没有意义。

P

屁垱里插大炮——响(想)不得:用谐音说明对过去的危险不敢回想。

屁股上扛打绞木——横绊:打绞木是横安在牛屁股后面的。以"横绊"喻讲歪理,不服理。

屁股上挂个死老鼠——假充猎手。

泼出门的水,嫁出门的女——难管:比喻已成定局的事难以改变。

Q

骑马拄拐棍——上配下不配:比喻事物的搭配不当。

强盗画影像——就你那副贼形。

墙头上跑马——不回头的畜牲。

荞粑粑敬土地(菩萨)——此地只此货。

荞粑粑敬土地(土地神)——此地只有此货:敬土地神本应用果、肉、鸡,但当地最好只有粗食荞粑粑,便只有用它敬神。比喻办事受条件限制。

亲家母的花鞋——人家的:旧说一亲家母借了别人的花鞋穿着去看亲家。亲家的家人十分明白她根本不会做鞋。在她到亲家家坐定后,许多人都围着她夸她的花鞋做得好。让她怪不好意思,她只好坦白地说"人家的",引起哄堂大笑。比喻真相无法隐瞒。

晴带雨伞,饱带饥粮——有备无患:喻凡事要早有准备,应有危机意识。

娶得起媳妇,嫁不起女——奉进不奉出:讽刺那种只混进而不愿付出的思想意识。

娶亲打围鼓——没做好的干。

缺牙齿吃挂面——拖进拖出:比喻说话没准,出入太大,不利落。

雀家岗的黄牯——使不出去。

R

人掉在天坑里哒——耳朵挂不住:大势已去,无法挽回。

人家的土地——管得宽:比喻管事太多。

S

三百斤的野猪——张寡嘴:讽刺某些强悍的人只会讲歪理。

三个耳巴两碗面——打哒也是吃,吃哒也是打:同时做两件事,不必计较先后。

三个婆娘六个奶——准确、肯定。

三个婆娘六个奶——估死哒:人人皆知的客观存在,估计绝对准确。

三个婆娘六个奶——拿死伙哒。

三个坛子两个盖——揭了这个盖那个:喻有限的条件可以灵活运用,仍会取得满意的效果。

三花脸的鼻子——看白哒。

三斤半的鲤鱼——倒提起:本应给别人送礼,别人却先送礼给自己,很过意不去。

三两猪肝四两油——本钱太大:炒熟三两猪肝用去了四两猪油,花费的成本太高。喻不计成本,无法盈利。

三六九赶场——对人看:比喻看情况办事,因三六九为场期。

三木匠吃汤圆——帮不上忙。

三年不打网——鱼在潭里长:不及时解决问题,小问题会变成大问题。

三年六个月的猪儿——一张好嘴:三年六月还长不壮的猪是因为它只会吃不肯长。比喻只会讲,无实际能力。

三十看皇历——没日子了。

三十里的甑箅儿——不空(家家需要用):腊月三十里过年,家家做年饭都要用甑箅。比喻大家同时都需要用的物品,没有多余的。

三十岁没得儿——一阵阵急:年大若无儿便十分焦急。喻事情迟迟没处理好,内心一阵急过一阵。

三十玩龙灯——越玩越回头。

三十玩龙灯——转回去了。

三十晚上杀猫——大干场合。

三岁的伢儿打班班(婴儿的拍手游戏)——鬼聪敏:打班班是一两岁孩子的拍手游戏,三岁孩子会班班打并不奇陉。比喻表扬不当。

三爷儿挑屎卖——臭名在外。

杀人偿命,借账还钱——天经地义:比喻依法按规办事,没有情面可讲。

筛篮里装泥鳅——走的走,溜的溜。

筛篮装泥鳅——走的走,溜的溜:筛篮有较大的堍,用它装泥鳅,泥鳅自然逃走。比喻没有严格的规范和制度便没有约束力。

山谷的鬼——只迷熟人:峪里的一条山谷,经过这里的生人不迷路而熟人迷路。以此讽喻总是熟人受害。

上椒麻(花椒)树:比喻受人怂恿做于己不利的事。

烧阴阳火:背后煽动。

烧纸包盐——久后必穿:包盐的烧纸时刻都有被泡湿而穿埯的可能。比喻事物的本来面目是掩盖不住的。

生成的相,沤成的酱——不可改变:比喻现状无法变更。

生米煮成熟饭——无法改变:既成事实改变不了。

十八岁进孤老院——哥享早哒:孤老院本是无依靠的孤独老人度过余生的地方。比喻享福过早必然受害。

石头放在鸡窝里——混蛋。

屎胀急哒挖茅厕——搞不赢:喻事前无准备,事到临头无法处理。

瘦狗子屙屎—硬撑。

树大分丫,儿大分家——老规矩:儿大分家是老规矩。比喻事物的发展具有必然性。

水里打屁——两不分明:责任无法分清。

水仙不开花——装蒜。

睡在凌片上唱雪花飘——祸到临头:灾祸就要来临,却盲目自乐或在艰难环境下自得其乐。

睡着的猫儿——戳醒下:比喻安于现状不是好事,应当有所警醒。

死人的眼睛——定了相:比喻已成定局的事情,无法改变。

死猪不怕开水烫——不在乎:破罐子破摔。

T

贪吃的鱼儿——易上钩:贪心必失。

瘫子赶强盗——坐到喊:比喻失去某种能力的人用另外的办法弥补也无济于事。

坛子里捉乌龟——十拿九稳:比喻在有利条件下一定能把事办成。

剔光头:喻一无所得。

提空篓子:无所得。

天门山打锣——管得宽——响(想)得宽。

天要落雨,娘要讨人——无法儿可制:比喻事物的发展不以人的意志为转移。

田二偷竹子——一口不认帐。

田坎上种豇豆——一路。

跳到黄河里都洗不清——冤枉:比喻无处可伸冤。

铁匠铺的料——挨打的货。

铁匠做官——只喊打:铁匠是以"打铁"为生的,喊打已经成为条件反射,当了官也仍喊打。比喻按老办法处理新事情。

听见风就是雨——乱猜:不深入了解实情,胡乱猜测。

脱裤子哒打屁——多余其事:比喻做空事。

佗肚婆过独木桥——铤而("而"谐"儿")走险。

W

歪嘴巴吃黄豆儿——斜嚼:"斜嚼"本意为"不正嚼"、而谐音为"邪嚼"。比喻爱讲歪理。

歪嘴巴吹火——两就:一就二便。

王佬儿割茅草——一头头来:做事要有顺序。

王木匠立猪楼——百口不开:旧时土家族人认为立猪栏有人说了话,以后这栏里养的猪便叫喊不停。比喻不能说的不要乱说。也讽喻那些遇事不开口的人。

未满月的狗儿——乱汪。

乌龟打架——只听见壳响:事物固有的特点,处处表现出来。

乌鬼吃大麦——糟蹋粮食。

乌鬼打架——只听壳响。

乌鸦送恭喜——名声不好。

屋脊上的葫芦——二面滚。

五百块分两下——二百五。

X

稀泥巴插棍——越插越进。

稀泥巴糊不上壁——不堪造就。

稀泥巴里插棍——得寸进尺。

稀泥巴里头插棍——越插越进:比喻强势事物在弱势事物面前更强势。

戏台子上的官——一阵子。

瞎子打磕睡——不觉得。

瞎子打瞌睡——不觉彷:瞎子打瞌睡和不打瞌睡眼睛是都是闭着的,别人看不出来。比喻从表象很难看出事物内在变化。

瞎子打老婆——放(松)不得手。

瞎子挂坟山——估堆 der。

瞎子挂坟山——估堆堆儿:凭估计做事。

瞎子鸡儿遇到米头子——撞的:运气好到如瞎眼鸡碰到了米头子。

瞎子拉琴—瞎扯。

瞎子磨刀——快哒:结论出于估计。

瞎子牵驴子——松不得一下手:比喻对控制对象不可丝毫放松。

瞎子牵驴子——松不得手。

夏家来宝做工——一坨:传说夏家来宝做散工为生,他不识字无法记工帐,便做一天工捏一坨泥巴放在床前的坛子里。哪知屋上漏雨,雨水进了坛子,到年终结工数,夏一看,坛子里面只有一大坨泥巴。比喻处理问题的方法不当只会带来麻烦。

鲜花插在牛屎上——糟蹋哒:比喻美好被丑恶糟蹋。

乡里伢儿拌韭菜——各是各一爱:喻爱好各有不同。

乡里伢儿吃盖碗茶——四路无门:乡里伢儿从未吃过盖碗茶(城里人饮用的茶),当然不会吃,比喻缺乏某种知识的人无法解决这方面的问题。同类的话有"狗子咬刺猪子—无从下口"。

香把把戳屁埯——小搞:白水香的把细而短,与肛门比不得。比喻只想沾小便宜。

想尿胞主意——出歪点子。

巷子里赶猪——笔直的。

小和尚念经——有口无心:没有把心思用在所做的事情上。

校场里的桅杆——一根独苗。

秀才遇到兵——有理讲不抻(清):与不讲理的人莫讲理。

Y

哑巴吃汤圆——心中有数。

阎王老儿开饭铺——鬼都不上门。

阳沟里的篾片——总有翻身之日:比喻被压制者总有出头之日。

夜火儿(萤火虫)的屁股——亮通哒。

夜火儿的屁股——亮通哒:自以为一切都懂的夸张说法。

一个钉子一个眼:可靠,靠得实。

一个耳朵大,一个耳朵小——猪狗养的。

一心挂两头——无法专心:比喻心里有别的事干扰便无法专心干好本职工作。

医生卖棺材——死活都要钱。

有大哥有二弟——你算老儿。

有理三扁担,无理扁担三——不分青白:比喻不分是非对错的官僚主义。

月母子啃鸡脑壳——没一口好的。

月婆子偷人——亏血本哒。

Z

丈母娘疼女婿——实心实意:比喻待人要如丈母娘疼女婿真心实意。

芝麻地里撒黄豆——杂种。

纸糊栏杆——靠不得。

种地不出苗——坏种。

猪母娘吃衣胞——自己的。

装香撞倒菩萨——毛手毛脚:给菩萨敬香叫装香,装香本是虔诚已极的事,却把高高在上的菩萨撞翻了。比喻做事太毛糙。

壮婆娘骑瘦马——兼经搭肥:比喻事物的搭配要适当。

捉到黄牯当马骑:不称职,不中用。

嘴巴上抹石灰——吃白:讽刺白吃白拿,只图沾光的行为。

嘴上打口红——装纯(唇)。

左撇子打拳——右(又)来:用左手打拳并不方便,谐音为不怕失败,尽力进取。

坐在磨子上去——想转下:把问题想清楚。

参考文献

[1]慈利县志编纂委员会.慈利县志[M].北京:中国农业出版社,1999.

[2]沈荭.重庆方言与城市文化[M].重庆:重庆大学出版社,2009.

[3]桑植县地方志编纂委员会.桑植县志[M].深圳:海天出版社,2000.

[4]谷利民.桑植白蔟民家腔口语词典[M].北京:民族出版社,2011.

[5]陈自文、陈莉.张家界民间传统礼俗[M].北京:中国文联出版社,2011.

[6]吴扬才.太平村志[M].香港:艺海出版社,2011 年.

[7] 郑张尚芳，沈克成. 温州方言文献集成 [M]. 杭州：浙江人民出版社，2013-2014.

[8]陈立中.湖南方言与文化[M].北京:中国国际广播出版社,2014.

[9]许金龙.镇江方言大全[M].南京:东南大学出版社,2014.

[10]莫胜世.慈利方言[M].北京:中国文联出版社,2015.

[11]赵有贵.宜都方言志[M].武汉:湖北人民出版社,2015.

后 记

　　《张家界方言》在市社科联、市民政局、市文体广电新闻出版局等单位领导的指导下，全体编纂人员历时三年多的努力耕耘，即将出版。也算为保护张家界优秀非物质文化遗产之一的方言尽了一定的社会责任。

　　近年来，随着许多非物质文化遗产的保护力度进一步加大，包括张家界方言在内的许多文化遗产的保护挖掘整理工作已受到各级政府、各界人士的高度重视，越来越多的传统文化已焕发出勃勃的生机和活力。为编辑《张家界方言》，工作人员共计行程5万多公里，实地走访、调查非物质文化继承人、乡村老人及与其他单位联合核实记载方言词汇、方言故事、方言语言，并采用问卷调查法、访谈调查法进行方言文化研究，参考文献有各区、县编辑的地方志年鉴、《张家界千年大事记》《慈利方言》《湖南方言与文化》《重庆方言与城市文化》《四川方言》《萧山方言趣谈》《温州方言集成》等书籍，在编辑《张家界方言》过程中，得到了各级领导及市财政局等单位的重视和支持，也得到慈利县志办田副主任及张家界民俗学家陈自文等同志的支持，在此表示最衷心的感谢。

　　《张家界方言》能够出版，是全体编纂人员的成果，给今后研究、探索、完善张家界方言提供了参考依据，更加让张家界的家乡话得到保护和传承。书稿编排几易其稿，先定书名为《张家界方言集成与翻译研究》，再定名为《张家界方言集成与研究》，又定名为《张家界方言集成》，最后定名为《张家界方言》。书稿开始编排时，按永定方言篇、桑植方言篇、慈利方言篇、两区两县综合篇编排，反复讨论，定稿时按汉语拼音编排。为此，感谢所有的参编人员及单位的支持。这次收录方言文字涉及面广,文字浩繁,虽经多渠道收集,但更有疏漏之多,在所难免,希有关专家、学者、前辈、乡亲、读者、方言收集爱好者不吝赐教指正,以便今后编辑更加丰富读者。方言,地方的特色,让方言文化与党史、地方志一并永载史册,也是我们共同的希望。不断创新方言文化,让张家界方言读听朗朗上口,与普通话同存代代相传,也是文化兴盛的灵魂。

《张家界方言》编辑委员会
2018 年 9 月